SIFA KUAIJI YUANLI YU SHIWU

司法会计
原理与实务

我的司法会计观

庞建兵 / 著

中国检察出版社

图书在版编目（CIP）数据

司法会计原理与实务/庞建兵著. —北京：中国检察出版社，2017.1
ISBN 978 - 7 - 5102 - 1810 - 1

Ⅰ. ①司… Ⅱ. ①庞… Ⅲ. ①司法会计学 Ⅳ. ①D918.95

中国版本图书馆 CIP 数据核字（2016）第 327087 号

司法会计原理与实务

庞建兵 著

出版发行：中国检察出版社

社 址：北京市石景山区香山南路 111 号 （100144）

网 址：中国检察出版社（www.zgjccbs.com）

编辑电话：(010) 88953709

发行电话：(010) 88954291 88953175 68686531
(010) 68650015 68650016

经 销：新华书店

印 刷：保定市中画美凯印刷有限公司

开 本：710 mm × 960 mm 16 开

印 张：15.5 插页 4

字 数：271 千字

版 次：2017 年 1 月第一版 2017 年 1 月第一次印刷

书 号：ISBN 978 - 7 - 5102 - 1810 - 1

定 价：36.00 元

自　序

　　司法会计学是研究司法会计活动及其规律的一门综合性、交叉性、应用性学科。它是随着我国改革开放和经济的快速发展，为适应打击经济犯罪的需要而逐步建立起来的。一般认为，现代意义上的司法会计，最早运用于检察机关对职务犯罪的侦查起诉活动。经过三十多年的探索实践，司法会计不仅成为检察机关查办自侦案件，进行法律监督的一项重要技术手段，而且也被其他司法机关和部门应用于刑事、民事、行政诉讼当中。司法会计通过收集提取财务会计资料证据、查明案件财务会计事实、提供鉴定结论意见、审查判断运用证据，从而为发现、揭露、证实犯罪，化解和调处矛盾纠纷发挥着独特作用，因而受到司法界、会计学界以及高等院校的重视。与此同时，司法会计的理论研究、学术交流、专业开办、人才培养、对外交往，也逐步兴盛，取得了长足的发展，司法会计也曾一度被一些专家学者称为21世纪最热门的专业之一。理论源于实践而高于实践。丰富的司法会计实践，为司法会计理论研究提供了不竭源泉，也为司法会计学科发展奠定了坚实基础。经过长期不懈的努力，我国学者已经建立起了相对完备科学的司法会计学科理论体系，并得到了实践的检验。这是众多司法会计同仁共同努力的结果。能够有幸参与其中，尽一份心、出一把力，见证司法会计事业的曲折发展历程，我也备感欣慰和自豪。

　　自1994年秋踏入司法会计之门至今已过去22个春秋。二十多年来，我虽然经历了求学、工作以及岗位的不断变化，但是对"司法会计"的那种热情和执念从未消减，始终坚持向学、思考、为文。读研的三年，我初识司法会计。在完成司法鉴定专业的必修课程外，我额外学习了会计学、审计学、经济学等课程，研习了会计、审计、司法会计的基本理论，对司法会计学领域内的基本范畴，做了一些探索和研究，锻炼了学术思维能力，培养了专业理论素养，为从事司法会计工作打下了基础。在高检院检察技术部门工作的五年，是我对司法会计最为投入、最为用心的一个阶段。在这五年里，我接办了数十起全国检察机关和政法部门送检的疑难复杂案件，参与了高检院组织的重大专案办理。这些办案实践活动，不仅是对我司法会计理论知识的检验，也是我向实践学习、与同行交流、向专家请教的过程。通过办案，我熟悉了刑事诉讼、民事诉讼的办案流程，掌握了如何应对不同性质、不同诉讼阶段案件的工作思路和方法，丰富了司法会计办案经验，加深了对司法会计的理解和认识。同时，我也结合办案，对司法会计的相关理论和实践问题进行了更深入的思考研究，发表、出版了一些成果，开展了一些教研活动。这个阶段，我以较快的速度从一个新手成为内行。到出版机构和教育培训部门工作的十四年，是我对司法会计最为用力、付出最多的时期。由于各种原因，我虽然离开了技术部门和司法会计岗位，但是从事司法会计研究、进行学术交流、开展教学和成果推广的平台更大、机会更多。在领导的大力支持下，主要做了以下几项重要的司法会计工作。一是进行司法会计专业培训。除了完成对检察侦查人员、纪检监察人员、注册会计师的十多个班次的短期培训外，2004 年、2011 年两次受聘担任全国检察机关司法会计鉴定培训班《司法会计学》主讲教师，2006 年担任中国人民公安大学侦查系经济犯罪侦查双学位班外聘教师，系统讲授《司法会计学》课程，对司法会计学理论体系进行推广和普及。二是利用出版机构的平台和有利条件，策划、编辑、出版了司法会计专业的系列著作，积极推动司法会计学科体系的构建完善、理论成果的推广传播。迄今为止，由于朝同志领衔著作的《司法会计学》（修订版）《司法会计理论与实务丛书》（共 6 本）被认为是国内最全面、系统论述司法会计学科体系和实践成果的权威书籍，也是被高校和司法实务部门采用最多应用最广的教材。除了上述司法会计工作外，我始终保持与司法实践的近距离，长期担任北京市检察机关、会计师事务所的技术顾问，为专业人员的司法会计办案提供技术指导和咨询。参与司法会计鉴定标准、司法会计鉴定体制等专项课题研究，完成《会计百科大辞典》司法会计科目的编写撰稿，参加全国性的司法会计学术会议，争取有更多的机会向专家学习、与同行交流。可以说，自参加工作以来，我与"司法会计"不离不弃，共同成长进步！

这是一个伟大的时代，也是一个不断创造奇迹的时代。科技的创新和信息技术的广泛应用，不仅改变了人们的生活方式和观念，也让人们的思想走得更远。移动互联网和自媒体的发展，为人们学习知识、传播信息、互动交流提供了更便捷的平台。全国检察机关司法会计微信群及司法鉴定等专业公众号就是在这种情况下应运而生的。群里的讨论专业、广泛而深入，有理论争鸣，也有实践交流，对于促进司法会计的发展发挥了很好的作用。但我也发现了一些问题，比如对司法会计的一些基本概念、基本原理、操作规程有很多模糊甚至是错误的观点。时值中央作出监察体制改革的重大决策，作为长期主要为职务犯罪侦查起诉提供技术支持和协助的检察机关司法会计人员，亦面临着监察体制改革和司法员额制度改革带来的双重影响，司法会计如何发展、司法会计队伍何去何从、在新的反腐败体制下司法会计如何发挥作用等问题，常常成为大家讨论的热点话题。这些问题，在一定程度上也影响了全国司法会计专业群体的思想情绪，不利于专业技术队伍的稳定和工作开展。鉴于此，在同行、朋友的建议下，我决定将以前发表的一些专业文章、办案总结整理成册，以《司法会计原理与实务》为名结集出版。在收录编辑文稿时，我对部分文章进行了文字校改，对部分文章观点进行了修正，同时在文章之前写加了按语，说明了文章的写作背景、写作意图和主要观点。

本书除自序、后记外，主要分为"理论篇""方法篇""案例篇""附篇"四个部分。"理论篇"收录的文章主要研究探讨了司法会计本质、司法会计鉴定科学基础、司法会计学科理论与学科体系、司法会计专业设置、司法会计鉴定依据、司法会计鉴定标准、司法会计鉴定结论、公安机关开展司法会计业务以及鉴定权、鉴定立法、司法会计工作中存在的问题等内容，集中体现了我的司法会计观。"方法篇"收录的文章主要探讨了在贪污、贿赂、职务侵占、挪用资金以及金融系统计算机财产犯罪的查办过程中，如何利用司法会计技术进行查账的方法、技巧和程序，以及司法会计方法体系等内容。"案例篇"精选了笔者办理的两起典型案例，总结了会计人员贪污案件、国企高管挪用公款案件的司法会计鉴定和技术协助过程，探讨了实践中一些不符合法律规定的鉴定结论（意见）表达方式，归纳了实践中应该注意的问题和启示，以期对同行有所借鉴。"附篇"主要收录了笔者和同行参与全国检察机关司法会计微信群讨论有关专业问题的发言，涉及的主题有司法会计人员有无侦查权、司法会计鉴定意见是否具有司法属性、技术性证据审查意见、司法会计鉴定委托事项等。

另外，在会计学界，还有一部分专家学者在研究"法务会计"。对"法务会计"问题，本书未做专题研究。笔者经过查阅有关的"法务会计"论文和著作后发现，目前"法务会计"的研究大多停留在一些基本概念的探讨以及对会计、证据内容的简单罗列和堆砌上，看似很"热闹"、成果很"丰硕"，但仔细研究后发现，目前"法务会计"的研究不够深入、不够系统、不够严谨。正如有的司法会计同行总结的那样，"法务会计"研究的表面繁荣，反映了其背后的学术浮躁和学术功利等问题。在笔者看来，"法务会计"的研究需要解决三个方面的问题，即：首先要提出一个得到理论和实务界普遍认可的通说概念，其次要形成或建立起符合学理、法理和实践需要的学科理论体系，第三要在司法（法律）实践中被广泛应用并发挥作用。否则，持"法务会计"观点的论者们，还是要正视和承认中国司法会计理论及实践所取得的卓越成果，放弃名词用语的争议，回归到司法会计学的现实中来，共同推进司法会计的深入发展，这是中国司法会计学的必由之路，也是正道。

是为序。

目　录

❧ 理 论 篇 ❧

❧ 方 法 篇 ❧

∽ 案 例 篇 ∽

∽ 附 篇 ∽

理 论 篇

　　理论是概念、原理的体系，是系统化的理性认识。科学的理论是在社会实践基础上产生并经过社会实践的检验和证明的理论，是客观事物的本质、规律性的正确反映；科学理论的重要意义在于它指导人们的行动。

——引自《辞海》

论司法会计的本质及内涵

作者按：司法会计的本质，是研究司法会计学首先需要面对和解决的基本问题，它涉及论者如何认识司法会计的性质、如何构建司法会计理论体系，以及采取何种研究路径的问题。因此，对司法会计本质认识上的分歧，必将产生学科体系构建和定位上的分野，也将影响到司法会计实践的成败。本文系笔者初研司法会计时的一篇习作，回头来看，对"司法会计"这一基本范畴的研究受到了有关审计学者研究审计概念的影响，其局限性是不言而喻的。但值得庆幸的是，笔者当时将司法会计归属于"司法鉴定"是十分正确的。此"司法鉴定"并非仅指以鉴定为目的司法鉴定，其实更类似于"物证技术"、"刑事技术"的含义，即包含了"发现线索提取证据的司法技术"与"确定鉴别证据的司法鉴定"两个方面。所以，司法会计的本质是诉讼中的科技活动，它主要包括了查账技术和鉴定技术两方面。本文原载于《江苏公安专科学校学报》1996年第 6 期，收录时有修改。原文标题为《司法会计略论》。

司法会计的本质，既是司法会计学中一个重要的理论范畴，也是研究司法会计基本概念所不能回避的问题。关于司法会计的本质及内涵，国内学术界存在诸多不同的观点。对这一基本理论问题认识正确与否，不仅关系到在实践中如何正确运用司法会计为侦查、起诉、审判服务，有力地打击经济犯罪，顺利地解决经济争议和民事纠纷，维护良好的经济秩序，而且也关系到司法会计学学科体系的构建。正确的认识无疑会指导实践向正确的方向发展，模糊甚至错误的观点不仅导致失误，而且更有碍于本门学科的完善。因此，研究司法会计学，首先需要厘清司法会计的本质及内涵。

一、对司法会计本质的思考

研究司法会计的本质，必须先要确定司法会计所归属的范畴，这是在概念中简明、准确而清晰地反映司法会计本质的基本要求。当前我国学术界对于司法会计的归属各执一词。有人认为"司法会计是一种专业性诉讼活动";① 有人认为"司法会计就是司法会计学，司法会计工作以及从事这项工作的人";② 有人认为"司法会计就是司法会计鉴定活动以及从事司法会计鉴定的专业人员";③ 还有人认为"司法会计应称之为会计司法鉴定，它是指具有法律效力的技术鉴别和判断活动"。④ 上述表述有其合理之处，但均不是严格的表述。通过对比分析和仔细思考，概括司法会计本质特征表现的客观事实，笔者认为将司法会计归属于"司法鉴定"更为妥当一些。

所谓司法鉴定，就是在诉讼过程中，按照有关法律的规定，由司法机关指派或聘请具有专门知识的人，就案件中的专门性问题，运用观察、分析、实验、比较等科学技术手段和方法，收集、检验证据，并作出判断结论的一种特殊的科学技术活动。将司法会计归属于"司法鉴定"的范畴，其理由如下：

"司法鉴定"可以划清司法会计与其他专业诉讼活动的界限。司法会计是专业性诉讼活动，这无疑是正确的，但这样的表述却不能揭示出司法会计的本质。专业性诉讼活动的范围也不仅限于司法会计，如侦查活动、审判活动均是专业性诉讼活动。

"司法鉴定"可以划清司法会计与司法会计学、司法会计工作人员的界限。司法会计作为一种特殊的科学技术活动，有其特定的内涵和意义。而司法会计学是以司法会计在诉讼活动中的运用为主要研究内容的一门学科。毫无疑问，司法会计作为一种科学认识活动，必须在一定的理论指导下，运用一些科学技术、手段，司法会计学正是提供了这种需要。但必须清楚，不能因为司法会计运用了某些技术、手段和理论，司法会计就成了研究这些技术、手段和理论的学科本身。这正如司法鉴定理论中同一认定和同一认定论的关系一样，同一认定并不能等同于同一认定论。司法会计作为一种认识活动，它是由特定的人来完成的。这就说明，司法会计本身已包括了作为认识主体的司法会计工作人员这一内容，但并不能说明司法会计就是司法会计工作人员。因为在司法会计的内涵中，还包括司法会计工作人员之外的内容，如认识方法、认识客体和对象等。显然，司法会计和司法会计工作人员所指

---

① 仲伟国著：《司法会计与鉴定》，东北财经大学出版社1987年版，第1页。

② 1987年《最高人民检察院司法会计理论研讨会纪要》。

③ 谢次昌主编：《司法会计学概要》，法律出版社1992年版，第16页。

④ 李树：《浅淡会计司法鉴定及其内涵》，载《法学与实践》1993年第3期，第49—51页。

并非同一事物。这里需要说明的是，有人借用人们头脑中的习惯认识，认为"司法人员和会计人员中都可能有一部分分离出来，专门从事司法会计鉴定工作，这一部分专业人员将来很可能象预算会计、银行会计、商业会计等专业人员一样，被称之为司法会计"。① 殊不知，会计作为从事记账工作的人员，是会计行业的特定称谓。即使今后有人专门从事司法会计鉴定工作，这部分人所从事的工作性质与所谓的银行会计、商业会计的工作性质是明显不同的。在具体的鉴定案件中，司法会计工作人员只能称之为司法会计鉴定人。这是由司法会计这种特定的诉讼活动的本质特征所决定的，与银行会计、商业会计有明显的、本质的区别。

将"司法会计"归属于"司法鉴定"能更全面地概括司法会计的基本职能和司法机关运用这些基本职能的目的。如果仅仅将司法会计概括为"司法会计鉴定工作"或"具有法律效力的技术鉴别和判断活动"，这无疑降低和缩小了司法会计的职能。司法会计鉴定工作仅仅是司法会计的一个方面，或者说是一个程序或步骤，司法会计鉴定工作的核心内容是作出司法会计鉴定结论（意见）。"具有法律效力的技术鉴别和判断活动"，所指的是对财务会计资料进行鉴别判断后作出鉴定结论（意见）。司法会计鉴定结论（意见）是司法会计的核心内容和主要目的，但司法会计的职能也并不仅限于此。概括来说，司法会计的职能应包括记录、反映、证明及控制四个方面的职能。司法会计通过对财务会计资料、其他资料和财产物资的检查、验证，从中收集有关案件资金的存在、分布及运动的情况并加以记录，为侦查工作指明方向；并将这些案件资金的性质和数量反映出来，形成结论（意见），证明案件的有关事实（财务会计事实）；有时还需勘验、检查、调取、固定等方法，防止犯罪分子转移赃款、赃物和财务会计资料，以保护民事诉讼中权利人的利益，这时司法会计发挥着控制的功能。

综上所述，将司法会计归属于"司法鉴定"，不仅反映了司法会计的本质，也可以从理论上作出科学的阐释，从而更具有严密的科学性。

二、司法会计的新诠释

在厘定司法会计归属于"司法鉴定"范畴的基础上，进一步研究作为"司法鉴定"的司法会计的基本组成要素，应包括主体、对象、标准、方法、职能、目的六个方面。司法会计的这六大要素都是司法会计学理论中值得专

---

① 谢次昌主编：《司法会计学概要》，法律出版社 1992 年版，第 16 页。

门研究的重要问题。笔者简要分述如下：

司法会计主体

司法会计主体解决由谁来进行活动的问题。所谓司法会计主体，即具有会计、审计和有关法律知识、能解决案件中财务会计专门性问题的人。在司法鉴定实践中常称之为鉴定人。对于具备哪些条件才能担任司法会计鉴定人的问题，目前我国法律并无明文规定。依据司法会计的特殊本质，我们认为，司法会计鉴定人的首要条件是必须具有相应的专业素质，这是衡量和决定鉴定工作质量的最重要的标准。因目前我国司法会计鉴定工作开展的时间不长，人员缺乏，在一定时期内可以聘请具有会计师或审计师职称以上的人员充当司法会计鉴定人。经过一段时间的发展，培养和建立起了司法会计专业队伍之后，则应明确规定有资格进行司法会计鉴定的人，只能是取得注册会计师或执业审计师资格或被授予鉴定资格的人。

司法会计对象

司法会计对象是司法机关提供给鉴定人进行鉴定的客观认识对象。关于司法会计对象及其表述，说法不一。有的同志将其称之为司法会计客体，必须是司法机关调集和提供的与案情有关的社会组织所保存的会计核算资料，主要包括会计凭证、会计账簿、会计报表及其拥有的财产。[①] 大多数同志认为应称之为司法会计对象，但表述的具体内容不一。有人认为，司法会计对象是司法工作中需要查验、鉴定的财务会计资料和其他资料；[②] 还有人认为，司法会计对象应该是涉及犯罪的经济事项的事实；[③] 甚至有人认为，司法会计对象就是案件中的财务会计专门性问题，即司法机关需要解决的案件中的会计事项和案件资金的运动过程及其结果。[④] 对以上观点，笔者不能完全苟同。

首先，客体与对象是有区别的。在司法鉴定中，客体是指与案件事实相关的、能够足以证明案情，并需要运用专门科学技术知识进行检验的物体（包括物质、物品、资料）、人身、尸身以及某些事实和现象，是鉴定主体依法实践的对象，一般表现为实体物。而"鉴定对象是鉴定客体的物质表现，它既包括客体物的自身，也包括客体物的反映形象，以及与案件有关的实事

① 何联升著：《司法会计鉴定学》，中国人民公安大学出版社 1990 年版，第 2 页。

② 顾洪涛主编：《司法会计基础教程》，中国政法大学出版社 1995 年版，第 4 页。

③ 刘德贵：《司法会计鉴定探微》，载《人民检察》1993 年第 12 期，第 54 页。

④ 龚清宗：《论司法会计鉴定的条件》，载《四川省检察技术首次司法会计研讨会会议交流材料》1995 年。

和物质现象。① 从上可以看出，鉴定对象和鉴定客体的范围是不尽相同的。将司法会计客体认为是司法会计对象，明显缩小了范围。我们之所以将司法会计对象作为司法会计的要素之一而不称之为司法会计客体，是因为在具体鉴定过程中，鉴定人工作的内容不仅仅是客体的范围，很多时候则是对资料所反映的财务事项进行判断。因此，称为司法会计对象更贴切一些。

其次，司法会计对象不同于司法会计目的。我们认为把诉讼中需要解决的某些财务会计专门性问题理解为鉴定对象是值得商榷的。鉴定对象是司法机关提供给鉴定人进行鉴定的客观认识对象。而案件中的某些财务会计专门性问题则是认识主体即鉴定人运用一定的技术、手段对鉴定对象加以分析、判断后所要达到的目的。可见，应该明确鉴定对象不是案件中需要解决的财务会计专门性问题。

最后，为统一鉴定标准、规范司法会计名词术语，将司法会计对象的内容统一归纳为以下四个方面：一是财务会计资料。它是财务会计人员进行财务记录、会计核算、会计监督时形成的各种书面材料。主要包括会计凭证、会计账簿、会计报表和各种资产清算、估价、成本核算的分析说明资料。二是其他辅助资料。它是指除财务会计资料以外的反映社会组织有关经济来往关系、经营管理等方面的资料。主要包括经济合同、协议文本、公司（企业）章程，政府有关文件、统计资料、往来函件等。三是财产物资。它是指社会组织所拥有或控制的有关实物、资金和票证。包括固定资产、存货、库存现金票据、证券等。四是经济业务活动和财务事实。这是以上三方面的反映形象。经济业务活动和财务事实不是凭空存在的，而是通过财务会计资料、其他辅助资料及财产物资反映出来的。实践中，必须依据以上三个方面分析，不可凭空想象和臆造。

司法会计对象是司法会计学理论中的一个重要问题，也是司法实践中鉴定工作的具体对象，是形成司法会计证据、出具司法会计鉴定结论（意见）的重要依据。

司法会计标准

司法会计活动是一种特殊的检验、鉴定活动。它对司法会计对象进行检查、验证并对其合法性、合理性、有效性进行评判，都必须有一定的客观依据。这个依据就是司法会计标准。所以司法会计标准也就成为其特殊的组成要素。简单来说，司法会计标准应分为专业标准和政策法律标准。所谓专业

---

① 邹明理主编：《物证技术》，四川人民出版社1995年版，第28页。

标准是指在财务会计行业中关于财务、会计事项的统一规定，主要应包括会计科目的设置和使用标准、会计凭证的填制标准、会计账簿的登记标准、会计报表的编制标准等规范。所谓政策法律标准是有关政策、法律、法规、规定等，主要包括税法、审计法、会计法与经济活动紧密相关的法律等。

司法会计方法

司法会计方法是借以对司法会计对象进行检查、验证、分析、判断时所采取的技术手段的总称。没有科学的技术手段，不选择适当的途径，就不可能对司法会计对象实施检验、鉴定和完成任务。无疑，司法会计方法是司法会计的基本要素之一。司法会计方法主要有审阅法、核对法、分析法、盘点法、顺查法、逆查法、详查法、抽查法、计算机辅助法等检查方法和比对鉴别法、平衡分析法等鉴定方法。

对于司法会计方法的认识，国内学界也不一致。在实践中，对如何运用的问题缺乏必要的理论探讨。因为在实践过程中，所涉及的经济案件的性质不同，对司法会计工作的要求也不同，而且发案单位或经济争议的双方的行业性质、经营范围都是多种多样的。面对如此复杂的情况，要想提高司法会计工作的效率，做到及时揭露犯罪、打击经济犯罪的嚣张气焰、快速有效地解决争议双方的经济纠纷、维护当事人的合法利益，选择恰当的方法则显得十分重要。我们认为，在实际工作中运用司法会计方法应遵循以下原则：

针对性原则。司法会计方法是用来开展工作的，只有针对不同的情况，选择恰当的方法，才能达到高效率、高质量，收到事半功倍的效果。一是针对被查单位的实际情况选择恰当方法。被查单位的性质不同，应采取不同方法。被查单位是基本建设单位则多用盘点法，被查单位是行政事业单位则多用审阅法、核对法。被查单位的经济管理情况不同，应选择不同方法。对于经营管理好、内部控制制度严的单位可以采用抽查法，查与案件相关部分的经济活动；而对管理混乱、控制制度差的单位，则往往需要运用详查法。二是针对不同的案情和不同的目的选择不同方法。如审查财务会计资料的正确性、合法性，则主要对凭证与凭证、凭证与账簿、账簿与账簿、账簿与报表等采用核对法检查。又如在查处贪污案件时，在侦查阶段只掌握重大线索，而且案情复杂，需要对财务会计资料全面审查，则应以逆查法为主；而对于有关在民事案件中的合同纠纷则应以顺查法为主。

联系性原则。司法会计方法都有相应的内容、具体的做法和局限性，在实践中如果不注意各种方法的联系，就不能适应工作复杂多变的要求，就不能恰如其分地收集证据。因此，各种方法应互相联系，灵活运用，建立一种相互促进的内在机制，切忌生搬硬套，单纯用一种或两种方法。如在审查原始凭证的真伪或有无涂改、补写、擦刮、浸蚀时，应结合文书检验方法进行检验确证。司法会计在具体案情中往往是一项复杂的、烦琐的工作，必须遵循联系性的原则，建立有机的方法体系，克服各自为政、单兵种作战的缺点，以提高工作效率和质量。

司法会计职能

事物的职能是表现该事物能否为人类所运用的重要依据。所谓司法会计职能是指司法会计内在的客观上所具有的功能。随着司法会计理论和实践的发展，司法会计的职能已不仅仅局限在传统的证明——提供鉴定结论（意见）的作用上，它还应具有记录、反映、控制的功能。这四个方面构成了司法会计作为特定的专业诉讼活动的有机内容，如本文第一部分所述。

司法会计目的

司法会计目的是运用司法会计专业知识参与诉讼活动所要达到的目标。从实践来看，司法会计目的表现在两个方面：一是解决案件中的专门性问题，即发现、查明案件事实情况。二是为司法机关正确处理案件提供可靠证据。这两个方面是密不可分、互相联系的。为司法机关正确处理案件提供可靠证据，必须以解决案件中的专门性问题为内容。而解决了案件中的专门性问题，则必须以证据的形式提供给司法机关。这两者之间，前者是内容，后者是形式。没有前者，后者就失去了存在的基础；没有后者，前者就失去了被认识的条件。

至此，可以将司法会计表述如下：司法会计是在诉讼过程中，司法机关指派、聘请的司法会计主体，按照专业和政策法律标准，运用专门方法，对案件中的财务会计资料、其他辅助资料、财产物资以及其所反映的经济业务活动和财务会计事实进行记录、反映、证明、控制，以解决案件中的专门性问题，为司法机关正确处理案件提供可靠证据的一种科学活动。

我国司法会计的现状与发展

作者按：在我国，司法会计产生发展的历史不长，理论上有一些不同的观点和流派，实践中的操作也不统一、不规范。在这种情况下，有必要对现有的理论观点进行梳理评价，并对司法会计工作中存在的问题进行总结归纳，以期逐步达成共识。本文原载于《中国司法鉴定》2001 年第 2 期，后《国际财务与会计》2001 年第 6 期以《中国司法会计的现代发展》为题转载。

在司法机关的诉讼活动中，认定事实和适用法律是贯穿诉讼过程的两个核心问题。要准确认定事实，正确适用法律，必须依据确实充分的证据。科学的证据离不开科学技术。在诉讼活动中，科学技术的运用不仅大大提高和延伸了办案人员的感知能力和破案能力，而且通过科技手段收集、鉴别、审查核实证据，也为公正审判提供了可靠的依据，有利于审判的科学、公正和高效。

司法会计作为一种新兴的取证技术和鉴定手段，正是为了适应有力打击危害国家经济秩序、政府行政秩序的经济犯罪和职务犯罪应运而生并蓬勃发展起来的。借助于现代会计学的发展和计算机等高新技术的广泛应用，司法会计已成为司法技术领域内的一支生力军，其在诉讼活动中准确"认定事实"方面，发挥着重要的"证据"功能。值得注意的是，司法会计的发展，远不如法医技术、物证技术那样备受关注。探讨司法会计的历史与发展，解读制约司法会计发展的因素，以期让更多的司法界同仁来了解它、关注它，是本文的主题。

一、司法会计的起源与发展

与一些发达国家比较，我国的司法会计起步较晚。据现有资料记载，司法会计活动及司法会计学在我国出现还属当代的事情。

新中国成立后，公有制经济制度在我国建立，财务会计的应用也逐渐得到普及。但随着经济的发展，经济犯罪也日益增多，司法机关在查处经济犯罪案件中开始进行会计检查和会计鉴定。特别是在办理贪污案件时，为了确认被告人是否贪污公款，往往由会计人员来查账，并就被告人是否贪污公款及贪污数额进行鉴定。从严格意义上讲，这些活动还不能视为是司法会计活动，司法机关中也没有专门的司法会计人员。

从 20 世纪 50 年代末期至 80 年代初，由于受各方面的影响，司法会计工作曾一度停滞不前。

改革开放后，随着我国刑法、刑事诉讼法的颁布实施，司法会计进入了真正发展的阶段。特别是 20 世纪 80 年代中期，为了适应反腐败斗争的需要，最高人民检察院技术部门在对国外司法会计的有关情况进行调研后认为，检察机关有必要开展为检察机关查办贪污贿赂、偷税等犯罪案件服务的司法会计工作。为此，最高人民检察院技术部门决定在全国检察机关设置司法会计门类、选配专业人员开展此项工作。并从 1987 年起开始了全国检察机关司法会计人员的培训工作。据不完全统计，目前检察机关已配备司法会计人员 2000 余人，每年检案数千件，司法会计也由原来主要为检察机关办案服务扩大到为公安、法院等部门在办案中提供司法会计鉴定结论（意见）和技术服务。

20 世纪 80 年代后期，一些法院在审理涉及财务会计业务的民事、经济、行政案件时，开始委托社会中介机构如会计师事务所进行相关的司法会计活动。个别地方的法院还与银行、审计等部门联合成立了开展司法会计业务的机构。

到 20 世纪末，有些地方的公安、法院等部门为了侦查和审判工作需要，也开始酝酿建立司法会计专业技术门类，配备司法会计人员，开展司法会计工作。

二、司法会计理论研究的争鸣与勃兴

由于受司法会计实践的影响，我国的司法会计理论研究也起步较晚。现有资料记载，在 20 世纪 80 年代以前我国没有人专门从事司法会计理论研究，只有极少数的会计人员和高校的教学人员对司法会计实践和司法会计教学进行了一些经验总结。从 80 年代开始，我国的司法会计理论研究才真正开始。

1981 年，司法部在制定高等院校法学专业教学计划时，将司法会计学列入了教学计划，作为法学专业学生的选修课。为适应教学的需要，当时的西南政法学院和华东政法学院的部分教师开始了司法会计学的研究，开设了司法会计学课程，并编印了内部的司法会计学教材。

检察机关的司法会计专业技术门类建立后，检察机关的司法会计工作者，结合司法会计实践开始了司法会计理论研究，并逐渐成为我国司法会计理论研究的主力军。1987年、1992年，最高人民检察院技术部门分别在大连、南宁组织召开了全国检察机关司法会计工作和理论研讨会。这两次会议，不仅总结了检察机关自开展司法会计工作以来取得的成绩，交流了工作经验，同时也对司法会计领域内的一些基本问题进行了广泛而热烈的讨论。通过这两次会议，积极地推动了检察机关乃至全国的司法会计理论研究工作。

在司法会计理论研究与司法会计实践过程中，出现了几种具有代表性的观点，并对司法会计实践产生了一定影响。笔者在此略作简评。

（一）"一元论"司法会计观的局限

"一元论"司法会计观，是我国在司法会计理论研究方面形成较早的一种观点，也是我国最初进行司法会计理论研究的大多数学者、专家和司法会计工作者的主流观点。

"一元论"司法会计观的核心思想是：司法会计就是司法会计鉴定，司法会计鉴定就是查账、查物。司法会计学的研究对象是司法会计鉴定，司法会计学就是司法会计鉴定学。

依据这一观点建立的司法会计学学科体系的结构是：司法会计鉴定学由司法会计鉴定概论（包括司法会计鉴定学的概念、对象及司法会计鉴定的标准、主体等基本理论）、司法会计鉴定技术理论（包括对会计资料、相关财物的鉴定技术以及鉴定技术在各类案件中的运用等）、司法会计鉴定程序理论（包括司法会计鉴定的程序以及司法会计鉴定书的制作等）。

从上述观点及学科体系不难看出，这种理论观点是借鉴了苏联司法鉴定理论和我国审计学的操作理论，并直接归纳司法会计工作中的具体做法而形成的。

"一元论"司法会计观的最大贡献在于将司法会计界定为一种"诉讼活动"。这一基本理论范畴的界定不仅为"一元论"司法会计学科体系的构建确立了思想基础，而且为后来的司法会计理论研究将"司法会计界定为一种诉讼活动"奠定了基石。

综观"一元论"司法会计观，其不足之处是显而易见的。它将司法会计界定为司法会计鉴定，不仅局限了其自身理论观点的发展，而且也对司法实践造成了很多危害。

一是造成了司法实践中的"侦鉴不分"。由于这种观点认为司法会计即指司法会计鉴定，将司法会计鉴定的内容和过程归纳为查账、查物和写鉴定书。因此，在司法实践中，尤其是司法会计人员在侦查阶段介入案件时法律身份难以划分，造成了实际上的"侦鉴不分"。即司法会计人员在案件中既是侦查员、查账员，又是鉴定人，一人具有双重法律身份，违反了法制原则。

二是造成"司法会计法律定性"的错误做法。由于"一元论"司法会计观的形成是在借鉴审计理论成果和归纳实践中司法会计具体操作基础上形成的。因此，一些学者将审计实践中对财务会计错误行为的定性问题直接"借鉴"到司法会计鉴定中，将财务会计行为是否是贪污、挪用、偷税、抗税等列为司法会计鉴定的范围，而且在司法会计鉴定书中直接回答是否犯罪的问题。这种做法本身违反了刑事诉讼法的规定，也是不科学的。某种行为是否是犯罪行为，是哪一种犯罪行为，应由司法机关及办案人员收集案件中各种类型的证据来证明，是司法机关和办案人员的事情，而不是司法会计鉴定人能够和应该解决的。但由于"一元论"司法会计观对实践中司法会计的具体做法未能从法律和科学角度来划分考察，因此其理论研究也不够系统、严谨，观点偏颇在所难免。

（二）"专业论"司法会计观的评价

"专业论"司法会计观，是20世纪90年代初期提出的一种司法会计观点。

"专业论"司法会计观的核心思想是：司法会计学的研究对象是司法会计，而司法会计的对象是案件资金。由于不同经济行业涉及的案件资金及会计证据的特点不同，应当按照经济行业的划分来分别研究司法会计理论，并建立相应专业的司法会计学。

依据这一理论观点建立的司法会计学学科体系的结构是：司法会计学由司法会计学概论（司法会计学的概念及理论体系；司法会计的概念、方法、程序、鉴定原理等理论）、专业司法会计学（工业、商业、建筑、行政事业等司法会计学）、司法会计专论（会计证据论、案件资金论、司法会计方法论、司法会计鉴定论等）。

从上述观点及学科体系不难看出，它将传统会计学中会计对经济活动的记录、反映、控制、监督职能借鉴到司法会计中，并将会计学的"资金运动"理论与犯罪行为结合起来，形成了"案件资金论"。显而易见，这种观点深深地打上了会计学的烙印。

笔者认为，这种观点将司法会计学的研究对象概括为司法会计，司法会计是一种诉讼活动，这是值得肯定的一个方面。但其司法会计理论又有明显的局限性。同时，这种理论研究的思路是从会计学的角度来研究司法会计，因而在工作中也出现了一些直接引用会计学、经济学的概念给具体"行为"定性的错误做法，对司法实践造成了一些不良的影响。具体来说，其不足之处有：

一是对司法会计这一诉讼活动的具体内容没有加以区分，混淆了司法会计在诉讼活动中的不同作用，这与司法会计在司法实践中的实际情况不符。

二是依据行业特点来划分和建立学科体系，对于属于法学学科的司法会计学不切合实际。从会计学角度，根据不同行业经济活动的不同特点，对其进行会计核算和监督，建立不同行业的会计学如工业会计学、商业会计学等是完全科学的。但对于司法会计学来讲，虽然行业不同，采用的会计核算和会计制度有一定的差异，但司法会计学研究的是司法会计活动的特点和规律，是针对司法实践中犯罪行为方式、特点及经济事项的具体情况来进行的，不需要重点研究不同行业的会计核算的差异，而需要研究的是不同行业犯罪的共同特点以及如何进行发现、揭露和证实犯罪。因此，在确立学科体系时，不能脱离具体的司法实践。

（三）"二元论"司法会计观的兴起

"二元论"司法会计观是 20 世纪 80 年代后期提出的一种观点，经过十余年的发展，依据这一理论观点建立的司法会计学学科体系日益成熟。

"二元论"司法会计观的核心思想是：从司法实践的角度将司法会计定义为诉讼活动，并依据诉讼法和刑事侦查（调查）学原理，将司法会计活动的基本内容概括为司法会计检查和司法会计鉴定。

依据这一理论观点建立的司法会计学学科体系的结构是：司法会计学由司法会计学概论（司法会计概念、原理、主体、标准；司法会计学的概念、研究内容等理论）、司法会计检查学（司法会计检查的基本原理、方法、程序；财务会计资料及相关财物的检查技术；各类案件的司法会计检查对策等理论）、司法会计鉴定学（司法会计鉴定的基本原理、范围、方法、鉴定证据、程序；各类财务会计问题的鉴定技术；鉴定结论的制作及文证审查等理论）。

"二元论"司法会计观将司法会计划分为司法会计检查和司法会计鉴定，一方面，以诉讼中侦查、调查原理为依据，借鉴审计学的查账查物技术，将诉讼法规定的勘验、检查与司法会计实践相结合，建立司法会计检查学；另一方面，以司法鉴定的"同一认定"理论为指导，将司法鉴定与会计要素相结合，建立司法会计鉴定学。在司法会计基本理论的指导下，将司法会计检查理论与司法会计鉴定理论统一于司法会计理论体系之中，最终形成"二元"司法会计理论体系。

"二元论"司法会计观的形成及其发展经历了一个艰苦的过程，一些司法会计工作者及有关专家、学者为此付出了辛勤的劳动。但值得欣慰的是，由于这种观点及理论研究成果符合法理和学理原则，能够将司法会计理论与司法实践紧密结合并指导司法会计实践，因而日益被司法实践所接受。

长期的司法会计实践及理论研究使笔者感觉到，从"二元论"的角度来研究司法会计理论并将其应用于司法实践，对司法会计工作者的知识结构有较高的要求，不仅要有会计学、审计学的知识作为基础，而且还要有深厚的法学功底作支撑，特别是刑事法学、证据学、刑事侦查（调查）学、司法鉴定学等基本知识及实践。同时，司法会计学领域内大量的问题还需要从法学和会计学结合的角度来研究解决。

司法会计理论研究与司法会计的发展，凝结了广大司法会计工作者的心血。司法会计理论研究中的种种观点对司法会计的发展都起到了不同的作用。当然，任何一门学科的发展与完善都有一个过程，都是与具体的实践活动和人们的认识水平密切相关的。随着社会的进步、司法实践的不断深入和广大司法会计工作者的不懈努力，司法会计学将不断走向成熟。

三、目前我国司法会计存在的问题

（一）人才资源缺乏

科技要发展，人才是关键。司法会计的发展，同样面临着人才资源缺乏的问题。从司法实践的需要来看，目前我国公、检、法、司及其他部门至少需要一万名左右的司法会计人员，而现在检察机关内仅有2000余人，其他司法机关更是寥寥无几。

从科研和教学来讲，截至20世纪末，我国尚未建立起司法会计专业或司法会计方向的本科教育体系，仅培养出了极少量的司法会计方向的硕士研究生。目前，仅有个别高等院校着手司法会计方面的本科教育。

人才资源的缺乏，不仅制约了司法会计的发展，造成了理论研究、教学工作的被动，而且司法机关在诉讼中收集证据的活动也受到技术方面的限制，更不要说为司法实践提供司法会计方面的科学证据了。

（二）从事司法会计工作的技术人员的专业水平尚需提高

目前，从事司法会计工作的专业人员，主要有司法机关的司法会计人员和社会中介机构的注册会计师及一些大专院校的会计科研、教学人员。这些人员，主要是从财经院校会计、审计及其他经济专业毕业的，许多人还缺乏开展司法会计工作所必需的法学、证据学、侦查学、司法鉴定学和司法会计学的专业知识。社会中介机构的注册会计师及会计教学、科研人员更是缺乏这方面的理论和实践。专业技术水平的不足，往往导致在司法会计实践中违法检案、技术性错检等一些问题。

（三）司法会计技术的应用缺乏必要的环境和基础

由于大多数侦查、检察、审判人员和律师缺乏对司法会计的了解，所以在司法实践中常常出现对需要进行司法会计鉴定的不送检，或提出不适当的鉴定要求，或不会收集检材致使鉴定无法进行等情形。因此，司法会计专业技术的应用还缺乏必要的环境和基础。

（四）司法会计工作缺乏统一和规范

从笔者了解的情况看，目前司法会计实践中存在的问题较多，如司法会计的用语混乱，大量引用证人证言、被告人供述作为结论的依据，应当验证的鉴定事项有重要疏漏，结论的论证不严谨，超范围解决法律定性问题，司法会计鉴定文书五花八门等。凡此种种，根本的原因是司法会计工作缺乏统一和规范，司法会计人员在工作中随意性较大。

（五）理论研究不够深入和活跃

由于司法会计工作没有引起有关部门的高度重视，同时受司法会计人才资源缺乏的影响，司法会计理论研究不够深入和活跃。司法会计领域内一些重要的理论问题因人才资源缺乏和投入不足，目前还没有得到解决。另外，专业交流渠道不畅也是一个重要原因。除检察机关不定期举行一些司法会计工作研讨会外，目前国内只有少数法学刊物、财经刊物可发表一些司法会计方面的文章。这种状况与司法会计理论研究的发展需求不相适应。

四、我国司法会计的发展前景

随着我国依法治国方略的实施和诉讼科学化进程的加快，刑法、刑事诉讼法的修订实施和社会主义市场经济体制的逐步完善，在客观上为司法会计的发展和应用提供了广阔的空间，也提出了更高的要求。如何更好地使司法会计在打击犯罪、预防犯罪和处理民事、经济、行政案件中发挥更大的作用，是摆在我们面前的一项紧迫任务。

（一）适应形势发展，大力加强司法会计理论研究

从目前我国司法实践和司法会计的现状看，司法会计理论研究与司法实践的需要还有较大差距。司法会计专业的发展已明显受到理论研究水平的制约。因此，加强司法会计理论研究已刻不容缓。

司法会计理论研究，首先要加强对基本理论问题的研究，解决目前还没有解决的一些基本理论问题，逐步建立起较完善的司法会计理论体系，以指导具体技术理论的研究和司法会计实践。

其次，要加强技术对策理论的研究。技术对策理论的研究，应针对当前高科技犯罪、智能化犯罪的特点和信息技术在社会各领域的广泛应用，充分利用计算机技术、信息网络技术、会计审计新技术，加强对司法会计检查技术、鉴定技术的开发性研究，不能仅限于对已有经验的总结。

（二）建立司法会计专业的本科、研究生教育体系，促进司法会计技术的应用和推广

根据司法实践和司法会计理论研究的要求，在我国高等院校，应逐步建立起司法会计专业的本科和研究生教育体系，培养司法会计专业技术人才，以适应司法实践和司法会计学发展的需要。目前，我国已有部分财经、政法院校开设了司法会计方向的本科教育，还有部分政法院校招收少量司法会计方向硕士研究生，这为培养高层次的司法会计人才开了个好头。但从目前的情况来看，也存在一些实际困难和问题，如只是将司法会计作为会计学的一个专业方向、专门化班而没有作为一个本科专业，课程设置上注重于会计学而不重视法学、侦查学、司法会计学的基础教育，司法会计专业有其名而无其实，师资薄弱，司法会计专业教材缺乏等。因此，国家有关部门应从整体上有一个较合理的规划，在充分论证的基础上，开展司法会计专业的本科和研究生教育，逐步建立起我国的司法会计专业本科和研究生教育体系。

另外，应加强对司法会计技术的应用和推广。从司法实践部门来讲，侦查、检察、审判人员和律师都应当掌握一定的司法会计技术，才能更好地适应办案的需要。因此，各部门应重视对现有人员的司法会计基础知识的培训。同时，政法院校的法学、侦查学、公安学等非司法会计专业的学生，也应加强司法会计专业知识的学习，以适应将来司法实践的需要。

（三）标准化：司法会计的最终出路

目前，证据法的制定已逐渐被提到立法日程上，诉讼证明标准及证据规

则的讨论已成为理论界和司法实践部门的热门话题，这对涉及技术性证据的司法鉴定提出了一项现实而又紧迫的任务。司法鉴定的标准化是司法鉴定工作最终走向规范化、科学化的根本之路。司法会计也不例外。要解决目前司法会计实际工作中的诸多问题，司法会计必须走标准化的道路，这既是诉讼科学化的要求，也是司法会计自身发展的需要。为了更好地开展司法会计标准化研究与操作，首先要尽快建立我国的司法会计标准化组织，这是进行标准化活动的前提。其次要组织人力、物力，借鉴会计、审计的现有成果，尽快编纂司法会计引用技术标准，以解实际工作之急。

（四）建立全国性司法会计学术组织

目前，我国的司法会计专业，无论是专业人员数量还是专业技术的应用都已初具规模。从加强司法会计理论研究和技术推广的角度来讲，应尽快组建全国性的司法会计学术组织。

论司法会计鉴定的科学基础

作者按： 司法会计鉴定的科学基础，有学者又称之为司法会计鉴定的科学性，是揭示司法会计活动科学性的基础理论，在学科理论中处于基础性的核心位置。基于前文论及的司法会计本质归属于"司法鉴定"的研究路线，笔者在研究司法会计初期即将此作为一项重要的研究内容。遵循司法鉴定的研究规律，将同一认定理论适用于研究之中，形成了此研究成果。本文原载于《中国刑事法杂志》1998 年第 2 期，同时获得 1998 年全国刑事科学技术研讨会优秀论文奖。

一、司法会计鉴定科学基础的概念

传统观点认为，科学基础就是科学依据，即客体的特定性、稳定性。笔者认为科学基础应该包括科学依据和基础条件，因为司法鉴定是一种科学认识活动，认识活动离不开主体与客体这两项最根本的内容，那么研究司法鉴定科学这种认识活动存在的科学基础就不能只重视客观而忽视主观能动性。如果只讲客观方面客体的特性如何如何的特殊、稳定，而主观方面却缺乏认识客体特性的有效方法和条件，那么进行鉴定也是不可能的。司法鉴定的发展历史说明，客体的特性是客观存在的，只是主观方面往往由于人类科技水平的落后和方法、手段的不当而无法对其进行认识。前人没有解决的物质成分鉴定在现代科学面前迎刃而解，而现代科技中存在的鉴定难题，在不久的将来，随着高科技的发展它也必将被攻破。列宁曾说："在探索的认识中，方法也就是工具，是主观方面的某种手段，主观方面通过这个手段和客体发生关系……"① 司法会计鉴定也是一种主观对客观的认识活动。虽然这种活动不能脱离客观方面的制约，但就认识活动本身而言，主体及主体的方法则成了一个至关重要的决定因素。因此，研究司法会计鉴定的科学基础，既要研究客体的特性，又要研究主体的科学认识方法。

---

① 《列宁全集》第 38 卷，人民出版社 1954 年版，第 36 页。

司法会计鉴定科学基础是指阐明司法会计科学性的理论，它解决司法会计为什么具有科学性和怎样具有科学性的问题。具体说就是回答司法会计的科学依据和基础条件。科学依据是指财务会计特性。基础条件是指客观条件和主观条件，客观条件是指司法会计的客观物质基础和财务会计活动的反映性，主观条件是指主体（司法会计鉴定人）的理论、方法和能力等。

二、唯物辩证法是司法会计的理论基础

一门科学的理论基础，就是该门科学的指导思想。唯物辩证法是无产阶级的世界观和方法论，是人类认识世界改造世界的有力武器。唯物辩证法是反映自然界、人类社会和思想过程最普遍规律的理论和方法，它是在实践中不断发展和壮大的，经受住了长期的历史考验，被实践证明是颠覆不破的真理。它是一切科学和实践活动的指导思想。在司法会计鉴定中，唯物辩证法有关物质的原理为司法会计鉴定的顺利进行奠定了基础，首先它使司法会计主体确立了财务会计资料是物质的观念，而且这种物质与周围的其他物质是普遍联系的，说明了财务会计资料不是孤立存在的，它是财务行为、会计行为的必然结果。唯物辩证法不仅指导着司法会计鉴定实践活动，而且对司法会计的理论研究也有重要的指导意义。

三、同一认定理论是司法会计鉴定的一般基础理论

所谓基础理论是指用以阐明该门科学的基本原理和应用技术的科学依据的理论体系。[①] 一门科学的基础理论往往是一个体系。司法会计鉴定的基础理论很多，同一认定理论是司法会计鉴定的重要的基础理论之一。

同一认定理论是随着各门司法鉴定科学的创立、发展逐步建立和完善的。它是根据唯物辩证法关于认识论的基本原理，阐明司法鉴定的原理、步骤和方法的理论体系，是司法鉴定科学的方法论，是唯物辩证法在司法鉴定中的具体运用。它包括的内容有：同一认定的概念、同一认定的科学基础、同一认定的客体特征特性、同一认定的种类、同一认定的步骤方法、同一认定结论的评断与运用等理论。

（一）同一认定理论是司法会计鉴定指导思想的具体体现

唯物辩证法是关于世界观的科学，是适用于一切科学领域的方法论。但是，在物质世界中客观事物是多样的，而且每一具体事物都有自己特殊的运

---

① 邹明理：《司法鉴定概论》，西南政法大学教材 1989 年，第 37 页。

动形式和规律。唯物辩证法对各门科学和实践活动的指导作用是毋庸置疑的，但只能是宏观指导，它不可能代替各门具体科学的理论和方法，也只有这样才能真正体现其哲学最高层次和普遍作用。因此，在唯物辩证法的指导下，每门科学还要结合自身的特点创立本学科的具体的理论和方法，以此来解决本学科的问题，唯物辩证法也正是通过这种途径实现其普遍指导的目的。对司法会计来说，同一认定理论就是唯物辩证法的具体体现，如同一认定理论提出了司法会计的科学依据及鉴定的原则、程序及司法会计结论的评断运用等。

（二）同一认定理论是所有司法鉴定的基础理论及一般性意义

同一认定理论的实质和核心是通过理论指导实践，最终以认定同一为目的。大多数以认定同一为目的的鉴定，都要以同一认定的理论和方法为依据，并将同一认定理论作为自己的基础理论。少数司法鉴定虽然不是以认定同一为目的，但是在一个具体的鉴定中，它仍然和认定同一形式的司法鉴定一样，必然要发现、收集、保全案件中的有关证据资料，而且鉴定依据和鉴定方法、程序都要遵守同一认定理论的原则，只有这样才能圆满完成鉴定任务。因此，同一认定理论是所有司法鉴定的基础理论。

同一认定理论作为司法鉴定的基础理论，它为司法鉴定的诸多子学科如笔迹学、痕迹学、法医学等提供了一般的方法，因此，就司法鉴定领域而言，同一认定理论是居于第二层次的方法论，所以称之为一般基础理论。考察同一认定理论的具体内容，可以发现，它往往抛开研究对象的具体内容，只研究对象的共性表现形式，而对每一具体对象的个性特点则很少涉及，如对客体的特定性、稳定性的问题只考察它们是客体的基本属性，而对每一类型鉴定客体的特定性、稳定性具体内容则留给了各门子学科。如笔迹鉴定的科学依据与指纹鉴定的科学依据在客体的特定性上的表现是截然不同的，书写习惯与指纹的形成机理显然是属于两个不同的范畴。这就说明，同一认定理论对于司法会计鉴定、笔迹鉴定等来说都是一般的基础理论。

（三）同一认定理论与司法会计鉴定科学依据

同一认定理论作为司法鉴定的一般基础理论，它提出了客体的特定性、稳定性、反映性，并将其作为司法鉴定的科学依据，这对以认定同一为目的的司法鉴定无疑是十分正确的，但对于司法会计鉴定来讲却显得不够完善，不够充分。因为司法会计鉴定和司法精神病鉴定一样，与以认定同一为目的的物证技术鉴定在鉴定的机制上是不同的。根据鉴定结论划分鉴定种类，司法会计鉴定是属于认定事实真伪、有无和程度的鉴定形式，不以认定同一为目的。① 根据鉴定依据划分鉴定种类，司法会计鉴定属于物质现象的鉴定形式。②因此在鉴定机制上，它不是以鉴定对象、检验对象的物质属性和形象结构作为依据，而是以鉴定对象的形成机制为依据。这与物证技术鉴定是有区别的，所以它们存在的科学依据不完全相同。正因为如此，对司法会计鉴定科学依据的探讨就不能像传统的同一认定理论确定客体的特定性、稳定性、反映性的模式，而应以财务会计资料的形成机制为依据来研究财务会计特性。

　　机制分析是司法鉴定的一种分析方法，它是以鉴定对象的形成机制为整体分析的内容，通过分析鉴定对象的表象指征，据以同已知的对象的同类表象指征进行比较，从而判定鉴定对象的形成原因或形成过程的一种鉴别分析方法。法医学死因鉴定、事故原因鉴定等都是采用这一鉴定原理进行的。司法会计鉴定就是以机制分析原理作为鉴别分析方法，以案件中的财务会计资料的形成机制作为整体分析内容，通过分析有关会计要素及财务会计资料的各种表象指征如数量关系、符号、对应关系等，据以与同类财务会计的方法原理、活动规律进行比较，进而作出鉴定结论的。因此，从财务会计资料形成的机制来分析，司法会计鉴定必须依据一定的财务会计处理方法和原理。而针对特定的对象，财务会计处理方法和原理是特定的，因而，财务会计特性正如指纹、工具痕迹等客体的特征一样构成了鉴定的科学依据。

　　财务会计特性是个概括性的名词，具体说应包括财务特性和会计特性。依据同一认定理论的特定性、稳定性，财务特性和会计特性又分为资金运动的规律性和会计核算方法的特定性，财务关系的相对稳定性和会计核算的相对稳定性。

　　特定性：资金运动的规律性、会计核算方法的特定性。

　　资金运动的规律性。资金运动的规律性是指资金运动的过程及结果符合一定的客观规律的特性。资产的运动过程及结果，是财务过程及结果的价值形式表现，所以资金运动的规律也就是以价值形式所表现的财务运作过程的规律。因此，资金运动规律性是以价值形式对财务本质属性的一种描述，是财务的特性之一。资金运动的规律性概括起来就是各项资金之间具有量的平衡关系，资金的运动过程不会破坏这种平衡关系。这种平衡关系可用公式简单表述如下：

$$资产 = 负债 + 所有者权益$$

　　①② 邹明理主编：《物证技术》，四川人民出版社 1995 年版，第 38—40 页。

$$收入 - 费用 = 利润$$

$$或资产 = 负债 + 所有者权益 + （收入 - 费用）$$

会计核算方法的特定性。会计核算方法的特定性是指会计核算具有特定的内容、结构和用途的特性。会计核算方法很多，但每一种具体的会计核算方法都有其特定的内容、结构及用途，而且每一种具体的会计核算方法与其核算对象之间都有特定的对应关系。如对记账方法来说，每一会计记账方法都有其特定的记账原理、记账符号和记账规则，这些特定的内容决定了不同记账方法的记账特点，是区别不同记账方法的标志。如借贷记账法，它是以"借"、"贷"作为记账符号，按照"有借必有贷、借贷必相等"的规则，在两个或两个以上账户中全面地互相联系地记录每笔经济业务的一种复式记账法，它是以会计等式（资产 = 负债 + 所有者权益）作为理论依据的，明显区别于其他记账方法，具有自己的特定性。

稳定性：财务关系的相对稳定性、会计核算的相对稳定性。

财务关系的相对稳定性。财务关系是指由财务业务所体现的各经济单位与相关方面的经济关系，如结算关系、存贷款关系、经济分配关系及财产产权关系等。财务关系的相对稳定性也就是指以上各种财务关系中的某些方面在一定条件下，在一定的时期内保持相对稳定不变的特性，它主要体现在财务关系的要素方面，如财务关系的内容在确定后是相对稳定的，财务关系的某些主体是相对稳定的，财务关系的处理方式、方法在一定的时期内也保持不变。具体来说比如某企业与其长期供货单位之间签订合同后，在法律未发生变化或合同的存续期间，双方当事人的主体资格是相对稳定的，财务关系的内容在合同存续期间以及处理方式、方法都是稳定的，一般不会发生变化。

会计核算的相对稳定性。会计核算的相对稳定性是指会计核算的基本特征在一定的时期内保持不变。如某单位在一定时期内所设置的账户体系，所采用的记账方法，所采用的成本计算方法都会保持相对稳定不变。

上述财务会计特性的四个方面构成了司法会计鉴定的科学依据。首先，资金运动规律性和会计核算方法的特定性，为司法会计主体正确认识和分析案件所涉及的财务会计事实提供了科学依据。经济单位进行财务活动，始终存在各项资金之间的量的平衡关系，而且资金的运动过程不会破坏这种平衡关系，这种资金平衡关系反映着经济单位的财务状况及财务成果的影响。司法会计主体正是依据这一规律分析案件涉及的财务状况，研究分析案件涉及的财务业务对相关财务状况财务成果所产生的影响。会计核算方法的特定性说明了一定的会计核算方法与其核算对象之间存在特定的对应关系，这不仅可以使司法会计主体通过检验财务会计资料来查明案件的有关财务会计事实，收集确定案件事实的证据资料，而且还可以判断财务会计关系处理的真实性、会计核算的正确性等案件事实。其次，财务关系的相对稳定性，为司法会计主体收集财务会计资料证据，查明案件的有关财务会计事实提供了客观条件。财务关系的相对稳定性，使司法会计主体能够利用没有发生变化的财务关系，通过有关的经济活动的当事人查找到案件所涉及财务会计资料或通过分析财务关系内容来判明有关财务行为的真实性和正确性。会计核算的相对稳定性则表明了会计人员在利用和制作财务会计资料时所采用的各种方法是相对稳定的，这就使财务会计资料之间以及其所包含的财务会计信息之间也建立了相对稳定的关系。司法会计主体只要注意利用这些关系，便可以通过某一资料所提供的信息，查找到相关资料，或利用这一关系来判明相关资料所提供的财务会计信息的内容。

四、会计学原理、方法是司法会计鉴定的专业基础理论和方法体系

从同一认定理论的角度探讨财务会计特性是司法会计鉴定的科学依据，这只解决了司法会计鉴定的科学基础一个方面的内容。笔者认为，会计学原理和方法解决了司法会计鉴定的科学基础的另一个方面。它阐明了司法会计鉴定的科学基础客观物质条件和主观认识条件。因此，它应当是司法会计鉴定的基础理论，而且是专业基础理论。

（一）根据会计学原理和方法制作的财务会计资料是司法会计鉴定的物质基础

司法会计鉴定是一项科学认识活动，它必须依据一定的物质基础。

会计学原理表明，会计是以货币计量为基本形式，采取专门的方法，连续地、系统地、全面地对经济活动进行核算和监督的一种管理活动。[①] 这种管理活动，一方面会形成记录经济信息及价值运动过程后果的财务会计资料，另一方面必须依据这些资料反映的信息进行决策控制。社会组织的经济活动总是通过每一项具体的经济业务来实现的，而每一项经济业务的性质、内容、发生的时间、地点都是不同的，而社会组织的经济活动又是极其频繁

---

① 李秀林等著：《辩证唯物主义和历史唯物主义原理》，中国人民公安大学出版社1990年版，第240页。

和广泛的，面对如此复杂的情况，要做到科学、全面、客观的记录并非易事。会计人员必须依据一定的原理、采用专门的方法才可能完成任务。会计学原理和方法为科学地记录经济业务活动提供了切实可行的、适合于各部门各行业的基本原理、方法和技术。按照会计学原理和方法，经济业务活动都被以一定的规则和方法有序地记录形成财务会计资料。以工业企业的产品销售业务为例，为归类记录日常发生的产品销售业务，会计人员应设置和运用"产品销售收入"、"产品销售费用"、"应收账款"、"预收账款"、"应收票据"等账户，而每一个账户记录的内容、方法、规则，会计学原理有着不尽相同的规定。如"产品销售收入"账户是用以记录产品销售实现时所取得的收入的账户。当企业发出商品同时收讫价款或取得索取价款的凭证时，方可确认为产品销售实现。已实现的产品销售收入记入"产品销售收入"账户的贷方。如果发生销售退货、折扣或折让时，应相应抵减已确认实现的产品销售收入，记入该账户的借方。"销售收入"日常记录的贷方发生额与借方发生额的差额叫作产品销售净收入，应于期末从该账户贷方转至损益账户，以便计算本期的财务成果。期末结转后，该账户应无余额。另外，"产品销售收入"账户可按销售产品的类别或名称设置明细账，分别对各类（各个）产品销售收入的实现情况进行明细分类核算。就产品销售业务中"产品销售收入"的记录而言，涉及的财务会计资料要有原始凭证、记账凭证、账簿等多种，而每一类又有不同的格式、内容、用途以及填制、核算方法。会计人员根据会计学原理和方法对发生的此经济业务按规定进行记录、核算，就形成了反映此项经济业务的发生、过程、结果的一系列财务会计资料。而这些财务会计资料一经形成后在一定的时期内不会发生变化，这就为司法会计主体对其认识、分析奠定了客观物质基础。

（二）会计学原理和方法是司法会计主体解决财务会计专门性问题的理论依据和方法依据

"人的认识不仅存在于认识主体的大脑里，它还可以通过文字、语言、书籍等形式加以对象化，成为同主体相脱离的观念的客体。随着人类的认识的发展，认识成果的不断沉积，这种观念的客体就形成一个庞大的知识体系。"① 由于财务会计行为涉及到犯罪，或经济交往中有资金的往来，形成了有关的财务会计事实和关系，因而在实践中需借助于一些专业知识如财务会计知识来进行工作，正是如此，会计学原理和方法成为司法会计主体解决

---

① 谢次昌主编：《司法会计学概要》，法律出版社 1997 年版，第 37 页。

财务会计专门性问题的理论依据和方法依据。

以实例来讲，如对会计分录采用比对鉴别的方法，首先，鉴定得以进行的理论依据是会计学原理规定的各种财务会计处理方法与其适用对象之间具有特定关系。其次，鉴定人要依据会计学原理中有关的原理和方法，针对会计分录的检验内容即比对账户名称、记账方向、记账金额，设计比对的参照客体——会计分录，这时所要运用的会计学原理和方法有：会计准则中有关会计要素的确定、计量的规定，会计学中有关会计科目的设置及使用的规定，复式记账原理中的发生额试算平衡公式等项内容。最后，制定好作为参照客体的正确的会计分录后，与需检验的会计分录比较，鉴别确认所列的会计科目、记账方向、记账金额是否正确真实，确认错误会计分录的错误形态和错误程度，揭示其所违背的会计原理，都要运用相关的会计学原理和方法。

司法会计鉴定中根据不同的鉴定要求，依据不同的鉴定种类所运用的会计学原理和方法是不同的，司法会计主体必须要掌握并熟练地运用会计学原理和方法才能够胜任工作。

五、司法会计鉴定科学基础研究的意义

任何一门学科的建立和发展都离不开两条途径：一是对本领域实践经验的科学概括和总结，使经验系统化、理论化；二是吸收、借鉴、移植其他学科对本学科有用的成果，丰富本门学科的理论内容。司法会计鉴定科学基础就是在这样的条件下产生的，它是司法会计学中一个至关重要的课题。然而多年以来，我国理论界对此研究较少，这无疑局限了本门学科的发展。司法会计鉴定科学基础的提出和建立首先在理论上提示了司法会计的科学性，不仅为司法会计理论研究奠定了基础，而且为司法会计实践提供了理论依据和方法体系，其理论意义和实践意义是十分重要的。

浅谈司法会计鉴定与审计的关系

作者按：司法会计鉴定与审计的区别，自司法会计应用于诉讼初期就一直争论不休。在诉讼实践中，由于司法会计专业人员的缺乏，常常需要指派或聘请有关审计人员解决案件中的专门性问题。另外，检察机关也选调了一些审计师、会计师作为司法会计人员进行培养。加之司法会计学发展初期，理论研究和准备的不足，就造成了很多人认为司法会计鉴定就是诉讼中的审计，甚至提出了司法审计学的概念。实际上，两者在性质、职能等方面存在本质的区别。本文原载于《四川检察》1996 年第 3 期。

司法会计鉴定是指鉴定人依据法律，运用司法会计的原理和方法，针对案件中的财务会计专门性问题，进行检验判断并作出书面结论的一种活动。实践证明，司法会计鉴定在经济案件特别是经济犯罪案件，如贪污贿赂案件的侦办中发挥着极大的作用。因此，它也越来越受到理论界和实践部门的重视，不仅在理论上加强对它的研究，而且检察系统也正在逐步培养和建立、配备自己的司法会计队伍。目前，由于司法机关的专职鉴定人员缺乏，往往需要聘请会计事务所审计部门的审计人员来进行司法会计鉴定工作，有人借此认为司法会计鉴定就是审计。甚至还认为应把司法会计鉴定学称之为司法审计学。我们认为这种观点是值得商榷的。

诚然，司法会计鉴定与审计有密切的联系。这种联系主要表现为，在具体的司法会计鉴定活动中，鉴定人需要借鉴审计的技术手段如审核、比较、盘点、计算等方法来查明案件的财务事实和有关证据。这就说明，审计为司法会计鉴定提供了基本的技术手段和方法。同时，审计学的发展也必将促进司法会计学的发展。

但是，必须看到，司法会计鉴定与审计有着本质的区别，不能混为一谈。

1. 性质不同。司法会计鉴定是一种专业性的诉讼活动，它通过鉴定人对鉴定资料的分析判断来解决案件中的财务会计专门性问题，并为司法机关正确处理案件提供可靠的证据。而审计则是一种独立的经济监察活动，它通过审计人员依法对再生产过程中的财政、财务收支及其他与经济效率相关的主要经济活动进行审计监察，以维护社会主义制度和财经法纪，提高社会主义市场经济效益，促进宏观调控的发展。由此可见，审计是一种经济管理监察活动。

2. 主体不同。司法会计鉴定的主体是具有专门知识，能够解决案件中的财务会计专门性问题并受司法机关指派或聘请的取得鉴定资格的人员，这就要求司法会计鉴定人必须具备相应的专业条件和法律资格，它具有专业权威性和超然独立性。审计的主体则是由被审单位的会计人员或经济活动的当事人以外的具有审计专业知识的第三者来担任。可见，审计主体与司法会计鉴定主体的法律要求是不一样的。

3. 目的不同。司法会计鉴定的目的是通过鉴定人员的活动，解决案件中的专门性问题，为司法机关正确处理案件提供可靠的证据。审计的目的则是维护财经法纪，促进提高单位的经济效益。

4. 职能不同。司法会计鉴定的职能主要是通过对财务会计资料及其他资料的检查、验证，从中收集有关案件资金的存在、分布及运动情况，并加以记录，为侦查工作指明方向，并将这些案件资金的性质、数量反映出来，形成结论，证明案件的有关事实，概括说它具有记录、反映、证明、控制的功能。而审计的职能则主要是检验、监督、鉴证、咨询四大职能。两者服务的领域是不相同的。

5. 对象不同。司法会计鉴定的对象是指在诉讼过程中提供给鉴定人依法实践的客观认识对象，主要包括与案件有关的财务会计资料，以及它们所反映的经济业务活动和财务事实。而审计的对象则是再生产过程中与经济责任相关的一切经济活动。

6. 程序不同。司法会计鉴定必须严格按照法律规定，依照诉讼程序进行，它包括司法会计鉴定的提起阶段、实施阶段、法庭审查和采信阶段。而审计则是按审计法律和财会制度的规定，依审计程序进行，包括准备阶段、实施阶段、终结阶段。

7. 法律效力不同。司法会计鉴定结论（意见）是法定证据之一，经审查后，可作为司法机关处理案件的根据，具有一定的法律效力。而审计结论通常不具有诉讼法、证据法上的效力，只是对被审单位会计工作的评价和考核。即使查出违法行为，要追究法律责任，也必须移送司法机关处理。

由上可见，将司法会计鉴定认为是审计的观点是有失偏颇的，必须加以澄清，否则不仅会影响司法会计鉴定在诉讼中的正确运用，而且也有碍于本门学科的发展。

试论司法会计学学科体系的构建与完善

——兼评"二元论"理论模式

作者按：学科名称、学科性质、学科研究对象是一门学科的基本理论问题，也是关系着该门学科能否成为独立学科、能否建立起自己独特学科体系的重大问题。鉴于 20 世纪 90 年代学界对司法会计学领域内上述问题的争议，笔者综合梳理分析了各种观点，评价了"二元论"理论模式的科学性，以及对学科发展的独特贡献。本文原载于《现代法学》1998 年第 2 期。

司法会计学是一门新兴的学科。在我国，从开展司法会计工作、司法会计理论研究和司法会计学的教学至今也不过十余年的历史。十几年来，随着我国社会主义法制的不断健全和司法实践发展的需要，司法会计专业技术逐渐被广泛应用于刑事、民事、行政案件之中，并且发挥着显著的作用。正因如此，司法会计理论研究蓬勃兴起，司法会计工作也从无到有，从局部、部分省市地区而遍及全国，司法会计专业队伍也日益壮大，渐趋规模。然而，值得注意的是，由于没有一个统一的学术组织来领导、规划全国司法会计理论研究，组织进行学术交流和经验总结，全国范围内的司法会计工作和司法会计理论研究存在各自为政、自行其事的情况。十几年来，最高人民检察院虽曾两次组织举行全国性的司法会计工作与理论研讨会。但迄今为止，在全国范围内，就司法会计方面，在一些基本概念、基本理论的认识上分歧还很大。这种状况，显然与司法实践的需要是极不适应的。当然，任何一门学科的产生、发展和完善都需要一个艰苦而又漫长的过程。司法会计学学科体系的建立和完善是摆在司法会计理论与实践工作者面前的一项严峻的历史任务。

一、学科名称的争议与确定

一门学科的名称，往往体现了一门学科的性质和内容。对于"司法会计学"的名称，目前理论界和实践部门的认识也不一致，有的称之为"司法会计鉴定学"，有的称之为"司法审计学"，有的称之为"检察会计学"。

持"司法会计鉴定学"就是"司法会计学"观点的同志认为，司法会计鉴定就是司法会计，因而"司法会计鉴定学"也就是"司法会计学"。

持"司法审计学"观点的同志认为，司法会计活动其实就是诉讼过程中的审计活动，因而研究这一活动的学科理应称之为"司法审计学"。

持"检察会计学"观点的同志认为，司法会计是检察机关打击贪污贿赂犯罪的技术手段，是会计学知识在检察业务中的运用，因此应称之为"检察会计学"。

以上观点的分歧源于对"司法会计"的不同认识。

司法会计是司法机关为了查明案情，对案件中所涉及的财务会计资料及相关财物进行检查或对案件所涉及的财务会计专门性问题进行鉴定的诉讼活动。这就说明，司法会计的内容不仅包括了司法会计检查，也包括了司法会计鉴定；司法会计的对象是案件所涉及的财务会计资料、财产物资以及财务会计专门性问题；司法会计活动的范围是诉讼全过程，在诉讼过程中，不仅运用于刑事案件，而且也运用于民事案件和行政案件，不仅检察机关要用，公安机关和审判机关也要运用。

由此可以看出，把"司法会计鉴定"称之为"司法会计"的观点是不全面的，它抹杀了司法会计检查在侦查、审判中的特殊作用。实质上，司法检查是司法技术的题中应有之义，如对物证技术来说，物证鉴定仅仅是物证技术中的一个方面，在一个具体的案件中，往往大量的工作是物证技术检查或勘验。在司法会计活动中，首要的任务往往不是鉴定证据，而是发现、收集案件中涉及的财务会计资料和财产物资。当需要进行司法会计鉴定时才进行鉴定。这就说明，司法会计不仅包括司法会计鉴定，而且还应包括司法会计检查。把司法会计鉴定等同于司法会计，把"司法会计鉴定学"等同于"司法会计学"的观点从法理、学理上是讲不通的。

持"司法审计学"就是"司法会计学"观点的理论基础是，在司法会计活动中，对案件中的财务会计资料进行检查验证，主要运用审计的技术方法，因此，"司法审计学"就是"司法会计学"。实际上，在司法会计工作中，技术人员要运用审计的方法对案件中的财务会计资料进行检验，但这主要是在司法会计检查阶段运用，司法会计鉴定工作中所运用的方法是审计方法所没有的。而且，在具体的活动中，司法会计活动的规则、程序和步骤、方法要遵守有关的法律规定，这与审计工作的规则、程序、方法是有明显区别的。因此，将"司法审计学"认为是"司法会计学"的理论依据不充分，而且这样的划分也会引起审计学科的混乱，既在审计学科中无法确定"司法审计学"的地位，也无法确定其归属。

坚持"检察会计学"观点的同志，将司法会计仅限于检察业务中，大大局限了司法会计在司法实践中的作用和应用范围。不可否认，司法会计首先是在检察业务中运用的，而且目前全国只有检察系统有一支庞大的司法会计专业队伍，但不能仅据此就把司法会计局限于检察业务中。司法会计不仅应用于检察机关打击贪污贿赂犯罪中，公安机关在办理涉税案件等经济犯罪案件以及重大责任事故案件，法院在审理民事案件和行政案件中，司法会计都发挥着重要的作用。

另外还有同志建议，应建立隶属于司法会计学的检察司法会计学的分支学科。检察机关运用司法会计有自身的特点，但这本身就是司法会计学的研究内容，如果依行业来建立分支学科，那么是否还应建立公安司法会计学、审判司法会计学呢？这样分设分支学科不仅不利于司法会计学科的发展，而且也容易形成部门分割，有碍于司法会计作用的充分发挥。

对于"司法会计"，还应澄清几种认识。

有同志认为，司法会计应当有广义和狭义之分。广义的司法会计应包括制定和修改有关会计法规的工作，狭义的司法会计应包括司法会计鉴定、司法会计检察建议，同时，司法会计既指工作又指人员。从司法实践的角度和发展的眼光，将司法会计作广义和狭义的划分是有科学性的，但是在内容上必须紧紧围绕"司法会计是诉讼活动"这一最根本的特点。制定和修改会计法规，是根据国家法律规定由特定的部门和机构按照一定的程序所应承担的工作，其目的是不断健全我国的会计法律法规，以便更好地规范会计工作。它是一种立法活动，而不是"诉讼活动"。

司法会计作为一种"诉讼活动"，其内涵已经包括了作为活动主体的司法会计工作人员，而无须用"司法会计"来指代从事这项工作的人。另外，从司法会计工作的主体来讲，它不仅包括具体的工作人员，还应包括一定的机关和部门，以"司法会计"来指代从事这项工作的人员显然不够确切。况且，"会计"被用来指从事记账、算账、报账的工作人员是会计行业的特定称谓，从事司法会计工作的人员所从事的工作性质与所谓银行会计、商业会计等"会计"的工作性质明显不同。因此，即使有人专门从事这项工作，也不宜称之为"司法会计"，而应根据他们所具体从事的工作内容，如司法会计检查、司法会计鉴定、司法会计文证审查及司法会计技术协助、咨询的内容来具体确定称谓。

二、学科性质和地位

司法会计学的学科性质和地位决定着司法会计学的发展方向。

绝大多数同志认为,司法会计学应属于法学的范畴,有少数同志认为司法会计学应归属于会计学,还有一部分同志将司法会计学归属于法学的同时,又将其列入会计学中,认为它和财务会计、成本会计、管理会计、国际会计一样应属于应用会计学的范畴。

科学的区分在于科学研究对象的区分。这是确定一门学科性质的基本原则。司法会计学是研究司法会计及其规律的一门学科。从其研究对象来讲,它主要研究的是诉讼过程中的司法会计。司法会计的目的是服务于司法实践,为侦查、起诉、审判提供线索和证据。因此,它应当属于法学学科的范畴。虽然,从司法会计学的产生、发展来讲,司法会计学借鉴和运用了会计学的大量研究成果,从具体的实践过程来看,司法会计工作人员要借助于会计学的有关知识对案件中的财务会计资料、财产物资以及财务会计事项进行认识和判断,但是司法会计工作人员应用会计学知识的目的是为了解决案件中司法机关和办案人员所解决不了的专门性问题,是为了帮助司法机关和办案人员查明案情,从而解决犯罪嫌疑人是否犯罪以及确定诉讼双方当事人诉争中的有关财务会计事实,这与运用会计学知识来进行会计核算、会计监督,进行控制和管理是截然不同的。会计学的研究对象和范围涉及会计的产生和发展,会计的任务、作用,会计的原则、方法以及不同行业会计的具体操作和规程,其目的是为了加强经济管理,提高经济效益,维护国家财政财务制度,促进社会主义市场经济的健康发展。

目前,在政法院校有关司法会计学的教材中,都将会计学的知识列单章进行介绍①,这是与教学实际情况相符合的。因为在讲授司法会计学之前,必须让学生学习和掌握一定的会计专业知识。如果在今后的教学计划中,专门将会计学作为司法会计学的一门基础课程开展教学的话,那么在讲授司法会计学时可以不讲有关会计学方面的知识。

另外,并不是所有的会计学知识对司法会计学都有用。理论上讲,司法会计学应该有自己独特的理论体系,就有关司法会计活动中运用会计学的知识应有一个独立的体系,但由于本门学科创立不久,实践经验不足,在这一

---

① 顾洪涛主编:《司法会计基础教程》,中国政法大学出版社1995年版,第1—2页。

方面研究成果还不丰富。正是如此，会计学原理和方法成为司法会计学的理论依据和方法依据。

在学科地位的问题上，由于国家教委学位委员会没有关于三级学科的规定，所以目前还无法确定司法会计学学科地位的级别。但是可以肯定的是，当科技法学（实际上是法庭科学，又称为司法鉴定学）作为一个独立的二级学科分设以后，司法会计学和物证技术学一样应成为其下属的分支学科。

在高等政法院校规划教材《司法鉴定学》中将司法会计学列入司法鉴定学四个分支学科（法医学、痕迹鉴定学、文书鉴定学、司法理化学）的文书鉴定学中，将司法会计学与笔迹学、声纹学、人像鉴定学等并列共同构成文书鉴定学。① 这种划分学科地位的方法是值得商榷的。从广义上讲，会计资料也属于文书的范畴，但是就司法会计的对象来说，不仅仅限于会计资料等文书。在司法实践中，司法会计的对象还应包括财产物资，如在某些案件中，检查、鉴定财产物资如现金、银行存款是必不可少的，这是其一。其二，从活动的具体情况来看，司法会计活动的具体方法如检查方法、鉴定方法等与笔迹鉴定、文书鉴定、声像资料鉴定的方法有本质差异。司法会计检查主要运用审阅法、核对法、盘存法、复算法，而司法会计鉴定方法主要依据机制分析的原理和方法，依据财务会计资料的形成机制，运用比对鉴别法、平衡分析法等特殊的方法进行，而不是像笔迹鉴定依据形象分析原理，运用特征比对等方法来进行分析鉴别。显然，将司法会计学归属于文书鉴定学是不恰当的。

三、学科的研究对象及内容体系

由于对"司法会计"的理解不同，目前在司法会计学的学科研究对象的确立和体系的构建上也存在很大的差异。主要的观点有"鉴定论"模式、"专业划分"模式和"二元论"模式。

"鉴定论"模式是我国关于司法会计学学科体系提出最早的一种理论模式。该模式建立的理论依据是，司法会计鉴定就是司法会计，司法会计鉴定学也就是司法会计学，因此它只研究司法会计鉴定的原理、技术和方法。据此建立的理论体系为：司法会计鉴定学概论（研究基本概念、对象、理论体系及鉴定标准、主体等基本理论）、司法会计鉴定技术理论（会计资料及相关财物的鉴定技术及在各类案件中的运用）、司法会计鉴定程序理论（鉴定

---

① 金光正主编：《司法鉴定学》，中国政法大学出版社 1995 年版，第 13 页。

的操作程序和鉴定文书的制作)。①

"专业划分"模式的理论依据是，司法会计学的研究对象是司法会计，司法会计的研究对象是案件资金，由于不同的行业涉及的案件资金及会计证据的特点不同，因此应当以行业的划分来建立相应的专业司法会计学。这一模式建立的司法会计学学科体系为：司法会计学概论（司法会计学的概念及理论体系；司法会计的概念、方法、程序、鉴定原理等理论）、专业司法会计学（工业、商业、建筑、行政事业等司法会计学）、司法会计专论（会计证据论、案件资金论、司法会计方法论、司法会计鉴定论等)。②

"二元论"模式是20世纪80年代后期提出的一种理论模式。该模式的理论依据是，司法会计学的主要研究对象是司法会计活动及其规律，而司法会计活动的基本内容是司法会计检查和司法会计鉴定。因此，司法会计学依据其研究对象的基本内容，可分为司法会计检查学和司法会计鉴定学两个分支学科，按这种模式建立的司法会计学学科体系的理论构成为：司法会计学概论（司法会计概念、原理、主体、标准；司法会计学的概念、研究内容等理论）、司法会计检查各论（司法会计检查的基本方法、程序；财务会计资料及相关财物的检查技术；各类诉讼案件的司法会计检查对策等理论）、司法会计鉴定各论（司法会计鉴定的范围、方式方法、鉴定证据、程序；各类财务会计问题的鉴定技术；鉴定结论的制作及文证审查等理论)。③

"科学研究的区分，就是根据科学对象所具有的特殊的矛盾性。因此，对于某一现象的领域所特有的某一种矛盾的研究，就构成某一门学科的对象。"④ 因此，要确立司法会计学学科体系，首先，要明确司法会计学的研究对象。其次，学科理论体系的建立是对实践经验的高度概括和总结，确立司法会计学的学科体系不能脱离司法实践。司法会计是一种专业性很强的诉讼活动，它在不同的诉讼阶段，在不同的案件当中所起到的作用是不同的。它既可以作为一种侦查、调查技术手段来发现线索、收集证据资料，又可以作为一种鉴定方法来确定、鉴定证据。因此，从内容上要依据它的不同特点来分别进行研究。"鉴定论"模式的出发点是将司法会计鉴定认为是司法会计，人为地缩小了司法会计的活动范围，也削弱了司法会计在司法实践中的

---

① 何联升著：《司法会计鉴定学》，中国人民公安大学出版社1990年版，第1—2页。

② 赵刚等著：《司法会计学原理》，中国城市出版社1990年版，第1—3页。

③ 于朝著：《司法会计学》，山西经济出版社1995年版，第8页。

④ 《毛泽东选集》第1卷，人民出版社1968年版，第284页。

功效。据此建立的学科体系，只能说是确立了司法会计学学科体系的一个方面，即只是司法会计鉴定各论的内容，而没有涉及司法会计检查各论。况且，它对于司法会计的有些基本理论、概念的认识与界定也是模糊的，不够全面、不够科学。"专业划分"模式的观点认为，司法会计学的研究对象是司法会计，司法会计是一种诉讼活动，这是值得肯定的。但它对这一诉讼活动的具体内容没有加以区分，忽略了司法会计在诉讼活动中的不同作用，这与司法会计在司法实践中的实际情况不相符合。况且，依据行业特点来划分和建立学科体系，对于法学学科来讲不切合实际。从会计学角度上，根据不同行业经济活动的发生、发展过程的不同特点，对其进行会计核算和监督的不同方式和内容，建立不同行业的会计学如工业会计学、商业会计学等是完全科学的。对于司法会计学来讲，虽然行业不同，采用的会计核算和会计制度有差异，但是司法会计学研究的是司法会计活动的特点和规律，这是针对司法实践中犯罪行为方式、特点及经济事项的具体情况来进行的，需要研究不同行业的犯罪的共同特点，因此，在确立学科体系时，不能脱离具体的司法实践。况且，就司法会计学学科体系来说，它是一个理论结构的体系，其各个部分之间应体现一定的次序、层次关系，这也是一门学科得以完善的基本模式。"专业划分"模式在其理论体系中既然已经将"专业司法会计学"作为一个重要的部分，同时又将案件资金论、会计证据论、司法会计方法论、司法会计鉴定论等列为"司法会计专论"的内容，且不说其内容前后有重复，缺乏层次性，就"各专论"本身而言脱离了行业，割裂了相互之间的关系后，以什么为具体研究内容。更何况具体的方法是为了确定会计证据、计算案件资金数额，将它们相互割裂开来研究，显得不符合逻辑，也是空洞无物。因此，"专业划分"模式虽然有值得肯定的方面，但对于学科发展和体系的建立来讲是不可取的。

"二元论"的理论模式，被认为是可取的。

首先，从法律依据上，它将司法会计这一诉讼活动分为司法会计检查和司法会计鉴定是符合法律规定的，是有法可依的。刑事诉讼法①第101条规定"侦查人员对于与犯罪有关的场所、物品、人身、尸体应当进行勘验或者检查。在必要的时候，可以指派或者聘请具有专门知识的人在侦查人员的主持下进行勘验、检查"。第106条规定"勘验、检查的情况应当写成笔录，由参加勘验、检查的人和见证人签名或者盖章"。司法会计检查在诉讼活动

_____

① 指1997年施行的刑事诉讼法。

中的进行就是以此为法律依据。而司法会计鉴定则是依据刑事诉讼法第119条有关鉴定规定的条款进行的。在民事诉讼法和行政诉讼法中也明确规定了检查和鉴定的不同条款。

其次，从实践过程来看，这种划分符合司法实践的具体情况。在司法实践中，由于侦查、起诉、审判人员在办理案件过程中缺乏必要的财务会计专门知识，这时就需要司法会计人员的协助。有时，司法会计人员通过检查案件中的财务会计资料和财物来发现线索，收集保全证据资料，而有时司法会计人员要针对案件中的财务会计专门性问题进行鉴定，以此来确定有关事实，为侦查、起诉、审判提供证据。在诉讼过程中，并不是每一个经过司法会计检查的案件都需要司法会计鉴定。当需要进行司法会计鉴定时，司法会计人员应以司法会计检查所获取的财务会计资料为基础进行鉴定。因此，根据司法会计在诉讼中的作用和活动的内容不同，将其分为司法会计检查和司法会计鉴定来研究是符合司法实践的具体情况的。当然，司法会计的内容还包括司法会计文证审查。

最后，将司法会计学学科体系分为司法会计学概论、司法会计检查各论、司法会计鉴定各论，有利于司法会计学科的发展。首先，司法会计学概论解决司法会计概念群、原理、标准、主体、机构及科学基础等问题。这是建立司法会计学的基石。在司法会计学概论中首先就要界定有关的司法会计的概念，并以此为基础来研究司法会计的基本原理、依据、标准、主体、机构和工作管理等项内容，为司法会计学的研究确定基本的内容和理论框架。其次，确立司法会计检查各论和司法会计鉴定各论，为完善司法会计学学科群创造条件，同时也为司法会计检查和司法会计鉴定实践提供有力的理论指导。虽然司法会计检查与司法会计鉴定有相通之处，但它们在内容、任务及具体的方法、程序等方面都不同。分开研究，不仅有利于指导实践，而且也有利于司法会计学科体系的发展完善。

当然，任何一门学科的发展与完善都有一个过程，都是与具体的实践活动和人们的认识水平密切相关的。随着社会的进步、司法实践的发展和广大司法会计工作者的不懈努力，司法会计学将不断走向成熟。

司法会计学若干问题探讨

作者按：本文是笔者 2001 年参加在国家会计学院举行的全国司法（法务）会计研讨会时的参会论文。因有会计学界的专家、教授一起交流，笔者作了专题发言，介绍了检察机关研究司法会计学的情况。主要目的是让会计学界的专家同行更多地了解司法会计。本文主要探讨了司法会计学领域内学科理论的一些问题。

一、关于司法会计学的学科名称和研究对象的探讨

一门学科的名称，往往体现了一门学科的性质和内容。司法会计学，是指借鉴和吸收会计学、审计学、法学等相关学科的理论成果和应用技术，研究司法会计活动及其规律，揭示司法会计活动的科学原理等基本理论和具体技术对策理论的一门应用性学科。

对于"司法会计学"的名称，目前理论界和实践部门的认识有分歧，有的称之为"司法会计学"，有的称之为"司法审计学"，有的称之为"法会计学"，还有的称之为"会计法学"。在西方国家，有的称之为"法庭会计"。近年来，有会计学界的同志，将有关司法会计的内容纳入一个所谓的新的学科并称之为"法务会计学"。

从学科确定的原则来讲，学科名称的确定，要从学科的研究对象和范围来考察。目前，仅就研究诉讼活动范围内的有关会计检查、会计鉴定活动的学科来说，应该称之为"司法会计学"。但是是否除了诉讼活动以外，还存在一些需要通过会计检查、会计鉴定活动来解决的问题，这些问题的范围是否已超出了我们传统意义上的"司法会计学"的研究范围呢？是否与诉讼活动范围或法律事务处理过程中所应用的会计检查、会计鉴定活动有本质的区别呢？这就必须要从司法会计学研究对象和范围的角度来分析和解决。

"科学研究的区分，就是根据科学对象所具有的特殊矛盾性。因此，对于某一领域所特有的矛盾的研究，就构成某一门学科的对象。"① 研究对象是任何一门学科最基础的理论问题。司法会计学的研究对象决定着司法会计

---

① 《毛泽东选集》第 1 卷，人民出版社 1968 年版，第 284 页。

学的学科名称、学科体系、任务、研究内容及发展趋势，同时也决定了证据法中关于司法会计活动结果的证据类型、范围及其规定，同样也决定了在司法实践中对司法会计活动范围和分工的划分。因此，针对目前理论界的现状和实践中的办案情况，应对司法会计学研究对象作一个合理的科学总结，使之更符合实际，并界定司法会计学的研究内容和体系，明确不同类型司法会计活动的职责和范围，为实践提供方向性指导。

任何一门学科都有自己特定的研究对象，这也就是这门学科之所以是该学科而区别于其他学科的标志。究其实质而言，就是该学科应有的特殊矛盾。司法会计学是以司法会计活动这一主体的认识活动与财务会计痕迹这一客观对象的固有矛盾为其研究对象的。具体而言，司法会计学是以唯物辩证法为指导，应用会计学、法学和其他相关学科的原理和方法，研究通过司法会计活动发现、收集、保全、鉴别财务会计痕迹及其载体的原理和方法，研究财务会计痕迹及其载体形成的规律、特点及与案件事实的关系，研究司法会计鉴定的理论和方法的一门技术性应用学科。

从研究对象而言，司法会计学的主要研究对象是司法会计活动。司法会计活动，简单来说就是在诉讼过程中用来发现线索、收集、提取证据的司法会计检查活动和提供鉴定结论的司法会计鉴定活动。将司法会计划分为司法会计检查和司法会计鉴定两种主要活动，不仅有充分的法律依据，同时基于扎实的实践基础，这是长期司法会计实践和理论研究成果的总结。司法会计检查活动是以诉讼中侦查、调查原理为依据，借鉴审计学中的查账查物技术，将诉讼法规定的勘验检查与司法会计实践相结合，充分发挥发现线索、提取证据的功能；司法会计鉴定活动以同一认定理论为指导，将司法鉴定与会计要素相结合，运用会计学的有关原理，对案件中需要解决的财务会计专门性问题进行鉴别、判定，从而发挥提供司法会计鉴定结论的证据功能。这两种活动是主体的认识活动，但人的认识活动离不开具体的客观对象。在实践中，司法会计活动的客观对象是有关的财务会计痕迹，而财务会计痕迹往往是以财务会计资料为载体而存在的。因此，司法会计学的研究，不仅要以研究司法会计活动及其规律为重点，而且要兼顾考察这种认识活动的客观对象即财务会计痕迹以及财务会计资料的形成、规律及特点，从而构成完整的司法会计学的研究对象。

当然，作为实践性的学科，司法会计活动的理论与方法，也可以被借鉴或应用于非诉讼性法律事务的处理过程中。而实际的情况也的确如此，比如在仲裁、保险理赔、海损认定等法律事务的处理过程中都大量地运用了有关会计检查、会计鉴定的原理与方法，而这些活动与诉讼中的司法会计检查、司法会计鉴定相比较，除了法律程序有一定差异外，其实质工作内容并无二致，都是属于法律活动范围内的会计检查、会计鉴定的具体应用。

因此，本学科以研究司法会计活动及其规律为主要内容，这门学科应该称之为"司法会计学"，才能体现该学科的固有的特征。

二、关于司法会计学的学科性质及地位

在司法会计学界，大多数同志认为司法会计学应属于法学的范畴，也有少数同志认为司法会计学应归属于会计学，还有一部分同志将司法会计学归属于法学的同时，又将其列入会计学中，认为它和财务会计、成本会计、管理会计、国际会计一样应属于应用会计学的范畴。我们认为，科学的区分在于科学研究对象的区分。这是确定一门学科性质的基本原则。前文已述及，司法会计学是研究司法会计活动及其规律的一门学科。从其研究对象来讲，它主要研究的是诉讼过程中的司法会计活动。司法会计的目的是服务于司法实践，为诉讼活动提供线索和证据。因此，它应当属于法学学科的范畴。虽然，司法会计学产生、发展过程中借鉴了会计学的大量研究成果，实践中司法会计主体要借助于会计学的有关知识对案件中的财务会计资料进行认识和判断，但是司法会计主体应用会计学知识的目的是为了解决案件中的专门性问题，是为了帮助司法机关和办案人员查明案情，从而解决犯罪嫌疑人是否犯罪以及确定诉讼双方当事人的诉争事实，这与运用会计学知识来进行会计核算、会计监督和管理是截然不同的。会计学的研究对象和范围涉及会计的产生和发展，会计的任务、作用，会计的原则、方法以及具体的操作和规程，其目的是为了加强经济管理，提高经济效益，维护国家财经纪律，促进社会主义市场经济的健康发展。

司法会计学与会计学的关系，与法医学与医学的关系很有相似性。法医学之所以脱离于医学而成为一门相对独立的学科，就在于法医学与医学的学科使命不同。法医学研究利用医学原理和技术，为诉讼活动提供证据和技术服务，这与以研究运用医疗技术手段治病救人的医学有本质的区别。同样的道理，司法会计学研究运用会计学原理和方法，为司法实践提供线索、证据，而并非是以研究如何利用会计学原理和方法来进行会计核算、监督和管理为目的的。

综上所述，司法会计学主要研究诉讼活动中的司法会计活动及其规律，是属于法学研究的范围，本质上属于法学学科。

在学科地位的问题上，由于国家教委学位委员会没有关于三级学科的规定，所以目前还无法确定司法会计学学科地位的级别。但是可以肯定的是，司法会计学已成为一门独立的学科立于法学的领域之内。而且，从法学学科分科的原则来讲，司法会计学应是一门相对独立的应用法学。

三、司法会计学的学科基础理论

所谓基础理论是指用以阐明该门学科的基本原理和应用技术的科学依据的理论体系。① 每一门应用学科都有其相应的基础理论而且往往构成一个体系。司法会计学是一门交叉性、边缘性、应用性学科，因此，司法会计学的学科基础理论很多，同一认定理论和会计学是司法会计学重要的基础理论之一。

（一）同一认定理论是司法会计学的一般基础理论

同一认定理论是根据唯物辩证法关于认识论的基本原理，阐明同一认定的原理、步骤和方法的理论体系，是证据调查、侦查和司法鉴定活动的科学方法论。它包括的内容有：同一认定的概念、同一认定的科学基础、同一认定的客体特征特性、同一认定的种类、同一认定的步骤方法、同一认定结论的评断与运用等理论。

无论是一门学科，还是依据这门学科进行的活动，其生命力就在于这门学科或这种活动是否具有科学性。同一认定理论之所以能够成为司法会计学的基础理论就在于同一认定理论揭示了司法会计学的科学性，阐明了司法会计学科的基本原理和应用技术的科学依据。

同一认定理论关于客体的特定性、稳定性、反映性，揭示了人们认识事物的一般规律。同样，在司法会计学领域内，同一认定理论结合会计学的有关原理，以财务会计资料的形成机制为依据来研究作为司法会计学科学依据的财务会计特性。机制分析方法是依据同一认定的有关原理，以客观对象的形成机制为整体分析内容，通过分析客观对象的表象指征，据以同已知对象的同类表象指征进行比较，从而判定客观对象的形成原因或形成过程的一种分析方法。在司法会计活动中，以机制分析原理作为鉴别分析方法，以案件中的财务会计资料的形成机制作为整体分析内容，通过分析有关会计要素及财务会计资料的各种表象指征如符号、数量关系、对应关系等，据以与同类财务会计的方法原理、活动规律进行比较，进而作出结论。从财务会计资料形成的机制来分析，司法会计活动必须依据一定的财务会计处理方法和原

---

① 邹明理：《论笔迹学的基础理论》，载《侦查》1985 年第 4 期。

理。而针对特定的对象，财务会计处理方法和原理是特定的。因此，财务会计特性体现了司法会计活动和司法会计学的科学性。

依据同一认定特定性、稳定性的理论，财务会计特性包括资金运动的规律性和会计核算方法的特定性，财务关系的相对稳定性和会计核算的相对稳定性。

特定性：资金运动的规律性、会计核算方法的特定性。

资金运动的规律性是指资金运动的过程及结果符合一定的客观规律的特性。资产的运动过程及结果，是财务过程及结果的价值表现形式，所以资金运动的规律也就是以价值形式所表现的财务运作过程的规律。因此，资金运动的规律性是以价值形式对财务本质属性的一种描述，是财务的特性之一。根据会计学原理，资金运动的规律性概括起来就是各项资金之间具有量的平衡关系，资金的运动过程不会破坏这种平衡关系。这种平衡关系可用公式简单表述如下：

$$资产 = 负债 + 所有者权益$$

$$收入 - 费用 = 利润$$

$$或资产 = 负债 + 所有者权益 + （收入 - 费用）$$

会计核算方法的特定性是指会计核算具有特定的内容、结构和用途的特性。会计核算方法很多，但每一种具体的会计核算方法都有其特定的内容、结构及用途，而且每一种具体的会计核算方法与其核算对象之间都有特定的对应关系。

稳定性：财务关系的相对稳定性、会计核算的相对稳定性。

财务关系是指由财务业务所体现的各经济单位与相关方面的经济关系，即结算关系、存贷款关系、经济分配关系及财产产权关系等。财务关系的相对稳定性就是指以上各种财务关系中的某些方面在一定条件下，在一定的时期内保持相对稳定不变的特性，它主要体现在财务关系的要素方面，如财务关系的内容在确定后是相对稳定的，财务关系的某些主体是相对稳定的，财务关系的处理方式、方法在一定的时期内也保持不变。

会计核算的相对稳定性是指会计核算的基本特征在一定的时期内保持不变。如某单位在一定时期内所设置的账户体系、所采用的记账方法、所采用的成本计算方法都会保持相对稳定不变。

上述财务会计特性的四个方面构成了司法会计活动和司法会计学的科学依据。首先，资金运动规律性和会计核算方法的特定性，为司法会计主体正确认识和分析案件所涉及的财务会计事实提供了科学依据。经济单位进行财务活动，始终存在各项资金之间的量的平衡关系，而且资金的运动过程不会破坏这种平衡关系，这种资金平衡关系反映着经济单位的财务状况及财务后果的影响。司法会计主体正是依据这一规律分析案件涉及的财务状况，研究案件涉及的财务业务对相关财务状况、财务后果所产生的影响。会计核算方法的特定性说明了一定的会计核算方法与其核算对象之间存在特定的对应关系，这不仅可以使司法会计主体通过检验财务会计资料来查明案件的有关财务会计事实，收集、提取证明案件事实的证据，而且还可以判断财务会计关系处理的真实性、会计核算的正确性等案件事实。其次，财务关系的相对稳定性，为司法会计主体收集财务会计资料证据，查明案件的有关财务会计事实提供了客观物质基础。财务关系的相对稳定性，使司法会计主体能够利用没有发生变化的财务关系，通过有关的经济活动的当事人查找到案件所涉及财务会计资料或通过分析财务关系内容来判明有关财务行为的真实性和正确性。会计核算的相对稳定性则表明了会计主体在利用和制作财务会计资料时所采用的各种方法是相对稳定的，这就使财务会计资料之间以及其所包含的财务会计信息之间也建立了相对稳定的关系。司法会计主体只要注意利用这些关系，便可以通过某一资料所提供的信息，查找到相关资料，或利用这一关系来判明相关资料所提供的财务会计信息的内容。

（二）会计学是司法会计学的专业基础理论

1. 会计是司法会计产生的前提和基础，没有会计就没有司法会计。

在司法实践中，案件所涉及的财务会计业务，通常是由会计事项（需要办理会计手续进行会计核算的事项）和会计活动（会计核算活动和会计监督活动）组成的。而司法会计活动本身是对案件涉及的会计事项或会计活动进行的检查、验证和鉴别判定。案件不涉及会计事项和会计活动，诉讼中显然就不需要进行司法会计活动。因此可以说，会计是司法会计产生的前提。

2. 财务会计资料是司法会计活动的物质基础。

司法会计是一种主观认识活动，它必须依据一定的客观物质基础。会计学原理说明，会计是以货币计量为基本形式，采取专门的方法，连续、系统、全面地对经济活动进行核算和监督的一种管理活动。[①] 这种管理活动，一方面会形成记录经济信息及价值运动过程后果的财务会计资料，另一方面会计主体必须依据这些资料反映的信息进行决策控制。社会组织的经济活动总是通过每一项具体的经济业务来实现的，每一项经济业务的性质、内容、

---

① 谢次昌主编：《司法会计学概要》，法律出版社 1992 年版，第 37 页。

发生的时间、地点都有所不同，而社会组织的经济活动又是极其频繁和广泛的，面对如此复杂的情况，要做到科学、全面、客观的记录并非易事。会计人员必须依据一定的原理、采用专门的方法才可能完成任务。会计原理和方法为科学地记录经济业务活动提供了切实可行的、适合于各部门、各行业的基本原理和方法。按照会计学原理和方法，经济业务活动都被以一定的规则和方法有序地记录形成财务会计资料。这些财务会计资料记录、记载着有关的犯罪行为与犯罪有关的信息，这些财物会计资料也就成为司法会计活动得以进行的客观物质基础。

3. 会计学原理和方法是司法会计主体解决财务会计专门性问题的理论依据和方法依据。

"人的认识不仅存在于认识主体的大脑里，它还可以通过文字、语言、书籍等形式加以对象化，成为同主体相脱离的观念的客体。随着人类的认识的发展，认识成果的不断沉积，这种观念的客体就形成一个庞大的知识体系"。① 由于经济犯罪行为或双方争议事实涉及财务会计业务，有具体的财务会计行为，留下了痕迹和信息，被有关的财务会计资料、财物所记载、记录或反映，因此，司法会计主体就要借助于一些专业知识来进行客观认识活动，正是如此，会计学原理和方法成为司法会计主体解决财务会计问题的理论依据和方法依据。

司法会计学是对司法会计活动规律的探索和总结，而司法会计活动的具体问题往往会涉及会计原理的内容及应用，司法会计学当然离不开会计学原理。仅从理论研究的需要看，一方面，司法会计理论研究的出发点，是基于案件所涉及的财务会计业务具有可认识性和可鉴别性，司法会计理论在揭示这种可认识性和可鉴别性时，必须借助于会计学原理才能实现；另一方面，大部分司法会计理论研究的成果需要对相关的财务会计行为和现象进行表述，这些表述所需的财务会计术语则只能来源于会计学原理。可以说，会计学原理是司法会计学的基础理论中最重要的专业基础理论。

四、构筑司法会计学学科体系

（一）构筑司法会计学学科体系的原则

司法会计学是研究司法会计活动及其规律的学科，其特定的研究对象决

---

① 李秀林等著：《辩证唯物主义和历史唯物主义原理》，中国人民公安大学出版社1990年版，第240页。

定着它的结构体系，其结构体系只能是其研究内容间逻辑关系的客观反映，而不是根据人们主观意志的简单排列和随意取舍。为了保证司法会计学的体系更加科学和完善，构筑司法会计学学科体系时应当遵循一些基本原则。

1. 遵循法理的原则。

司法会计学作为一门应用法学学科，在体系建设上必须注重其法律属性。也就是说，司法会计实务工作和司法会计理论研究要符合法学理论的一般原理和法律的规定。在理论研究的过程中，所涉及的研究对象和内容不应超越法学的研究范围。在涉及具体技术对策和程序方法的研究上必须与法律规定相一致，必须与法学的研究内容不发生冲突。在具体司法实践中，司法会计活动必须在法律规定的范围内进行，必须符合法定程序和要求。

2. 崇尚学理的原则。

概念是否科学，体系是否严密，有无理论基础往往是一门学科成熟与否的重要标志。科学的司法会计学体系，一方面要求严密，即司法会计学的学科体系必须能够反映司法会计学各部分、各研究内容间的逻辑关系；另一方面应该完善，即司法会计学学科体系中要尽量能够涵盖本学科所有理论研究和应用研究的内容，尽量不要留下研究的空白。在具体内容的表述上，除了依法合规外，还应以其他科学的原理和方法为指导，以司法会计实践经验为依据，这样，司法会计学的理论和方法就能够牢固地建立在科学和实践的基础上。

3. 注重实践的原则。

理论来源于实践而又高于实践。脱离实践的理论是无源之水、无本之木，是没有生命力的。因此，司法会计学研究必须立足于法律实践当中。不仅应考虑到我国司法会计和司法实践、法律活动发展的现状，不应仅局限于诉讼活动中，更不能局限于检察机关的各项业务中，而应将司法机关在办案中遇到的各类财务会计问题都纳入司法会计学的研究范畴。同时，也应关注在非诉讼领域内司法会计的应用。

需要强调的是，尽管司法会计学是一门应用性学科，司法会计学研究应注重实践，但是绝不意味着可以忽视司法会计学的基础理论研究。恰恰相反，如果否定司法会计学基础理论研究的价值，忽视用司法会计学理论研究的最新成果去指导实践，司法会计学势必就会成为仅仅是实用经验的汇集，重走早期理论研究的弯路。

（二）司法会计学学科体系的构建

司法会计学研究司法会计活动及其规律，并非仅仅是为了揭示这些规律的内容，而是要在认识司法会计活动规律的基础上，研究并提出司法会计活动的科学原理等基本理论及具体技术对策理论，从而构建科学的司法会计学学科体系。概括来说，较为完善的司法会计学学科体系应该包括司法会计学原理、司法会计检查学、司法会计鉴定学。

1. 司法会计学原理。

司法会计学原理是司法会计学学科体系中最基础、最重要的内容，它是司法会计学的基石。其主要内容有：研究司法会计的概念群、司法会计理论构成、司法会计的科学性及司法会计学学说问题；研究司法会计的基本原理、工作结构及司法会计机制问题；研究各种财务会计现象的机理与各类案件事实的关系及司法会计技术规范问题；研究各类财务会计资料证据的属性、功能及其相互关系问题；研究司法会计标准化问题；研究司法会计工作的规范及管理问题；研究司法会计发展历史等。

2. 司法会计检查学。

司法会计检查学是司法会计学的重要内容，主要研究查找、发现、收集、固定财务会计资料证据的技术方法与程序；研究收集和固定财务会计资料证据的标准；研究行为人违法犯罪活动在财务会计业务中的规律、特点以及发现这些规律、特点的司法会计技术对策；研究行为人利用财务会计技术进行舞弊、反侦查的手段与规律以及防范反侦查行为、揭露反侦查行为的司法会计技术对策等问题；研究计算机、信息、互联网等新技术在司法会计检查中的运用问题等。

3. 司法会计鉴定学。

司法会计鉴定是司法会计学科中非常重要的内容，主要研究司法会计鉴定的范围、方式、类型以及司法会计鉴定的一般操作标准问题；研究司法会计鉴定的事实依据、基本程序和方法以及司法会计鉴定的证据标准、程序标准和方法标准；研究各类财务会计问题的具体鉴定原理以及具体技术方法、鉴定标准问题；研究计算机、信息技术在司法会计鉴定中的运用问题。

（三）司法会计学科发展中应重视的几个问题

1. 要充分重视基本理论的研究和教育。

司法会计基本理论问题是构筑司法会计学学科体系的基石，基本理论问题的研究和解决关系到司法会计学学科体系的科学结构和生命力。目前，我们虽然在基本理论问题的研究上取得了一定的成果，但由于受到研究力量及专业知识面不足的客观限制，司法会计学领域内还有很多基本理论问题需要解决。一方面，目前有些领域还没有涉及；另一方面，有些问题虽已提出，但还需要进一步深入研究。前者如司法会计主体的思维问题，中外司法会计的比较问题；后者如司法会计的证明对象问题，司法会计标准化的问题，等等。

在教育的层面上，由于受到理论研究水平的限制，一方面司法会计专业人才的教育体系还未建立；另一方面，在已开展的教育中，往往不重视基本理论知识的普及和培训，致使司法会计学的教育不系统、不全面，尤其是对基本理论问题理解不深，影响了具体的司法会计实践。因此，这应是今后需要加强和努力的方向。

2. 要充分吸收和借鉴其他学科的先进理论成果和应用技术，推进司法会计学理论的系统性研究。

司法会计学的跨学科性和交叉性决定了司法会计学的理论研究和发展必须要充分借鉴和吸收其他学科的研究成果、应用技术。目前，尤其需要关注侦查学、鉴定学、证据学、会计学、行为科学、信息科学的理论成果和先进技术，这不仅能够完善和解决司法会计学的某些基本理论问题，而且将会极大地丰富和发展司法会计技术对策的研究和实践应用。

3. 要充分借鉴和吸收国外的先进成果，走国际化发展的道路。

没有交流就没有发展。当前，司法会计学研究领域内借鉴和吸收国外的成果少之又少，远远低于法学和会计学的国际化交流水平。在理论研究的领域内，我们既要坚持自己的立场和研究路线，同时也要打破思维禁区，大胆借鉴和吸收一切先进的、优秀的文化成果，走国际化发展的道路。

我国高校司法会计专业设置的建议

作者按：上世纪末本世纪初以来，我国一些高校相继开设司法会计专业，探索开展高层次专业人才的培养，这是司法实践的需要，也是司法会计学自身发展的要求。但是，由于多方面的原因，各高校在开办司法会计专业及实施教学中出现了一些问题。笔者就此做了一些调研和分析，提出了一些意见、建议。

随着司法会计理论研究的兴起和实务应用的深入，以及对外交流的扩大，国外有关"法庭会计""法务会计"的相关知识和理论的引入，司法会计（法务会计）逐渐受到实务界、学术界和教育部门的重视。我国的一些高等院校，特别是一些财经、经济、政法以及高职高专类院校，出于拓宽财务会计学科及财经类专业学生就业面等因素的考虑，纷纷开设了司法会计（法务会计）专业或专门化方向，为实务部门培养专门人才。从 2000 年以来，不断有一些高校多次征求过笔者的意见，基于本人研习司法会计多年并从事教学、实践办案的经验，对如何把握专业定位、如何开设课程等提出了自己的意见和建议。经过十多年的发展，从实际效果来看，还是出现了一些问题，并未达到原来预期的目标，以致影响了司法会计专业的发展和学生的学习、就业。笔者就此进行简要的总结和归纳，以期对司法会计专业办学、教学有所借鉴。

一、存在的问题

经过初步的调研和了解，高等院校开设司法会计（法务会计）专业普遍存在的问题主要有：

一是专业培养方向定位不准。因财经类、经济类、包括一些政法类院校对司法会计学科和专业设置的研究起步较晚，而且没有形成成熟的理论研究成果，对专业的设置也没有经过系统性的研究和论证。所以，在专业培养方向的定位上，造成定位不准，到底要培养什么样的专业人才、学生需要建立什么样的专业学科体系，往往模棱两可。这样就造成在课程设置、教学安排、师资配备上、实习实践中存在很多问题。这些问题的出现，又导致了本专业学生虽经两年甚至四年的学习，但仍形成不了司法会计专业学科知识体系，不符合司法会计专业的需求，不适应实务部门和法律实践需求情况。这也是部分院校专业停办的主要原因。

二是课程安排设置名不副实。考察各院校司法会计专业课程安排和设置，就不难发现，存在的最大问题是名不副实，不符合司法会计专业方向。由于对司法会计学科和专业的研究不深入，在课程设置安排上，大部分财经类、经济类院校把会计基础、会计实务以及审计实务作为司法会计专业的主干课，然后再增加一些法律类课程，就认为形成了司法会计专业的课程体系设置。而实际上，对司法会计专业来讲，会计、审计基础与实务，是司法会计专业所必需的专业课程，但仅仅是基础专业课，并不能体现司法会计专业的专业方向和特色。很多院校没有开设司法会计学主干专业课或虽有开设，但其教学时数少、教学内容简单、教学方式单一。而开设司法会计专业所必需的法律专业基础课，如刑法学、刑事诉讼法学、证据学、司法鉴定学、侦查学等鲜有开设，或虽有开设，也仅开设了少部分课程。所以，学生建立不起司法会计专业学科的知识体系也就不足为怪了。

三是教学师资力量明显不足。由于我国司法会计学产生较晚，而且主要研究力量和成果集中于司法实务部门。虽有高层次的司法会计专业研究生、博士生，但处于高等教育一线的并不多。再基于上述两个方面，在专业教学和师资配备上就可想而知了。且不说不知道或不开设这些课程，就是想开设诸如司法会计学、司法会计检查实务、司法会计鉴定实务以及司法鉴定、侦查学、证据学等课程的学校，因本身是以财经类、经济类见长或为主，这方面的教师非常奇缺。即使有，也往往满足不了司法会计专业性强、实务性强的要求。

四是学生就业形势严峻，新生生源缺乏。因不符合司法会计专业的要求，而且高等院校大多与司法部门、法律实务部门联系沟通的渠道不畅，加之学生的专业知识和培养过程不能够适应实践需要，就业困难。因此，引发了连锁反应，在招生过程中就遇到了生源缺乏的问题。

二、解决的方法及途径

（一）准确定位培养方向

专业培养方向，是大学专业创办的首要问题，决定着专业的培养计划、教学目标、课程设置、学生就业等。就司法会计专业而言，首先的定位是专业的性质。笔者认为，就司法会计专业学科本身来讲，其法学专业特色更加突出，应属于法学性质。因此，专业培养的方向和目标就应该主要为司法机关、法律实务部门服务，就要立足于培养能够利用司法会计专业知识，从事调查取证、技术性证据的审查判断和为其他相关法律活动提供技术支持和服务的专业性人才。如果这个定位方向不准确，那培养的人才与会计专业并无太大差异。

（二）科学设置专业课程

在学科知识体系和专业课程的设置上，因司法会计专业的跨专业、跨学科特性，需要多学科的专业知识和理论作为专业支撑。简单来讲，主要包括三个方面：一是会计审计专业知识支撑；二是法学专业知识支撑；三是司法会计专业知识的支撑，其中司法会计专业知识支撑是体现司法会计专业特色的专业知识系统。因此，在专业课程设置上，就需要从这三个方面来考虑。

1. 开设会计学原理、会计学实务、审计学等基础专业课。这是司法会计专业学生必须要学习的应用性基础知识。在司法会计实践中，要运用到大量的会计学原理、方法、程序和技巧，对有关的财务会计资料和问题进行检查、识别、验证和判断，扎实的基础专业知识是从事司法会计工作的首要条件。

2. 开设必备的法学专业基础课程。法学专业基础知识是司法会计专业学生树立诉讼理念、养成法律素养的基础。法学专业课程较多，限于四年本科教学时数限制，要开设的法学专业课程主要有刑法学、民法学、诉讼法学、证据学、司法鉴定学、侦查学。对学生将来从事司法会计工作来讲，侦查学是从查案思维和具体策略、措施上提供支持，司法鉴定学是从事司法会计鉴定工作必须掌握的基本原理，它是以"同一认定理论"为核心内容的一种理论体系，对于从事鉴定工作十分有利。诉讼法学和证据学，讲解基本的诉讼法律程序，以及证据的审查、质证等知识，对于从事司法会计工作十分重要。这些课程是司法会计专业的基础课程，很多司法会计专业知识是建立在这些法学基础课程上的。

3. 开设司法会计专业主干课程。这是司法会计专业学生需要花较多时间去学习的专业知识，也是构建和形成司法会计专业学科知识体系的最终环节，是学生毕业后从事司法会计工作或其他工作的基础。司法会计专业课，主要包括司法会计原理、司法会计检查理论与实务、司法会计鉴定原理与实务。

《司法会计原理》是专业主干课程之一，是司法会计专业的入门课。此课程主要讲述司法会计的基本理论。通过学习，使学生较系统地了解和掌握有关司法会计学科领域内的基本概念、基本理论，为继续学习司法会计检查学和司法会计鉴定学打下基础。

《司法会计检查理论与实务》是主干课程之一。此门课程主要讲述司法会计检查的基本原理、方法、程序；财务会计资料及相关财物的检查技术；各类诉讼案件的司法会计检查对策等。通过学习，使学生较系统地了解和掌握有关司法会计检查的基本原理、方法和程序，结合司法会计检查案例，增强学生进行查账、查物的实操动手能力。

《司法会计鉴定原理与实务》是主干课程之一。此门课程主要讲述司法会计鉴定的基本概念、原理、范围、方法、鉴定证据、程序；各类财务会计问题的鉴定技术；鉴定文书的制作及文证审查等。通过学习，使学生较系统地了解和掌握有关司法会计鉴定的基本原理、方法、技巧和程序，结合司法会计鉴定案例，培养学生进行司法会计鉴定的实际操作能力和动手能力，使学生基本掌握司法会计鉴定的操作步骤和方法，能够独立地制作较简单的司法会计鉴定文书，为今后从事司法会计鉴定工作打下基础。

这些课程，是体现和凸显司法会计专业特色的知识体系。

在开课的顺序上而言，这三门课最好是在学生已学习了会计、审计学专业基础课程，已学习了侦查学、司法鉴定学、诉讼法学和证据学之后开设。从这三门课程的顺序而言，应先学习《司法会计原理》、《司法会计检查理论与实务》，再学习《司法会计鉴定理论与实务》。

（三）多渠道解决师资问题

对于司法会计专业的师资问题，最主要的难点在于司法会计专业主干课程。对于开设于法学院校的司法会计专业来讲，还需要解决会计学、审计学教学的师资问题。而对于开设于财经、经济类院校的司法会计专业来讲，则还需要解决如侦查学、司法鉴定学、证据学、诉讼法学等法律专业课程的教学问题。

对于首要的司法会计专业主干课程的师资问题，由于我国的司法会计学科发展起步较晚，在专业教学人才培养上十分落后，至今没有形成一个完整的高层次人才培养模式。所以，各校在开设司法会计专业主干课程时，也备感十分困难。很多教师也是被逼上阵，从审计或其他专业转向而从事司法会计教学工作。但是，司法会计专业极强的实务性和综合性，使这些转行来的教师也备感难以适应。可以考虑解决的办法有：

一是高校的司法会计专业主干课程教师积极参与实践。目前，中央政法主管部门和教育主管部门十分重视高层次法律人才的培养，倡导高校与司法实务部门加强交流与合作，互派人员进行挂职锻炼。这就为高校教师参与司法实践打开了方便之门，也提供了更多的机会。因此，高校教师应积极主动地参与挂职锻炼，从司法实践的锻炼中逐步提高实务能力，增强实务经验，提高司法会计专业课程授课的针对性。

二是延聘司法实务部门受过专业系统训练且具备一定理论水平，适合从事教学的专业司法会计师兼任司法会计专业主干课程的教师，主要解决《司法会计检查理论与实务》、《司法会计鉴定原理与实务》这两门课程的师资不足问题。包括笔者在内的很多司法会计同行，就曾多次受聘担任多所院校的兼职授课教师，从事司法会计专业主干课程的教学，取得了良好的教学效果。

三是有关部门应组织司法会计专业师资队伍的培训与研讨。通过对现有师资队伍的专业性培训及研讨，提高司法会计专业理论水平和实务能力，以逐步胜任司法会计专业课程的教学需要。这种方式，在我国 20 世纪 80 年代初，法学专业课的师资培训和教学中多被采用，实践证明其效果也是非常好的。

对于缺乏法学专业师资和会计学、审计学师资的问题，所创办司法会计专业的院校，在创办之初就应考虑妥善解决。如对于设有法学、会计院系的高校，可以在各院系间调配有关教学力量，法学院系的法学专业教师，给财会院系的司法会计专业学生上侦查学、司法鉴定学、诉讼法学、证据学等课程，财会院系的会计学、审计学专业教师，可以给法学院系的司法会计专业学生上会计学、审计学等专业课程，形成资源共享的格局。如果在创办的司法会计专业的学院中，无相关的师资力量，则应采取外聘专业教师来解决。同时也应做好相关师资力量的选调、培训、培养工作。

有关师资力量的缺乏问题，其实也反映了我国高校在创办司法会计专业上的盲目与草率，这也许是专业发展和办学的必经之路。

证人证言、鉴定结论不能
作为司法会计鉴定的依据

作者按： 司法会计鉴定的对象和依据是案件中的财务会计资料和财产物资。鉴定人通过对财务会计资料和财产物资的检查、验证和分析后，解决案件中的财务会计专门性问题。这本来是非常明确的。但是，在司法实践中往往有一些鉴定人，出于多种原因，将证人证言、鉴定结论作为鉴定的依据，甚至直接引用并做出结论，造成司法会计鉴定结论不被采信或采信后影响案件定性处理的不良后果。鉴于司法会计鉴定中引用证人证言等言词证据作为鉴定依据的危害和出庭的经历，笔者经过研究后专门撰文对此进行了阐述。前不久，在全国检察机关司法会计微信群中，有同行分享了本文，同时提出犯罪嫌疑人、被告人供述和辩解能否作为鉴定依据的问题。笔者认为，犯罪嫌疑人、被告人供述和辩解，同样不能作为鉴定的依据，本文的三点理由及观点也适用于此言词证据。在此，对提出建议的章宣静同行表示感谢。本文原载于《人民检察》1998 年第 8 期。本文第二作者为李春武。

在司法会计实践中，对于证人证言和鉴定结论能否作为司法会计鉴定的依据，认识不一。有的同志认为，司法会计鉴定人应充分占有各方面的资料，包括利用证人证言和鉴定结论，这样才能保证作出的鉴定结论是科学、客观和公正的。笔者认为这种观点是值得商榷的。

首先，从司法会计鉴定的对象和依据来看，司法会计鉴定的对象是案件中所涉及的财务会计资料和相关实物。一个案件涉及的财务会计资料很多，但并不是所有的财务会计资料都能成为司法会计鉴定的对象，也并不是都可以作为司法会计鉴定的依据。作为司法会计鉴定对象和依据的财务会计资料必须具备以下条件：第一，必须是有必要而且通过运用财务会计专门知识能够解决财务会计专门性问题的财务会计资料。第二，必须是在案件中所涉及的财务会计活动过程中形成的财务会计资料，这是保证司法会计鉴定结论科学客观的必备条件。经济组织的财务会计活动是十分频繁的，由此而形成的财务会计资料也很多，但是，对于具体案件来讲，只有记录案件所涉及财务会计活动的财务会计资料才能成为此案司法会计鉴定的对象。第三，必须是由司法机关经法定程序收集的财务会计资料，这是对司法会计鉴定对象的程序性保证。由上可知，证人证言和鉴定结论，既不属于财务会计资料的范围，也不具备成为司法会计鉴定对象的条件。因此，在司法会计鉴定中将其作为鉴定的依据是没有客观依据的。

其次，就证人证言和鉴定结论本身而言，它与司法会计鉴定结论都属于案件中的诉讼证据，都是用来证明案件中的相关事实的。我国诉讼法明文规定，证据必须经过查证属实才能作为定案的依据。在未经法庭查证属实之前，证人证言和鉴定结论本身也是待证事实，是不确定的。司法会计鉴定人员既无权对证人证言和鉴定结论进行查证，也无此必要。因此，利用不确定、待查证的证人证言和鉴定结论作为司法会计鉴定的依据，所作出的鉴定结论本身也是不科学、不可靠的。

最后，利用证人证言和鉴定结论作为司法会计鉴定依据的理由站不住脚。实践中，将证人证言和鉴定结论作为司法会计鉴定依据的理由是，如果不利用证人证言和鉴定结论就无法作出司法会计鉴定结论。在具体的案件中，如果不依据证人证言和鉴定结论就无法作出鉴定结论的话，这本身就说明，案件中的财务会计资料没有对案件中有关财务会计事实构成完整的记录，财务会计资料也不能完整地证明案件所涉及的财务会计事实，财务会计资料本身不具备鉴定的条件，不足以作鉴定。同时，就证人证言和鉴定结论而言，它们对案件中有关财务会计事实的证明，是从司法会计鉴定结论以外的角度进行的，其可靠性也是不确定的，其本身也需要其他证据，如司法会计鉴定结论来加以证明。从证据理论来讲，案件中的所有证据都应相互印证，而且互不矛盾。如果司法会计鉴定结论是依据证人证言和鉴定结论中对有关财务会计事实的确认作出的，这本身就不符合证据使用的规则。我国刑事诉讼法第 162 条第 3 款规定："证据不足，不能认定被告人有罪的，应当作出证据不足，指控的犯罪事实不能成立的无罪判决。"这就说明，在司法实践中，鉴定人应遵守国家的有关法律和鉴定原则，对于不具备鉴定条件，检材不足以作出鉴定结论的鉴定案件，不能为了凑足证据，为了满足某方面的要求或为了给犯罪嫌疑人定罪而依据财务会计资料（包括实物）以外的其他证据或资料作出司法会计鉴定结论。

在司法实践中，将证人证言和鉴定结论作为司法会计鉴定的依据而出具鉴定结论的做法是十分有害的。对于案件中有关财务会计专门性问题，鉴定人不能从技术上进行突破时，采用证人证言和鉴定结论，作出满足办案人员需要的鉴定结论，这不仅违背了鉴定人员的职业道德和客观、科学的鉴定原则，造成鉴定结论的不科学不客观，影响了司法会计鉴定结论的可信度，而且也会造成一些冤假错案，给当事人造成损害，甚至会为此而负赔偿责任。因此，在司法实践中，遇到这种情况时应坚持实事求是的态度和客观科学的鉴定原则，不受外界的影响和干扰，当不能作出鉴定结论时应向送检单位说明原因，退回案件。

论司法会计鉴定结论*

作者按：司法会计鉴定结论是司法会计鉴定工作的成果，是司法会计鉴定人对案件中财务会计专门性问题的意见，属于法定的证据种类。由于在司法会计学的发展过程中，曾提出过"鉴定论"、"专业论"、"二元论"等理论观点，不同的观点在司法会计鉴定结论的表述、解决问题的范围、方式上有差异。尽管"二元论"司法会计观被证明是符合诉讼实践需要的，但是对于司法会计鉴定结论的性质及其表达方式仍然存在一些争议，对司法会计鉴定结论的采信和使用也产生了不利的影响。本文系作者硕士研究生答辩论文《司法会计鉴定理论问题研究》的一部分，收录时有删改。

一、司法会计鉴定结论的概念、特点

鉴定结论是指鉴定人对司法机关提出的案件中的专门性问题进行调查了解、科学检验、分析鉴别后作出的结论性意见。① 它是我国三大诉讼法规定的证据之一，一经查证属实可作为定案的根据。司法会计鉴定结论是其中的一种，是司法会计鉴定人员对案件中的财务会计资料、财产物资进行检查验证、分析评断后作出的判断性结论。

作为诉讼法规定的一种证据，司法会计鉴定结论本身应具备诉讼证据的一般特点。司法会计鉴定又是一项特殊的鉴定活动，因而司法会计鉴定结论又具有"科学内容与法律形式的统一，客观详细的说明与必然明确的结论的统一"② 两方面的特点。

所谓科学内容与法律形式的统一，是指从鉴定的内容、过程来讲，它是具有财务会计专门知识的人在法律许可的范围内，以科学的原理、方法、技

---

* 2012 年刑事诉讼法修改后，将鉴定结论称为鉴定意见。

① 廖俊常主编：《证据法学》，中国政法大学出版社 1993 年版，第 65 页。

② 刘万奇：《论鉴定理论》，载《中国刑事警察学院学报》1992 年第 3 期，第 51 页。

术标准、客观的物质基础为依据，按照科学的规律和要求，解决案件中司法机关提出的财务会计专门性问题，从而客观地反映有关事实。就其法律形式来讲，司法会计鉴定活动的结果必须以法律规定的形式提供。

司法会计鉴定结论的科学内容和法律形式是密不可分的，没有科学内容，虽然具有法律形式但经不起推敲，反映不了案件事实的真相，发挥不了它的证明作用。不具有法律形式，虽然内容是科学可靠的，但却不具有作为诉讼证据资格，不能用来证明案件事实。

客观详细的说明与必然明确的结论的统一，是指司法会计鉴定人不仅仅要详细记述根据所依据的财务会计资料观察到的事实，而且还要在观察到事实的基础之上，对其加以分析、研究和论证，从而提出明确的必然的结论。因为司法会计鉴定结论实际上是司法会计鉴定人员来帮助侦查审判人员解决案件中无法解决的问题，如果只是详细地记叙了观察到的事实，而不作明确的结论，这对司法人员来说毫无意义和帮助，如果不客观详细地记叙所观察到的事实，而要提出必然明确的结论也是没有依据的，在科学上缺乏可信度。

二、司法会计鉴定结论的性质

对司法会计鉴定结论的性质，各界认识不一。有人认为，司法会计鉴定结论作为证据的一种，应该是独立的证据形式，而有人对此提出异议，还有人对司法会计鉴定结论具有法律性质提出疑问，而认为其具有法律性质的同志认为既然它具有法律性质，就应该和其他法律性质的司法文书一样能够解决法律性问题。对于司法会计鉴定结论性质，应该有一个较统一的客观认识。因为它不仅关系到证据的运用，而且影响到案件的法律定性处理。

(一) 司法会计鉴定结论是独立形式的证据

我国三大诉讼法都将鉴定结论作为证据的种类与其他类型的证据并列，从法律依据上说法律赋予了它作为独立形式的证据的资格，这对司法会计鉴定结论当然也是适用的。况且，从司法会计鉴定的活动本身来看，在鉴定过程中要固定证据，那么有关反映财务行为、会计行为的财务会计资料本身就作为物证、书证被固定，而同时它又是司法会计鉴定人员进行分析判断并作出鉴定结论的依据。但并不是案件中所有的物证、书证等财务会计资料都是司法会计鉴定结论的依据。这就说明，司法会计鉴定结论与物证、书证所解决的问题、证明的对象不同。显而易见，司法会计鉴定结论往往是通过对财务会计资料的分析、验证后作出的，它所证明和解决的问题是物证、书证所替代不了的。例如，被涂改的单据、发票作为物证只能证明单据、发票是否真实，而并不能证明案件中犯罪嫌疑人利用涂改单据的手法致使单位公款损失多少的问题，而对这一问题，只有司法会计鉴定人在分析大量财务会计资料的基础上才能确认。所以说，司法会计鉴定结论作为独立形式的诉讼证据毋庸置疑。

（二）司法会计鉴定结论具有法律性质

证据是证明案件事实的材料，因此它应该具有客观性，同时又与案件有着密切的联系，具有关联性。而对于是否具有法律性（又称合法性）的问题却一直存在争论。司法会计鉴定结论是诉讼证据中鉴定结论的一种，基于对证据法律性质的争论，司法会计鉴定结论具有法律性质又常引起人们的怀疑。运用证据法理论来分析，作为证据都应涉及两方面，即证明能力和证明力（理论界又称为证据能力和证据效力）。所谓证据的证明力即具有证明案情的能力。证明能力即证据资料在法律上允许其作为证明的资格。① 司法会计鉴定结论的证明力也就是所具有的证明案件事实的能力，具体反映为司法会计鉴定结论本身是依据案件中客观存在的财务会计资料等物质基础作出的，而财务会计资料本身又是财务行为、会计行为的作用结果，它客观地记录着这些事实，这就表现为司法会计鉴定结论的客观性和关联性。司法会计鉴定结论的证明能力也就是作为证据的资格。如果否认司法会计鉴定结论的法律性质就忽略了它在诉讼中发挥证明作用的条件，就不可能被采纳。我国刑事诉讼法第 119 条规定，解决案件中的某些专门性问题，应当指派聘请有专门知识的人进行鉴定。民事诉讼法第 72 条、行政诉讼法第 35 条规定，人民法院认为对专门性问题需要鉴定的，应当交由法定鉴定部门鉴定，没有法定鉴定部门的，由人民法院指定的鉴定部门鉴定。那么，当违反上述规定时，所作出的鉴定结论无论是否具有客观性和关联性，也不具有证明能力，而不能采纳为证据。另外，从权力关系的角度讲，司法鉴定权是国家司法权的组成部分，司法鉴定权的行使必然会产生很多鉴定关系（如鉴定人权利义务关系）和结果（如鉴定结论）。司法鉴定权的合法有效行使，在司法会计鉴定中，产生的结果是形式与来源合乎法律规定而具有证明能力的鉴定结论。因而司法会计鉴定结论的法律性质其核心内容就是形式与来源上合乎法律的规定性。

必须明确的是，确认司法会计鉴定结论具有法律性质，但并不能就说司

---

① 刘金友主编：《证据理论与实务》，法律出版社 1992 年版，第 65 页。

法会计鉴定结论就是法律结论，相反，司法会计鉴定结论恰恰是科学结论，解决的是科学问题，而法律结论解决的是法律问题。在司法实践中，要针对某一阶段或诉讼过程的工作制作一些具有法律性质的文书，如侦查终结时的侦查终结报告，审查起诉时的审查结论和起诉书等，都是具有法律结论的法律定性的文书。这些文书，往往是对某一诉讼阶段工作的总结和定性，是具有法律性质的，但这些法律结论与司法会计鉴定结论是不同的。首先，从权力关系上看，法律结论是侦查人员、检察人员、审判人员等运用侦查权、检察权、审判权的结果，司法会计鉴定结论是鉴定人行使鉴定权的结果，鉴定权与侦查权、检察权、审判权是不同的权力，不同的权力由于不同的主体行使产生的结果自然不同。其次，从解决的问题来看，司法会计鉴定结论解决的是案件中有关的财务会计专门性问题，它是鉴定人行使鉴定实施权的结果[1]，是个人权力的产物，代表鉴定人自己的意见，不具有法律上的约束力，只有经法庭审查属实后，才能作为定案的根据。而法律结论是具体办案人员以司法机关的名义对一定诉讼阶段或过程所确认的案件事实所作出的结论性意见，它解决的是法律上的程序或实体问题，如起诉书以国家名义对某人提起控诉，判决书判决原告胜诉等。从上可以看出，法律结论是依据诉讼阶段所掌握的所有诉讼证据由司法机关作出的。司法会计鉴定结论依据的只是案件中的有关财务会计资料。

（三）司法会计鉴定结论不能解决法律性问题

首先，应该明确，司法会计鉴定结论的法律性质和法律性问题是两个不同的概念，它们所包含的范围和内容也不同。司法会计鉴定结论的法律性质是指司法会计鉴定结论从形式与来源上合乎法律规定而具有法定证据资格，也就是说司法会计鉴定结论必须是法定人员依照法定程序和方法收集、提供的来源合法、具备法律形式要件的经法定程序查证属实的证据形式，而法律性问题则是诉讼中有关案件事实以及对案件事实的认定、处理等问题。在不同的案件中涉及的法律性问题的案件事实不同。在刑事诉讼中是指犯罪嫌疑人或被告人是否实施了犯罪以及罪轻罪重的事实，在民事诉讼中指的是当事人之间发生争议的法律关系得以发生、变更和消灭的事实，在行政诉讼中则是指行政机关作出具体行政行为根据的事实。[2] 明确了法律性问题的内容和范围，才能对司法会计鉴定结论能否解决案件中的法律性问题作进一步的

---

[1] 庞建兵：《论鉴定权的划分》，载《人民检察》1997年第3期，第39—40页。

[2] 廖俊常主编：《证据法学》，中国政法大学出版社1993年版，第85页。

讨论。

其次，司法会计鉴定结论是不能直接解决法律性问题的，这是因为：

第一，案件中的财务会计专门性问题不是法律性问题。案件中需要解决的财务会计专门性问题一般是指有关会计科目的设置是否正确、合理，会计分录的制作是否真实、正确、合理，资产损失以及各会计要素的计量确认等财务会计技术问题。正因为司法会计鉴定人能解决这些司法人员解决不了的问题才参与到诉讼中来。法律性问题是司法人员自己依据刑法、民法等实体法和诉讼法等程序法能够解决的。因此，案件中的专门性问题即财务会计问题，而不是法律性问题。所以，司法会计鉴定人员解决了案件中的财务会计专门性问题，只是解决了科学问题，而没有也不可能解决法律性问题。

第二，从鉴定结论的证据类型来分析，司法会计鉴定结论不能直接解决法律性问题。以刑事犯罪案件来讲，也就是不能解决有关刑法的犯罪构成及量刑处罚的问题。根据鉴定结论与案件事实的关系来看，鉴定结论多数属于间接证据，少数属于直接证据。[1] 所谓直接证据，是指能够直接证明案件主要事实的证据，间接证据是指那些本身不能直接证明案件的主要事实，而必须同其他证据联系起来，互相印证，才能推断出主要案情的证据。这里所谓的"案情主要事实"或"主要案情"是指谁是真正的罪犯以及犯罪的主要情节。[2] 这显然与前面所确认的刑事诉讼中的"法律性问题"是一致的。另外，从司法会计鉴定结论的依据来讲，它依据的是案件中的财务会计资料。而一个案件中完整的财务会计资料是由很多具体的、单个的资料，按照一定的程序、规则、方法形成的。这些单个的财务会计资料单独用来直接证明案件中的某一具体事实是可行的，但这些单个的财务会计资料不可能反映案件中财务会计事实的全貌，因而不能独立地证明案件中的主要事实。要证明案件中的主要事实，必须将各个单个的财务会计资料联系起来，形成一个锁链系统，才能证明案件中的主要事实。而司法会计鉴定结论是在案件中大量单个的财务会计资料的基础上作出的，财务会计资料的形成机制及其对案件事实证明作用的间接性决定了司法会计鉴定结论不可能直接地、全部地解决案件中的主要事实。因此，要证明案件的主要事实必须将司法会计鉴定结论与其他证据结合起来，经过充分的确证、质证，排除了矛盾后才能形成证据体

---

① 邹明理：《司法鉴定概论》，西南政法大学教材 1989 年，第 148 页。

② 崔敏主编：《刑事证据的理论与实践》，中国人民公安大学出版社 1992 年版，第 127 页。

系、证据锁链，从而达到证明案件主要事实的目的。

第三，司法会计鉴定活动的性质决定了司法会计鉴定结论不能解决法律性问题。根据刑事诉讼法，有关鉴定的条款虽然是放在"侦查"的有关章节里。但是需要说明的是，鉴定更多地体现的是一种取证的手段，而不是侦查本身，是对侦查行为的补充。在民事诉讼法中，鉴定的有关条款规定在证据的有关章节中，明确规定，鉴定是一种取证的手段和方法。因此，鉴定活动的性质就比较明确了，它不是侦查、审判行为。所以，可以说，司法会计鉴定活动是一种科学技术性很强的活动，不同于侦查、审判活动。司法会计鉴定活动确认的是案件中的财务会计资料有无错误，各种错误之间有无联系，错误造成的账务后果和财务后果等技术问题，对于会计错误是不是犯罪嫌疑人、被告人、责任人故意制造，以及制造这一错误的动机和目的是否为了占有，以及占有的性质是贪污还是诈骗、挪用等主观内容，司法会计鉴定人员仅仅依据案件中的财务会计资料来进行鉴定活动是无法解决的。要解决这些问题，必须由司法机关、司法人员，通过侦查、起诉、审判活动，并综合案件中所有的证据如证人证言、讯问笔录、书证和司法会计鉴定结论来综合证明。由此来说，司法会计鉴定结论不能解决法律性问题。

三、司法会计鉴定结论的证明作用

司法会计鉴定结论的证明作用以及证明内容，因案件性质的类型不同，而略有差异。另外，在具体的案件中，也会因不同的鉴定事项和鉴定问题而有所不同。因此，需要根据具体情况来分析、评价司法会计鉴定结论的证明作用。概括来讲，主要有以下几个方面。

（一）司法会计鉴定结论在刑事案件中的证明作用

1. 证明某种事实是否存在。司法会计鉴定人通过对财务会计资料的验证，首先可确定财务会计资料以及会计处理是否真实、正确、合理，从而判定某种事实是否存在，如虚假的经济活动、是否存在货物、款项等资产损失等事实。

2. 证明某种事实的发生与相关行为人的责任关系。司法会计鉴定结论一般情况下不直接表述或解决责任关系问题。但是，财务会计资料本身反映一定的责任关系。凡是具有法律效力的财务会计资料，取得和填制都有一定的规定，能证明一定的责任和职务关系。因此，司法会计鉴定结论可以从财务会计资料的记录、处理中确定会计活动以及与相关行为人的责任关系。

3. 证明行为的时间、地点、过程及行为后果等有关案件事实。财务会计资料记录着财务会计行为的信息。司法会计鉴定人通过对财务会计资料的检验，可以查明发生某种行为的时间、地点、行为的整个过程以及行为的结果等案件事实。如对涉案资金的查证，可以证明其资金流向及轨迹。

4. 确认、计算损益。司法会计鉴定人通过对财务会计资料的检验，发现财务会计舞弊及错误行为，并可计算确认这种行为对相关账户余额的影响，如确认库存现金损失额、存货损失额、固定资产损失额等，为司法人员办案提供依据。

（二） 司法会计鉴定结论在经济纠纷和民事案件等其他案件中的作用

1. 确认合同纠纷的事实、责任、数额。司法会计鉴定通过审查经济合同的内容，认定合同纠纷中有关成本、价格、费用等方面争议的事实；通过对合同标的的给付，价款或酬金的审查、验证，验明货物数量、收货日期以及提货单签发的时间等事实；通过审查有关现金结算凭证、账面记录、支付银行的转账支票、托收承付单等，确认有关合同价款或酬金争议的事实。

2. 确认违约赔偿损失。司法会计鉴定人通过对记载双方争议的标的物的灭失、短少、变质、损坏及其财务会计资料的鉴定，可确定因违约造成的损失金额；通过对权利人财务会计资料中有关利润核算项目的验证，确定义务人因违约给权利人造成的间接损失额。

3. 确认保险财产的损失事实和赔偿数额。

4. 确认破产案件破产财产数额、房屋造价以及有关涉及财产估价案件中的数额。

论我国司法会计鉴定标准体系

作者按：本文系河北省科学技术研究与发展项目课题《司法会计鉴定标准体系研究》的阶段性成果。课题项目主持人及本文主笔均为中央司法警官学院齐金勃教授，笔者为课题组成员、本文的第二作者。在课题立项、论证、研究过程中，笔者就司法会计及司法会计标准的有关理论与课题组其他成员做了些交流。课题能顺利完成结项并获第十四届河北省社会科学优秀成果三等奖，齐金勃教授功不可没。在此，对齐金勃教授及课题组表示感谢。需要说明的是，司法会计鉴定标准是司法会计标准中的一个方面。笔者与于朝同志合著出版的《中国司法会计师执业准则》有详细的阐述，笔者的观点以该书为准。本文原载于《中国司法鉴定》2009 年第 5 期。

司法鉴定标准对避免鉴定人的主观随意性，确保司法鉴定质量，保障司法鉴定的科学性具有重要意义。司法会计鉴定是我国司法鉴定工作的重要组成部分，不同于法医、物证、生化等鉴定，应该拥有自己的专业鉴定标准。但我国尚未建立系统的专用司法会计鉴定标准，已严重影响了司法会计鉴定的质量，司法会计鉴定活动亟待规范。尽快建立司法会计鉴定标准，规范司法会计鉴定实践，不仅是司法会计实践者的呼声和共同企盼，更是推动我国司法会计鉴定工作的科学化、规范化建设所急需的。

当前，有关司法会计鉴定标准的研究多见于具体司法会计鉴定标准的制定，忽略了标准体系的构建，其结果易导致标准的设置缺乏系统和全面。本文认为，标准具有目标性、集合性、层次性、开放性和阶段性等系统的属性，专业具体标准的制定，必须在其标准体系基础上进行；实现司法会计鉴定标准化，各司法会计鉴定具体标准必须按其内在联系形成的科学的有机整体——司法会计鉴定标准体系，制定司法会计标准的首要任务是构建司法会计标准体系。否则，易出现标准间的相互叠加和矛盾，不利于标准的实施和发展。在此思想指导下，本文以标准化理论为依据，在系统分析我国司法会计鉴定活动本质的基础上，构建起具有我国特色的司法会计鉴定标准体系以及配套的司法会计鉴定具体标准。

一、标准化基本理论

（一）标准及其标准分类

标准化理论是构建司法会计鉴定标准体系的基础。对规范司法会计鉴定标准化活动，发挥司法会计鉴定标准化作用起着质的规定性。

标准化理论①认为，标准不是孤立存在的，而是一个庞大而复杂的系统，在结构上有不同的层次，有众多的子系统。根据目的不同，标准可分别按层次、性质和对象进行分类。

按其发生作用的有效范围不同，标准可划分为不同层次，亦称标准级别。我国标准化管理条例规定，我国标准分为国家标准、专业（部）标准和企业标准三级。

按其本身属性标准可分为技术标准、经济标准和管理标准，每一类下还可划分若干层次。技术标准是指对标准化对象的技术特征加以规定的标准；经济标准是规定和衡量标准化对象的经济性能和经济价值的标准；管理标准则是管理机构为行使其管理职能而制定的具有特定管理功能的标准。

按标准化对象进行的分类。我国习惯上把标准按对象分为产品标准、工作标准、方法标准和基础标准等。也可进一步概括为"物"和"非物"两大类。属于"物"的对象有产品、设备、工具、原材料等；属于"非物"的对象有工作、程序、操作、方法、概念等。三种分类方法如图1所示。

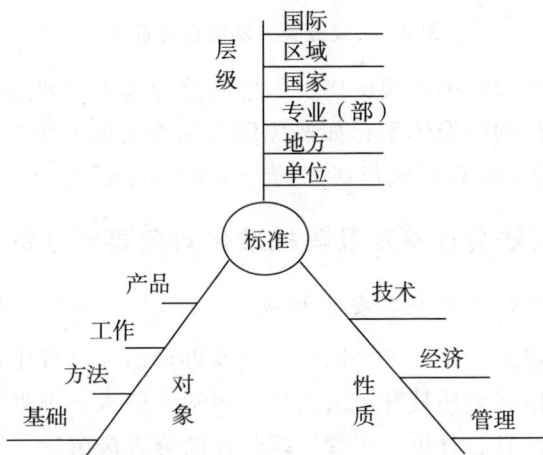

图1　标准分类图

---

①　李春田著：《标准化概论》，中国人民大学出版社 1988 年版。

（二）三种分类法的关系、标准体系

三种分类法是从三种不同的角度对同一标准集合所进行的划分。它们之间存在相互补充、相互为用的关系。① 第一，一个标准可以按照三种分类方法进行分类；第二，某类分类法中的标准可以再用其他两种分类方法进行进一步的划分；第三，三种分类方法可以组合成种类繁多的标准（见图2）。

图2中按照自左至右的顺序，把任何一条可以连接起来的线上的词组合起来，便可以形成一类（或一种）属于一定层次、一定对象和一定性质的标准。如专业级产品技术标准、国家级管理基础标准等。

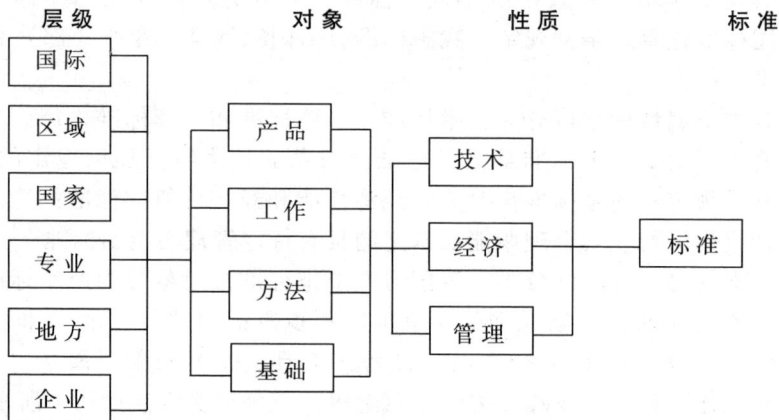

图2 三类分类方法组合关系图

把所有可以连接起来的线所代表的标准总合起来，即形成具有层次、对象、性质三相结构的标准体系；如按照图2所规定的6个层次、4种对象和3类性质进行组合，可以形成包括72类（6×4×3＝72）标准的庞大体系。

二、我国司法会计鉴定及其标准化对象要素分析

（一）司法会计鉴定及其要素构成

司法会计鉴定是指在刑事、民事、行政诉讼活动过程中，在遇有司法会计专门问题时，依法委托具有司法会计专门知识的人，根据鉴定的资料和要求，运用勘验、检查、分析、比较、综合评断等方法解决司法会计问题并作出判断的一种科学技术活动。

可见，司法会计鉴定活动由以下要素构成：（1）司法会计鉴定主体——具

---

① 李春田著：《标准化概论》，中国人民大学出版社1988年版。

有司法会计专门知识的人；（2）司法会计鉴定客体（范围和对象）——在刑事、民事、行政诉讼活动过程中，在遇有司法会计专门问题时，司法会计鉴定的资料；（3）司法会计鉴定的工作内容、目的和要求——司法会计鉴定的要求；（4）司法会计鉴定工作的构成、程序等；（5）解决司法会计问题的方法——司法会计鉴定技术（或方法）；（6）司法会计鉴定评价（或判定）——判断；（7）出具司法会计鉴定书。

（二）司法会计鉴定的本质、标准化必要及其标准化对象分析

1. 司法会计鉴定的本质。司法会计鉴定结论与其他类证据发挥作用的过程不同。其他类证据是由法官利用自己的知识和经验直接将证据材料转化为案件事实；而司法会计鉴定结论证据则在其间多了一道程序：由于受自己所拥有财务会计知识的限制，法官不得不将自己独享的案件事实的判断权让渡出一部分给司法会计鉴定主体，先由司法会计鉴定人将其转化为鉴定结论，法官才能利用自己的知识和经验再将其转化为案件事实。可见，司法会计鉴定主体在将检材转化为鉴定结论的过程中，已经对案件部分事实作出了判断，法官而后进行转化的只是剩余部分的事实。从庭审本质上看，鉴定人进行鉴定过程具有了事实裁判者的性质。[①]

2. 标准化必要。与其他领域的鉴定不同，司法会计属于司法鉴定的一种，具有法律特征，即司法会计鉴定的对象与诉讼案件的事实具有相关性，且为法律所确认；鉴定属于诉讼活动的范畴，是一种诉讼行为；鉴定程序法定化；鉴定的实施主体是依法取得了鉴定资格的自然人；鉴定结论符合法定的证据形式要求。因此，为确保鉴定结论的客观性、可靠性、准确性及其应用的恰当性，提高鉴定结论的公信性，就必须设计一套类似于确保庭审公正的程序。参照国际同行的范式，考虑到科学证据的特点，最佳选择就是对司法会计鉴定过程各要素实行标准化。

3. 标准化对象。本文认为，根据司法会计鉴定活动的构成要素，司法会计鉴定标准化对象应包括：①司法会计鉴定主体——具有司法会计专门知识的人；②司法会计鉴定对象；③司法会计鉴定工作的构成、程序等；④司法会计鉴定技术（或方法）；⑤司法会计鉴定依据；⑥司法会计鉴定书。

---

① 徐为霞：《论我国司法鉴定标准体系的构建》，载《辽宁警专学报》2007 年第 7 期，第 22—26 页。

三、我国司法会计鉴定标准体系

（一）我国司法会计鉴定标准体系构建原则

我国司法会计鉴定标准体系构建，要在我国司法鉴定下，以规范司法会计主体活动程序为基本前提，反映司法会计鉴定各环节的特点和重点，以规范司法会计活动全过程，体现有关事项重要性原则。

（二）我国司法会计鉴定标准体系

根据标准化理论，按照标准分类法，本文认为：司法会计鉴定标准属于专业级标准层次；由于司法会计鉴定具有法律特征，其工作重点不是衡量标准化对象的经济性能和经济价值，因此，按其本身属性司法会计鉴定标准只包括司法会计鉴定技术标准和司法会计鉴定管理标准；司法会计鉴定标准化对象包括产品标准、工作标准、方法标准和基础标准。其中，我国司法会计鉴定标准组合构成如图 3 所示：

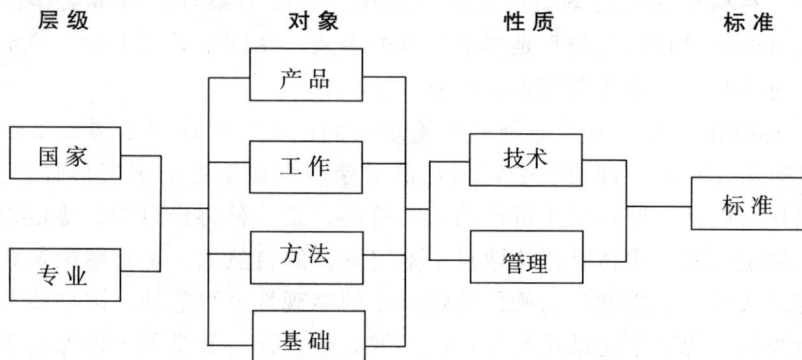

图 3 我国司法会计鉴定标准体系

可见，我国司法会计鉴定标准具有司法会计鉴定为专业层级，以司法会计鉴定书、司法会计鉴定工作、司法会计鉴定方法、司法会计鉴定基础为标准化对象，具有司法会计鉴定技术和司法会计鉴定管理性质的三相结构的标准体系。

具体来讲，按标准化对象划分，司法会计鉴定标准由产品标准（即司法会计鉴定书标准）、司法会计鉴定工作标准、司法会计鉴定方法标准和司法会计鉴定基础标准组成。为规定和衡量每一标准化对象的技术特性和有利于司法会计鉴定管理机构对其行使管理职能，进行规范化管理，每一对象化标准又由司法会计鉴定技术标准和司法会计鉴定管理标准组成。

结合我国司法会计鉴定的实际，司法会计鉴定标准化对象的具体内容为：

1. 司法会计鉴定产品是指司法会计鉴定文书。

2. 司法会计鉴定工作指司法会计鉴定的受理、鉴定实施、鉴定的终止、补充、重新鉴定和复核鉴定等。包括：①司法会计鉴定工作的主体：包括司法会计鉴定机构、司法会计鉴定人。②司法会计鉴定工作的客体。包括受理范围、鉴定目的。③司法会计鉴定技术。包括司法会计鉴定工作的构成、司法会计鉴定程序；司法会计鉴定工作的质量和效果；与司法会计鉴定委托人的关系；司法会计鉴定的终止、补充、重新鉴定和复核鉴定等。④司法会计鉴定工作环境条件等。

3. 司法会计鉴定方法指方法的适用范围、方法的原理、步骤和做法；必要条件；使用的装备、材料；结果的计算、分析和评定等。

4. 司法会计鉴定基础指通用技术语言、数息数据、精度和互换性；管理名词术语、编码、代号标准、计划、组织机构、人事等方面基本的管理等。

四、我国司法会计鉴定标准体系具体内容

（一）司法会计鉴定文书标准

1. 司法会计鉴定文书技术标准。

包括：出具文书条件标准、文书要素标准、种类标准、格式标准、内容论证标准等。

（1）种类标准。司法会计鉴定文书包括司法会计鉴定意见书和司法会计鉴定检验报告书。司法会计鉴定意见书分为肯定同一结论的司法会计鉴定书、否定同一结论的司法会计鉴定书、推断性结论的司法会计鉴定书等。其各自的写作格式、论证过程均有标准。

（2）格式标准。司法部司法鉴定体制改革工作办公室 2006 年颁发的《司法鉴定文书规范（征求意见稿）》第 7 条规定："司法鉴定文书的内容应涵盖委托事项和要求、送检的鉴定材料、鉴定依据及使用的技术标准和技术手段、鉴定过程的说明及鉴定意见（即鉴定结论）、鉴定人资格的说明及鉴定机构名称等。司法鉴定文书一般由编号、绪言、资料（案情）摘要、检验过程、分析说明、鉴定意见、结尾、附件、注等部分组成。"

（3）论证标准。在司法会计鉴定文书的论证部分，司法会计鉴定人应对运用自己知识和技能对案件中涉及的专门性问题作出鉴定结论的过程予以详细记录；应对鉴定过程中采用方法来源和出处、论证过程中引用的原理作出注释。只有这样，法官才能依此对鉴定结论所认定的那部分事实的

可靠性作出判断。

2. 司法会计鉴定文书管理标准。

以司法会计鉴定文书为对象制定的管理标准。如出具司法会计鉴定文书的程序等。2000 年 7 月 8 日司法部通过的《司法鉴定程序通则》第四章分别就司法鉴定文书的签发、出具、保管和存档作出具体规定。司法会计鉴定文书管理应从其规定。

（二）司法会计鉴定工作标准

1. 司法会计鉴定工作技术标准。

对司法会计鉴定技术工作的范围、构成、程序、要求、效果、检查方法等所作的规定。司法会计鉴定技术工作的范围很广，司法会计鉴定的受理、鉴定实施和鉴定的终止、补充、重新鉴定和复核鉴定都属于技术工作。

为保证鉴定结论的可靠，就必须设立一系列的标准。主要内容包括：

（1）司法会计鉴定受理范围标准、司法会计鉴定的目的标准。

（2）司法会计鉴定工作的构成标准、司法会计鉴定程序标准。

（3）司法会计鉴定工作的质量要求和效果标准。如司法会计鉴定资料的合格标准（即司法会计鉴定资料的最低数量标准和质量标准）等。

（4）与司法会计鉴定委托人的关系等。

（5）司法会计鉴定的终止、补充、重新鉴定和复核鉴定标准等。

司法会计鉴定工作标准对提高司法会计鉴定工作秩序、保证工作质量、改善协作关系、提高工作效率都有重要的作用。

2. 司法会计鉴定工作管理标准。

（1）司法鉴定机构标准。包括司法鉴定机构的执业条件、司法鉴定机构的名称、司法鉴定机构的资质认证等内容。

（2）司法会计鉴定人标准。包括：司法会计鉴定人的职责权限及资格标准，如从业资格标准、道德标准、能力标准、学习标准、行业最低行为标准等；司法会计鉴定工作及鉴定人考核、评价、奖惩、培训、晋升标准。

3. 司法会计鉴定工作环境条件标准。

包括工作场所、设备布置等条件。

4. 与相关工作的关系。

包括衔接、配合、交接等的关系。

（三）司法会计鉴定方法标准

1. 司法会计鉴定方法技术标准。

司法会计鉴定方法标准是实现司法会计鉴定文书标准和司法会计鉴定工

作标准的重要手段,是对司法会计鉴定技术活动的方法所规定的标准。方法标准主要包括:该方法的适用范围;该方法的原理、步骤和做法;必要条件;使用的装备、仪器和材料;结果的计算、分析和评定。

(1)鉴定方法等级。有些客体的鉴定标准必须限定鉴定方法并规定每种方法检验结果的价值。因为采用的鉴定方法不同,检验发现客体的特征和获得的数据会有明显差别。为便于评断鉴定结论的价值,许多国家将鉴定方法的价值分为四个等级,即高标准方法、中等标准方法、一般性方法、不符合标准方法。同时限定第一级是必须采用的方法,第二、三级是一般采用的方法,从而根据鉴定人采用的方法等级评断鉴定结论的证据价值。

(2)特征评断标准。特征评断标准部分有两套重要的标准。一是主观标准和客观标准;二是特征的数量标准和质量标准。鉴定的客观标准是指根据检材和样本所显示出来的条件,评断鉴定人所作结论的科学依据是否正确、充分,是否符合规定的科学技术标准。它是鉴定结论构成诉讼证据的基础条件,贯穿于鉴定和诉讼过程的始终。主观标准是指抛开检材和样本的具体条件所显示出来的科学技术标准,而用案情、证据间的矛盾、鉴定组织的级别、鉴定人的地位等主观因素去评断鉴定结论的是与非。

(3)结论标准。根据国家不同时期的技术水平,对于那些难以用具体标准界定其鉴定依据的客体,可限定肯定结论与否定结论的必要条件作为鉴定结论的宏观标准。同一类鉴定客体,其结论可根据同一组条件进行肯定或否定。

2. 司法会计鉴定方法管理标准。

对司法会计鉴定的组织方法、协调方法、行政管理方法等。

(四)司法会计鉴定基础标准

1. 司法会计鉴定技术基础标准。

包括通用技术语言标准、数息数据标准、精度和互换性标准和技术通用标准。

2. 司法会计鉴定管理基础标准。

管理名词术语、编码、代号标准、计划、组织机构人事等方面基本的管理规定。

目前司法会计工作中存在的问题及对策

作者按： 在我国，司法会计技术应用于诉讼活动已有十余年的历史。然而不容忽视的是，司法会计工作中依然存在很多问题，甚至出现了许多不合法现象。本文从对司法会计的认识、司法会计鉴定主体、鉴定客体（资料）、鉴定要求、鉴定范围、鉴定依据、鉴定结论及鉴定技术标准等方面进行了总结，并提出了相应的对策，以期对司法实践有所裨益。本文原载于《侦查》2001 年第 2 期。

自 20 世纪 80 年代中期，我国在检察机关设置司法会计专业技术门类至今已有十余年的历史。十几年来，司法会计工作从无到有，从局部、部分省市地区而遍及全国，司法会计专业技术队伍也日益壮大，司法会计技术在诉讼中的地位和作用也日益突出，司法会计也得到了较大的发展。然而，不容忽视的是，司法会计工作中也存在一些不容忽视的问题，这些问题一方面严重影响了司法会计在诉讼中作用的发挥，另一方面也阻碍了司法会计学科的发展。笔者对此略作一总结，以期引起重视。

一、对"司法会计"的认识问题

对"司法会计"，司法实践中存在一些误解。有人认为，"司法会计"就是"司法会计鉴定"；有人认为，"司法会计"只是司法会计专业技术人员的事情；更有人认为，案件破了是侦查工作搞得好，案件破不了，是司法会计技术没跟上，是"司法会计"确定的方向不准确，是司法会计鉴定结论定性没定准。这些错误、片面的认识，在司法实践中有很大的危害。

司法会计是司法技术中的一个专业门类，它是指司法机关在侦查、审理涉及财务会计业务的案件中，为了查明案情，对案件所涉及的财务会计资料、相关财物进行的检查活动或对案件中的财务会计专门性问题进行鉴别、判定的诉讼活动。从这一概念可以看出，司法会计简单来说就是指司法机关依法主持进行的会计检查和会计鉴定活动。这就说明，司法会计不仅仅是司法会计鉴定，它还包括司法会计检查活动。实际上，在一个具体的案件中，往往不一定需要进行司法会计鉴定，而需要进行司法会计检查，也就是常说的查账、查物。在经济犯罪案件的侦查中，司法会计检查是必不可少的一种十分有效的侦查取证措施和技术手段，其目的就是为了发现犯罪线索，收集犯罪证据，同时也为进行司法会计鉴定提供检验资料。

司法会计检查和司法会计鉴定作为司法会计的基本内容，它们之间存在一定的区别。从法律依据上说，刑事诉讼法第101条规定"侦查人员对于与犯罪有关的场所、物品、人身、尸体应当进行勘验或者检查。在必要的时候，可以指派或聘请具有专门知识的人，在侦查人员的主持下进行勘验、检查"，这是司法实践中依法进行司法检查的法律依据，对司法会计检查也是适用的。从本条的立法本义来看，法律规定了进行司法检查的主体是侦查人员。因此，司法会计检查的主体也只能是侦查人员。只是在某些案件的侦查过程中，对于一些专业技术性的问题，当侦查人员解决不了的时候，往往需要指派或聘请具有司法会计专业知识的人员参加。也就是说，司法会计专业技术人员可以受指派或聘请参加检查，但是即使在这种情况下，司法会计技术人员仍然不能成为司法会计检查的主体，其所进行的检查活动是在侦查人员的主持之下所进行的，是一种司法会计技术协助。而司法会计鉴定是依据刑事诉讼法第119条规定进行的，该条规定："为了查明案情，需要解决案件中的某些专门性问题的时候，应当指派或聘请有专门知识的人进行鉴定。"从本条来看，进行鉴定活动是有专门知识的人在受指聘后依法独立进行的活动，也就说明司法鉴定活动的主体是鉴定人员。上述分析说明，司法会计检查与司法会计鉴定的法律依据和实施主体是明显不同的，必须加以区分。那种认为"司法会计"就是"司法会计鉴定"的认识是片面的，它不仅削弱了司法会计在司法实践中的功效，而且也混淆了司法会计检查和司法会计鉴定的主体，致使在司法实践中形成了案件破不了或定性不准时就一味地归结到司法会计技术人员身上的错误看法。

针对目前司法实践中对"司法会计"了解不多、认识不清的这种状况，应加强对司法人员有关司法会计知识的培训。对于侦查人员的培训，重点应放在司法会计检查方面，主要使其掌握基本的司法会计检查方法和检查技巧，使其在案件侦查过程中能够进行查账、查物，提高其侦查取证能力，以便全面、及时地收集证据。同时还应培训一些司法会计鉴定的基本知识，主要使其了解鉴定的范围、鉴定所能解决的问题、鉴定的有关程序和手续、鉴定资料的收集、提取和送检等知识。对于起诉人员和审判人员应重点培训有关司法会计鉴定和司法会计文证审查的基本知识，使其掌握基本的鉴定原理，了解司法会计鉴定的范围、司法会计鉴定结论的审查评断内容和方法，使其在审查起诉和审判过程中，能够顺利地审查案件中包括司法会计检查笔录、司法会计检验报告、司法会计鉴定结论等在内的文字资料证据和有关的财务会计资料证据，正确地运用证据进行起诉和审判。

二、司法会计鉴定实践中存在的问题及对策

(一) 鉴定主体不合法

我国法律虽然规定了鉴定的权限，但没有明确相应的监督管理机制，致使鉴定主体资格规定不具体，随意鉴定、擅自鉴定的现象较为普遍。在司法会计鉴定中，鉴定主体不合法的主要表现有：

1. 不具备鉴定资格的人进行的鉴定。司法会计鉴定是一项专业性很强的技术工作。只有具有司法会计专门知识并经过有关部门考核认可，并授予鉴定权的人才能依法进行鉴定。司法会计鉴定不同于一般的会计鉴定和审计鉴定，它不仅需要掌握会计、审计的专门知识，而且要具备有关的法律知识，如诉讼法、证据法、刑法、民法，还需要具有一定的侦查知识和鉴定知识。因此，在司法实践中，应严格按照有关的规定指聘具有鉴定资格和相应专业技能的人员来进行，以保证鉴定的客观、真实、可靠，以维护法律的尊严。

2. 无鉴定决定权的主体指聘的鉴定。按照刑事诉讼法的有关规定，对于案件中的鉴定结论应当告知犯罪嫌疑人。在刑事案件中，当犯罪嫌疑人对鉴定结论不满或认为对自己不利时，往往要求重新鉴定。对于犯罪嫌疑人和亲属所提出的鉴定或重新鉴定的要求、申请，司法人员往往不能够正确地行使权力，而片面地理解了刑事诉讼法关于"犯罪嫌疑人对鉴定结论的知情权"，让犯罪嫌疑人自己或亲属、辩护人找鉴定人，由其自己送检。这样做的后果是形成了对犯罪嫌疑人十分有利的鉴定结论，有的鉴定结论甚至与司法机关委托的鉴定结论截然相反，给案件的正确处理带来很大的阻力和困难。加之一些人为因素，往往使犯罪嫌疑人没有受到应有的惩罚。

根据法律规定和司法鉴定原理，在刑事诉讼中，有权决定鉴定的只能是司法机关。犯罪嫌疑人和其亲属有提出鉴定要求和申请重新鉴定的权利，而没有自己决定鉴定的权力。在司法实践中，司法人员应很好地把握这一原则，对于犯罪嫌疑人及其亲属提出的鉴定申请或要求应进行认真的审查，认为申请、要求合理的，理由正当确需鉴定或重新鉴定的，由司法机关依法指聘鉴定或重新鉴定；经审查认为不需要鉴定或重新鉴定的，则驳回请求、要求，并告知其理由，而不应让犯罪嫌疑人、亲属及辩护人自行选择鉴定部

门、鉴定人，以避免不必要的麻烦，给案件处理带来不利影响。

3. 侦查、审判部门的自侦自鉴、自审自鉴。自侦自鉴、自审自鉴是违背法制原则的违法行为，但是在司法实践中还很普遍。尤其是在司法会计工作中，由于很多人不了解司法会计工作，认为"司法会计"无所不能，司法会计技术人员既可以参与案件的侦查活动，又可以进行鉴定活动。实际上，就刑事诉讼的侦查阶段来讲，如果司法会计技术人员参与了侦查活动，参与了讯问、调查取证，进行了查账、查物工作，那么，该司法会计技术人员从实质上讲已经是一个侦查人员了，他所进行的活动是侦查活动，这就像一个懂计算机技术的侦查人员对计算机犯罪案件进行侦查一样，只是具有某一个方面的专业知识，其活动是侦查活动。这种情况下，如果案件需要进行司法会计鉴定，该司法会计技术人员则不具备鉴定主体的法律要求，而应另行聘请鉴定人来进行鉴定。这是刑事诉讼法回避规定的基本原则。在另外一种情况下，如果司法会计技术人员受指派或聘请在侦查人员的主持之下参加了查账、查物，进行了司法会计检查活动，那么在这个案件中如果需要进行鉴定，该司法会计技术人员仍可以进行鉴定，这符合法律的要求。因为其虽然参与了查账、查物，但其活动是在侦查人员的主持下进行的，是以自己的专业知识为侦查人员提供司法会计技术协助，他本身在案件中无侦查权、调查权，不是侦查主体，所以他作鉴定是合法的。

在司法实践中，应明确区分进行司法会计检查和司法会计鉴定的主体，严格把握"侦鉴分开"、"审鉴分开"的原则，以促进司法公正。

（二）鉴定资料不完备、不齐全

在司法会计鉴定中，鉴定结论的可靠性、真实性建立在鉴定人对完备、充足的资料进行客观检验的基础之上。鉴定资料是鉴定的客观物质基础。资料不完备、不充分所作出的鉴定结论也就不全面、不客观、不真实。司法实践中，由于送检人员一般对司法会计鉴定不够了解，不知道应该送检哪些资料，往往所送检验的资料不充分、不齐全，对所需要确认的会计事项不能构成完整的记录，从而退卷或需要补充鉴定资料，影响了鉴定的顺利进行，拖延了时间，不利于案件的及时处理。

鉴定资料完备、充足且具有可检验性是司法会计的前提之一，是司法会计鉴定假定的必然要求。办案人员在送检中，应根据需要解决的问题，合理取舍送检资料。在司法实践中，案件涉及的财务会计资料很多，但并不是所有的财务会计资料都可以作为司法会计鉴定的资料。送检人员在送检时应把握好以下三个原则：第一，鉴定资料是在案件所涉及的财务会计活动中形成的财务会计资料。这一原则体现了证据的相关性。案件所涉及的财务会计活动所形成的财务会计资料往往客观、全面地记录着犯罪行为人的犯罪行为以及其他会计行为、财务行为。对这些财务会计资料进行检验是司法会计鉴定人的主要任务，也是形成司法会计鉴定结论的主要依据。第二，鉴定资料必须是由司法机关经法定程序提取的财务会计资料。这是财务会计资料客观、真实的法律保证。在司法会计鉴定中，鉴定人本身并不对送检资料的客观真实性进行审查，这应由司法机关来负责。因此，在送检时，送检的资料应该是经司法机关认可、收集和提取的财务会计资料。第三，鉴定资料必须是有必要而且是经过运用司法会计专门知识能够解决专门性问题的财务会计资料。这是保证司法会计可能性的一个原则。司法会计鉴定有其自己独特的原理和方法，运用这些原理、方法必须能够解决所送检材中的专门性问题。如果通过运用司法会计的原理和方法不能够解决案件中的专门性问题，那这些资料不能作为司法会计鉴定的资料。如对于财务会计凭证中有关涂改、填写字迹和签名字迹的认定问题，运用司法会计知识显然解决不了，而只能运用文验技术来解决。

（三）鉴定要求太笼统，不明确、不具体，有些鉴定要求甚至超出了鉴定人的职责范围

实践中，这一问题表现得较突出。送检人员在送检时，往往提不出一个恰当的鉴定要求，很笼统，很不明确，如"要求对某某案进行司法会计鉴定"、"要求对某某案中的财务会计专门性问题进行司法会计鉴定"、"要求对犯罪嫌疑人的行为是贪污还是挪用及其数额进行司法会计鉴定"。出现这种情况的原因是送检人员不了解司法会计鉴定到底能够解决哪些问题，不了解鉴定的有关原理。

对于以上的情况，受理案件时，受委托的单位或人员应要求送检人员提出具体、明确的鉴定要求。当提不出明确的要求时，鉴定人应在听取案情介绍或简单阅卷后和送检人员一起讨论。根据案件中所需要解决的专门性问题，先明确鉴定的目的，也就是通过鉴定后所要达到的诉讼目的。再根据鉴定目的的要求，结合送检资料，一起提出、修正鉴定要求。对于超出鉴定人职责范围的问题，如对行为人的行为进行法律定性等问题，认定是贪污还是挪用的问题，鉴定人员应予以拒绝，并说明理由。

（四）鉴定范围不确定

由于目前在司法会计鉴定中无统一的技术标准，所以司法会计鉴定到底能够解决案件中哪些专门性问题很不一致，在实践中也存在很多问题。常见

的有，一方面硬性规定只要是贪污、挪用案件都必须进行司法会计鉴定；另一方面是不作规定，是否需要进行鉴定由案件的承办人员自己决定。这些做法，在实践中造成的后果，一种情况是本身并不需要进行鉴定的案件而进行了鉴定，既浪费了人力、物力、财力，也妨碍了案件的及时解决；另一种情况却造成应该进行鉴定的案件因没有及时鉴定，不仅贻误了战机，而且在很多情况下没有及时固定、提取有力证据，使犯罪分子有可乘之机，往往逃避了打击。

要从根本上解决这一问题，唯一的途径是尽快制定相关的司法会计技术标准，来具体规定哪些案件中的哪些财务会计问题需要进行司法会计鉴定。在尚无司法会计技术标准之前，在确定是否进行司法会计鉴定时，应根据案件的具体情况和案件中其他证据情况，结合司法会计鉴定的技术特点来进行确定。基本的原则是，当涉及有关的财务会计技术问题时，应提请进行司法会计鉴定。即涉及下列问题：有关的会计处理方法及会计核算结果是否真实、正确、合理；财务会计错误的关系；财务会计错误对财务过程的影响；资产损失的金额；各类会计要素的实际核算结果等。

（五）鉴定的依据不科学、不充分

目前，在笔者所见到的司法会计鉴定文书中存在的主要问题是鉴定依据不科学、不充分，最主要的表现是在鉴定中引用证人证言、被告人供述与辩解、其他类型的鉴定结论等。笔者认为，将上述资料作为司法会计鉴定的依据是不恰当的。其理由是：第一，证人证言、被告人供述与辩解、其他类型的鉴定结论等，在未经法庭查证属实之前，是否可靠是不确定的，其本身往往也是需要经过包括司法会计鉴定结论在内的其他证据来加以证明的。如果在鉴定中将这些本身需要证明的"待证事实"作为司法会计鉴定的依据，那司法会计鉴定所作出的结论也是不科学、不可靠的。一旦其中的某一项证据被排除、被否定了，那司法会计鉴定结论也就站不住脚了。因此，不应将其作为司法会计鉴定的依据。第二，司法会计鉴定的依据只能是案件所涉及的有关财务会计资料及相关财物。这是司法会计鉴定的物质基础。由司法机关提供的作为鉴定资料的财务会计资料及财物是在案件财务会计活动过程中形成的，司法会计人员通过对其的检验，可以发现、查明有关的财务会计事实。第三，利用证人证言、被告人供述与辩解、鉴定结论等作为鉴定依据的理由不能成立。实践中，很多司法会计人员之所以引用证人证言等作为鉴定依据的理由是，如果不引用则无法作出结论。这种理由不能成立。如果不依据证人证言、被告人供述与辩解、鉴定结论等而无法作出结论的话，这本身就说明此案不具备进行司法会计鉴定的条件，不应进行司法会计鉴定。因此，没有必要引用证人证言、被告人供述与辩解、鉴定结论等作为依据而作出一个结论。这种做法的后果是将司法会计鉴定书写成了"侦查终结报告"，其危害性很大，它混淆了司法会计人员与侦查人员、办案人员的职责，使办案人员往往依赖于司法会计人员，凡"案"自己不去从证据上下功夫，而是依赖于司法会计鉴定。

（六）鉴定结论回答了法律定性问题

这一问题在目前不很普遍，但其危害较大。从检察机关开展司法会计工作的十几年来看，目前对于这一问题基本上已形成了共识，即司法会计鉴定结论本身不回答法律定性的问题。但是，在司法实践中，由于某些领导、某些办案人员不懂司法会计知识，往往要求司法会计人员解决是否贪污、挪用的法律定性问题。尤其是在一些疑难案件中，案件的定性往往需要从有关的财务会计账面的反映情况来分析，而有些司法会计人员一方面是迫于领导的旨意，而另一方面也自认为自己是专家，是能人，也就从财务会计的角度作出了"贪污"、"挪用"的法律定性意见。在法院的审判过程中，当涉及案件中的有关财务会计专门性问题的时候，也往往聘请中介服务机构的人员来进行鉴定，在委托鉴定时就明确要求"鉴定是贪污还是挪用"。而中介服务机构的会计、审计人员不是从司法鉴定的角度，而是从审计的角度进行了确认，在结论中也就表述了是贪污还是挪用的意见，法院据此进行判决。这是一种严重违反法律原则的行为。在实践中，作为鉴定人的司法会计专业技术人员和中介服务机构的会计、审计人员，应坚持实事求是的工作原则，遵守鉴定人的职业道德和职业纪律，科学、客观、公正、合法地进行鉴定，而不应超越职责权限。

（七）无统一的司法会计技术标准，造成同一类型的情况不能得到相同的解决

目前在司法会计实践中还未形成统一的技术标准，因此司法会计工作中的很多基本问题还无"法"可依，各省市、各地区、各专业技术人员对于相同的问题，往往其处理结果并不完全一致。这种状况轻者来说不利于司法会计工作和司法会计学科的发展，重一点来说则涉及"公正执法"的问题。早在1992年，最高人民检察院在广西南宁召开全国司法会计工作会议时，已经成立了全国刑事技术标准化委员会司法会计检验技术分委员会（筹备会），但由于多方面的原因，司法会计技术标准的制定工作一直未能有效地进行。目前，从主观条件来说，在检察系统内已经培养和造就了一批专家型的专业

技术队伍，制定司法会计技术标准的主观条件已经具备；从客观上讲，司法会计实践也亟须有一个技术标准来规范司法会计工作。因此，应尽快组织力量进行司法会计技术标准的制定工作。

除以上所涉及的问题外，在司法实践中还存在一些问题，如鉴定书的制作不统一、不规范，对司法会计鉴定结论的评断与运用无章可循等。这些问题的解决都有赖于司法会计技术标准的制定，也有赖于司法会计监督管理机制的建立和有效运行。

公安机关应重视和
加强司法会计业务建设

作者按：1997 年刑法、刑事诉讼法修订实施，给公安机关的经济犯罪侦查工作带来一些新的课题。公安机关对此十分重视，相继成立了专门的经济犯罪侦查部门。刑法规定的一些新型犯罪以及一部分原由检察机关管辖的犯罪案件调整由公安机关管辖，这些案件的特点是大多涉及财务会计业务或财产物资。鉴于此，笔者不揣冒昧，给当时的公安部经济犯罪侦查局及主管部领导写报告，建议公安机关重视和加强司法会计业务建设。部、局领导非常重视，随后，在全国公安机关首期经侦总队长培训班上，笔者应邀对司法会计以及检察机关开展司法会计工作的情况做了介绍。十几年来，公安机关经济犯罪侦查部门虽然没有建立自己专门的司法会计队伍，但对司法会计业务十分重视。笔者也先后参办了公安部门送检的一些案件，也对一些会计师事务所等中介机构的专业人员进行了司法会计培训，这些机构承担了一部分经济犯罪案件的司法会计工作。另外，在公安院校里，普遍开设了司法会计课程，编写了有关的教材。本文即是在报告基础上改写而成的，后载于《侦查理论与实务》，警官教育出版社 1999 年版。

一、公安机关开展司法会计工作的必要性和迫切性

我国《刑法》、《刑事诉讼法》的修改、实施，给公安机关刑事侦查和刑事技术工作带来发展机遇的同时，也提出了新的要求。主要表现在：第一，新刑法中规定了一些新型犯罪如洗钱犯罪、证券犯罪、计算机犯罪、金融诈骗犯罪等，这些新罪的增加扩大了侦查工作和技术鉴定的范围和空间；第二，刑事诉讼法关于管辖范围的调整，将过去由检察机关管辖的涉税犯罪、妨害对公司企业管理秩序犯罪、侵犯知识产权犯罪、重大责任事故犯罪等一些案件划归公安机关负责侦查，这为公安机关刑事技术部门拓展新的领

域的同时，也提出了更高的要求。在这些新的变化中，一个不容忽视的问题是，在很多案件的侦查工作中，必须运用司法会计技术。

司法会计技术是近十几年发展起来的一个较新的技术门类，它是指在诉讼活动中，司法机关为了查明案情，运用有关的司法会计原理和方法，对案件中涉及的财务会计资料、财产物资进行勘验、检查，收集财务会计证据，或对案件中的财务会计专门性问题进行鉴别、判定，从而查明案件事实的一种技术手段。目前，司法会计技术已被检察机关广泛应用于职务犯罪案件的侦查、起诉之中。实际上，在公安机关的刑事侦查中，司法会计技术也有着重要的作用。

第一，司法会计技术可以用来查实、审核犯罪线索和举报材料，为确定立案侦查提供依据。经济犯罪案件与普通的刑事犯罪案件的明显区别在于，它在受理立案时，往往无明显的犯罪现场可供勘查、检验。因此，是否需要立案侦查一时难以确定。但经济犯罪行为，大多会涉及财务会计业务，财务会计业务和财务会计行为一般均会被记录在有关的财务会计资料中。因此，公安机关的侦查人员对于受理的线索和举报材料，可以有针对性地开展调查工作，运用司法会计技术对有关的财务会计资料进行检查，便可查实是否存在犯罪事实，是否需要立案侦查。

第二，司法会计技术可以为公安机关发现、揭露和证实犯罪提供线索和证据。刑事侦查原理说明，任何犯罪都必留痕迹。由于会计技术的广泛应用，经济犯罪行为必然会在有关的财务会计资料中留下犯罪痕迹，犯罪痕迹中蕴含着大量的犯罪信息，因此，侦查人员通过运用司法会计技术，便可从财务会计资料中发现有关的犯罪线索和犯罪事实，并提取记录着犯罪行为的财务会计资料作为证据，以证实和揭露犯罪。如在职务侵占犯罪案件或挪用资金的犯罪案件中，侦查人员通过对财务会计资料进行检查、验证，便可查清嫌疑资金的运动轨迹和真实运用情况。

第三，司法会计技术可以为公安机关鉴别、固定证据，为诉讼提供科学的结论。在刑事侦查实践中，对于一些经济犯罪案件，公安机关需要收集、审查与案件有关的财务会计资料。在所收集到的财务会计资料中，有些财务会计资料可以直观地反映出案件的某些事实，如收付款的单据可以直观地反映货币的收付情况。而有一些财务会计资料却往往不能直观地反映出案件事实，如对财务会计业务的会计处理，则涉及技术性、专业性问题，这就需要通过司法会计鉴定来鉴别和确认，以揭示其具体的财务会计含义。如在走私案件中，往往需要通过司法会计鉴定对走私物品的金额和走私牟利收入进行鉴别确认，从而为及时、正确地处理案件提供科学可靠的证据。

第四，对有关证据进行审查，为案件的正确处理提供帮助。司法会计技术因其科学性、专业性而常被作为审查其他证据的技术手段。公安机关在经济犯罪案件的侦查中，特别是在侦查刑法第三章破坏社会主义市场经济秩序罪和第五章侵犯财产罪的案件中会遇到有关的财务会计报告、审计报告、验资报告、经济合同以及有关的票据、卡证等，对这些涉及财务会计业务或财务会计行为的证据资料进行审查判断，需要具备一定的专业知识，所以，可以通过运用司法会计技术对其进行审查，以查明这些资料是否科学、客观、真实，能否作为证据使用，以便给案件的及时正确处理提供帮助。

由于多种原因，到目前为止，司法会计技术在公安机关刑事侦查工作中的作用还未引起有关部门应有的、足够的重视，其在诉讼中其他技术手段所无法替代的作用还未充分发挥出来。实际上，公安机关管辖侦查的许多案件都离不开司法会计技术，尤其是涉及财务会计业务的案件。所谓涉及财务会计业务的案件包括两类：一类是指案件事实本身就包含着财务会计行为或内容的案件，如偷税、逃税案件，案件事实本身就包含着税款的缴纳、收入与利润的会计核算与处理等财务会计行为，因此在侦查过程中就需要运用司法会计技术查明犯罪行为人偷税、逃税的犯罪行为方式及偷税、逃税数额等。再如，非国家工作人员侵占公款的犯罪案件，案件事实本身就包含着公款的领报、账务处理等财务会计行为，公安机关在侦查此类案件时就需要运用司法会计技术来检查、验证财务会计资料，以便查明犯罪行为的过程、结果等案件事实。还有如洗钱犯罪，案件事实本身就包含着有关账户的开列、资金的账务往来和运动等财务会计业务和财务会计行为，更需要运用司法会计技术来进行查证了。据有关学者统计，就刑法规定的罪名来说，此类犯罪案件有近 110 种之多，其中 2/3 以上的案件由公安机关侦查管辖。另一类是指案件事实本身虽不包含财务会计业务，但司法机关在查证案件的某些事实时却需要查清一些财务会计事实的诉讼案件。如盗窃公款的案件，案件事实本身一般不会含有财务会计业务内容，但公安机关在侦查时，却需要运用司法会计技术来查明发案单位失窃公款的时间、数额等案件事实。

目前，在公安机关内还没有设置和配备专职的司法会计技术人员，还没有开展此项工作。但在侦查实践当中已遇到了这方面的问题，通常的做法是，当遇到需要解决的专门性问题时，聘请社会中介服务机构的会计人员、审计人员或委托检察机关的司法会计技术人员来进行检验鉴定。这种做法虽然起到了一定的作用，但从总体上讲对侦查工作很不利，其表现有：

第一，由于侦查人员不懂司法会计知识，所以在案件侦查中不能够很好地运用司法会计技术进行查账、查物活动，不能够有效地、全面地收集证据，往往贻误了战机，有时甚至使案件的侦查工作陷入困境。即使聘请财会人员参与案件的查账、查物和收集财务会计证据资料的工作往往也难尽如人意：一是由于会计人员、审计人员不懂侦查工作，达不到取证的要求和目的；二是由于案件在侦查阶段涉及保密问题，实际操作中有一定的困难和局限性。

第二，由于侦查工作有一定的时限，对于需要鉴定的案件，在送检到中介服务机构和其他部门做鉴定时，往往不能保证按期完成任务。同时，由于中介服务机构的人员不了解侦查工作和案件的具体情况，不知道需要解决什么问题，而侦查人员也往往提不出一个确切的、恰当的鉴定要求，因此即使做了鉴定，往往也解决不了或者不能完全解决案件中的专门性问题。

第三，就目前中介服务机构所做的鉴定来说，有很多都回答了法律定性问题，在鉴定书中认定了犯罪行为，这不符合法律的要求，这样的鉴定结论在法庭上不应作为证据使用。因此，既造成了人、财、物的浪费，也不利于案件的及时、正确处理。

综上所述，目前的这种状况与公安机关所担负的侦查职能和任务很不相适应。就具体的案件来说，它影响了案件的顺利侦查、取证，对于整个公安工作来说，它影响了公安侦查工作的质量和效率，影响了对于经济犯罪的打击力度。因此，公安机关建立和加强司法会计业务建设显得尤为迫切和必要。

二、公安机关建立、开展司法会计业务的措施和途径

公安机关要建立和开展司法会计业务，应有一个总体规划，应从自己的实际情况出发，结合自己的工作特点，必须能够解决侦查中的实际问题，取得实效。

首先，要充分认识司法会计技术的含义，重视其在案件侦查中的重要地位和作用，因"技"制宜，有针对性地开展工作。司法会计技术是一项内容十分丰富的技术，简单来说，它主要包括司法会计检查和司法会计鉴定。司法会计检查和司法会计鉴定作为司法会计的基本内容，它们之间存在一定的区别，在案件中所起的作用也不同。从法律依据上说，在刑事诉讼中，司法会计检查是依据刑事诉讼法第101条的规定进行的，该条规定"侦查人员对于与犯罪有关的场所、物品、人身、尸体应当进行勘验或者检查。在必要的

时候，可以指派或聘请具有专门知识的人，在侦查人员的主持下进行勘验、检查"，这是司法实践中依法进行司法检查的法律依据。从本条的立法本义来看，法律规定了进行司法检查的主体是侦查人员。因此，司法会计检查的主体也只能是侦查人员。这也就说明，司法会计检查技术是侦查人员所必须掌握的一种侦查技术。司法会计鉴定是依据刑事诉讼法第 119 条规定进行的，该条规定："为了查明案情，需要解决案件中的某些专门性问题的时候，应当指派或聘请有专门知识的人进行鉴定。"这是司法鉴定依法进行的法律依据，也是司法会计鉴定所必须遵循的。从本条来看，进行鉴定活动是有专门知识的人在受指聘后依法独立进行的活动，也就说明司法鉴定活动的主体是鉴定人员。上述分析说明，司法会计检查与司法会计鉴定的法律依据和实施主体及在案件侦查中的作用明显不同，必须加以区分。

实际上，在一个具体的案件中，往往不一定需要进行司法会计鉴定，而往往需要进行司法会计检查，也就是常说的查账和查物。在经济犯罪案件的侦查中，司法会计检查是必不可少的一种十分有效的侦查取证措施和技术手段，它的目的就是发现犯罪线索，收集犯罪证据，同时也为进行司法会计鉴定提供检验资料。

第二，针对目前司法实践中对司法会计技术了解不多、认识不清的状况，为了适应司法实践的发展和考虑到侦查工作的实际情况，应在公安侦查队伍中大力进行司法会计的普及教育和培训。其中普及的重点是处于侦查一线的侦查人员。对于他们应根据情况，分期分批地进行短期培训，时间以 3 个月为宜。普及培训的重点是司法会计检查技术。即通过培训使其了解司法会计工作的基本内容和法律要求，掌握司法会计检查技术的基本原理、方法、程序，能够进行简单的账目检查和财产清查活动，以提高和培养他们的侦查、取证能力。同时，还应培训一些司法会计鉴定知识，使其了解司法会计鉴定的范围，掌握司法会计鉴定资料的提取、送检方法和程序，以及鉴定要求的提出和委托等，以便于在涉及专门性问题时能够及时地委托鉴定。

第三，从现有的侦查人员中选调有会计专业知识的人员，或从其他部门选调有会计师职称或会计本科学历的人员进行专业培训，培训期限应为 6—12 个月。培训的目的是使他们较全面地掌握司法会计知识，不仅熟悉司法会计检查技术，能够参与案件的司法会计检查工作，解决案件中侦查人员解决不了的疑难司法会计问题，同时使其掌握司法会计鉴定的基本原理、程序和方法，能够对侦查人员提交委托的财务会计专门性问题进行司法会计鉴定。

第四，在公安院校和警察学校内设置司法会计课程，使侦查专业的大学生和即将从事侦查工作的人员能够拓宽知识面，同时掌握侦查破案所必需的基本的侦查技术手段，提高取证和破案能力。这项工作目前来讲是较容易做的，而且是见效较快的。

另外，在条件具备的院校，如中国人民公安大学、中国刑事警察学院、西南政法大学侦查学系及条件较好的一些省级公安院校，开设经济案件侦查的双学位专业或经济案件侦查的专门化班，以重点培养掌握一定的经济、金融知识，能够熟练掌握财务、会计知识的复合型人才。也应该开设司法会计课程，普及基本的司法会计知识教育。

司法会计技术在刑事侦查中的作用

司法会计是一门新兴的技术。它是指运用有关的司法会计原理和方法，对案件中涉及的财务会计资料、财物进行勘验、检查，收集财务会计资料证据，或对案件中涉及的财务会计专门性问题进行鉴别、判定，从而查明案件事实的一种技术手段。目前，司法会计技术被检察机关广泛应用于职务犯罪案件的侦查、起诉之中。实际上，在公安机关的刑事侦查中，司法会计技术也有广泛的应用。

第一，司法会计技术可以用来查实、审核犯罪线索和报案材料，为确定立案侦查提供依据。公安机关担负着繁重的侦查任务，尤其是经济犯罪案件的侦查，大部分是由公安机关来管辖的。经济犯罪案件与普通的（或传统的）刑事犯罪案件有明显的不同，它在受理立案时，往往无明显的犯罪现场可供勘查、检验。因此，是否需要立案侦查难以确定。而经济犯罪行为，大多会涉及财务会计业务，财务会计业务和财务会计行为一般均会被记录在有关的财务会计资料中。因此，公安机关的侦查人员对于受理的线索和举报材料，可以有针对性地开展调查工作，运用司法会计技术对有关的财务会计资料或账目进行检查，便可查实是否存在犯罪事实，是否需要立案侦查。如在偷税、逃税案件的立案审查中，可运用司法会计技术检验有关纳税申报资料和相关的账目，核实经营情况、利润情况，便可查明是否存在偷税、逃税行为，是否需要立案侦查。

第二，司法会计技术可以为发现、揭露和证实犯罪提供线索和证据。根据刑事侦查原理，任何犯罪都必留痕迹。由于会计技术的广泛应用，经济犯罪行为必然会在有关的财务会计资料中留下犯罪痕迹，犯罪痕迹中蕴含着大量的犯罪信息，因此，侦查人员通过查账、查物，便可从财务会计资料中发现有关的犯罪线索和犯罪事实，并可提取记录着犯罪行为的财务会计资料作为证据，以证实和揭露犯罪行为。如在职务侵占犯罪案件或挪用资金的犯罪案件中，侦查人员通过对财务会计资料进行检查、验证，便可证明嫌疑资金的运动轨迹和真实运用情况，以便查明犯罪行为人侵占和挪用的犯罪事实。

第三，司法会计技术可以为鉴别、固定证据，为诉讼提供科学的结论。

在刑事侦查实践中,对于案件中的有关事实,公安机关必须收集、审查与案件有关的财务会计资料。在通过查账所收集到的有关财务会计资料中,有些财务会计资料可以直观地反映有关的案件事实,如收付款的单据可以直观地反映货币的收付情况。而大部分财务会计资料却往往不能直观地反映出案件事实,如对财务会计行为和财务会计业务的会计处理,则往往涉及技术性问题,这就需要通过司法会计鉴定来鉴别和确认,揭示其具体的财务会计含义,以便证实有关案件事实。如对单位走私案件,往往需要通过司法会计鉴定对走私物品的金额和走私牟利收入进行鉴别确认,从而为及时、正确地处理案件提供科学可靠的证据。

第四,对有关证据进行审查,为案件的正确处理提供帮助。司法会计技术因其科学性、专业性而常被作为审查其他证据的技术手段。公安机关在刑事侦查中,会遇到有关的财务会计报告、审计报告、验资报告、经济合同以及有关的票据、卡证等,对这些涉及财务会计业务或财务会计行为的证据资料进行审查判断,则需要具备一定的专业知识,所以,可以通过运用司法会计技术对其进行审查,以查明这些资料是否科学、客观、真实,能否作为证据使用,以便给案件的及时正确处理提供帮助。

由于司法会计技术是随着我国检察机关反贪侦查工作的开展而发展起来的,虽然已运用到案件的侦查、审判之中,但由于多种原因,到目前为止,还未引起包括公安机关在内的司法实务部门应有的、足够的重视,其在诉讼中其他技术手段所无法替代的作用还未充分发挥出来。因此,公安机关应充分重视司法会计技术在案件侦查中的作用,逐步地培养和配备司法会计技术人员,以适应侦查实践和公安工作发展的需要。

(本文原载于公安部《刑事技术》2000 年第 4 期)

论鉴定权

作者按： 鉴定权是司法鉴定领域内一个十分重要的问题，对它的研究和厘定，不仅关系到对司法鉴定本质的认识，而且在实践中会涉及很多具体问题的处理。本文原载于《侦查》1995年第3期，后本文的第一部分内容以《论鉴定权的划分》为名，发表于《人民检察》1997年第3期。

鉴定权是司法鉴定理论中的一个基本范畴，也是司法实践中经常遇到的一个实际问题。长期以来，由于多方面原因，对鉴定权的一些基本理论问题的研究不够深入，在一定程度上导致了对于与鉴定权相关问题的认识不清，出现了鉴定权限划分不明，鉴定权与鉴定资格混为一淡，进而影响了鉴定的权威性、公正性、合法性。

一、鉴定权的界定、划分及运行

传统观点认为，鉴定权是行使鉴定这一职责范围内的支配力量。[①] 实际上，按照马克思主义认识论的观点，"权力是一种特殊的社会现象，复杂的政治范畴，其内部具有复杂的层次结构"。[②] 作为国家法定权力之一的鉴定权，也概莫能外，它同样具有复杂的层次和内容。

首先，鉴定权总体上是国家权力，是行使鉴定这一职责范围内的支配力量，是一个整体，不可任意分割。它规范和制约着鉴定这一职责范围内权力主体的一切活动，如鉴定的决定、实施、鉴定部门的权限划分以及鉴定行为的法律规范等。明确了这一层次上的鉴定权，就不能把鉴定资格与鉴定权混同起来。鉴定资格只是鉴定这一领域内有关鉴定人的身份条件的法律规范问题。

[①] 参见张玉镶：《再论刑事侦查中同一鉴定的几个问题》，载《中外法学》1991年第4期。

[②] 参见杨泉明：《权与法关系论纲》，载《现代法学》1989年第1期。

其次，鉴定权作为一个整体，它是分由不同的机关和个人来掌握和行使的。这种鉴定权的分别掌握和行使，表现为作为权力主体的组织（机关）和个人的职能和权限。依据鉴定这一诉讼活动在不同的诉讼阶段和内容，鉴定权又可以划分为决定权、实施权、管理权和立法权四个方面。

鉴定决定权：是指依据国家法律规定，有权机关决定指聘鉴定的权力，它是委托鉴定的法律依据。各国法律对这种权力的规定各不相同，总体上可概括为：凡是享有侦查权、审判权的机关都有决定鉴定权。我国决定鉴定权的行使主体是依据我国有关法律来确认的。民事诉讼法第 72 条和行政诉讼法第 35 条明确规定，在案件的整个诉讼阶段，人民法院是决定鉴定的唯一合法主体，只有人民法院才有权对案件中的专门性问题是否提请鉴定，指聘何部门、何人进行鉴定作出决定。在刑事诉讼过程中，对决定鉴定权的主体法律虽没有明确规定，但在司法实践中已经有了较为严格的限定，即在刑事案件的不同诉讼阶段公（含安全机关）、检、法三机关都有权决定鉴定。

目前，在司法实践中存在着犯罪嫌疑人、被害人及其家属、辩护人等直接委托鉴定的问题。依据诉讼法的明确规定，鉴定决定权具有专属性，必须由国家法定机关来行使。因此，刑事诉讼法①第 121 条和第 159 条的规定，只是说明犯罪嫌疑人、被害人享有申请鉴定的权利。但申请鉴定不是聘请鉴定，更不是决定鉴定。只有这种申请得到有鉴定决定权的机关同意，并由该机关指聘鉴定，犯罪嫌疑人、被害人这一权利才能得以实现。对这一问题予以明文规定，是为了在司法实践中正确适用鉴定，确保鉴定的法律权威性。

鉴定实施权：是指依法享有鉴定权的机关、组织和个人受理鉴定、组织实施鉴定方面的权力，它是建立鉴定机构和受理鉴定的法律依据。具体案件中的专门性问题要通过鉴定这一途径来解决，必须经过具有决定鉴定权的机关指聘鉴定部门，鉴定部门组织具有相关专业水平的鉴定人，通过鉴定人的一系列认识活动才能实现。这就表明，实施权既是集体权力，又是个人的权力，是鉴定机构权力和鉴定人权力的统一体。

鉴定实施权是案件中专门性问题得以解决的关键和实质过程。因此，鉴定实施权的划分必须依据有利于司法实践的原则。在诉讼阶段，公、检、法机关是国家法定的享有鉴定权的部门，为了更好地与其职能相适应，鉴定实施权要依据侦查、法律监督、审判和司法行政管理职能合理进行分配，这样既保证了鉴定权的相对集中统一，又有利于各部门鉴定活动及时、有效地进

---

① 指我国 1997 年施行的刑事诉讼法。

行。我国鉴定实施权的划分状况是，各级公安机关（含安全机关）、检察机关、人民法院、司法行政机关都有鉴定的实施权，有权组织建立部门鉴定机构，同时还可以在自己所属的科研部门和高等院校批准设立鉴定中介服务机构。① 诉讼活动中所说的某某人、某某科研机构有无鉴定权，其实质是指有无实施鉴定的权力，并不是指鉴定权这一整体权力。

鉴定管理权： 是指有关鉴定的行政组织和管理的权力，是鉴定活动顺利进行的权力保障。它是以鉴定实施权为基础的，只有较高层次的鉴定机构，才享有鉴定管理权。其主要内容应分为鉴定机构的审批权，鉴定人资格的授予权，鉴定机构和鉴定人的宏观指导调控权，鉴定协调、仲裁、监督权，鉴定科研组织权等项权力。

鉴定机构审批权主要是指考核审查设立鉴定机构并规定其规模大小、建制级别和审批程序等方面的权力。

鉴定人资格授予权是指专门管理考核鉴定人，确定其所应具备的条件、身份以及取得资格的程序等方面的权力。

鉴定机构和鉴定人的宏观指导调控权，即对各级鉴定部门的工作状况、成效，鉴定人的实际工作能力进行检查，决定鉴定人职称晋升、奖惩等各项权力。

鉴定协调、仲裁、监督权主要是指对各部门的鉴定分歧进行协调、仲裁，对疑难问题负责组织共同鉴定，履行监督管理鉴定机构和人员的权力。

我国现行鉴定体制实行中央和省（市）两级管理体制，主要是以部门管理为主。笔者认为，管理鉴定权的主要内容体现为一种行政权，而这种行政权由担负侦查、审判和法律监督职能的部门来行使，一方面不利于鉴定更好地为侦查、审判服务；另一方面也使管理本身削弱了效力和权威。因此，这种行政管理权应主要由司法行政部门来行使，如同律师的管理一样。

立法权： 是指国家机关依照其职责范围，制定、修改、补充或废止有关鉴定法律及鉴定规范性文件的权力。立法权是鉴定权不可缺少的内容之一，它是决定权、实施权、管理权产生的前提和依据，也是使鉴定规范化、合法化的权力保证。

从法律渊源上讲，我国目前的鉴定法律法规，一方面是全国人大制订的

---

① 随着我国依法治国的推进和司法改革的深入，全国人民代表大会常务委员会于2005年2月28日颁布了《关于司法鉴定管理问题的决定》，明确规定了面向社会服务的司法鉴定的性质、管理体制、鉴定门类、鉴定机构和人员等问题。随后，人民法院系统的鉴定机构取消和撤并。

诉讼法中对鉴定的规定，另一方面是公、检、法、司等职能部门各自或联合发布的有关鉴定的各类规范性文件。从鉴定法的渊源上看，鉴定立法权的行使主体也应依照国家法律规定，具体说就是全国人大（及其内部职能机构）和全国公、检、法、司的最高一级主管部门。除此之外，其他任何部门和机关都无权制定鉴定方面的法规。省级地方立法机关可以制定在本地区范围内适用的鉴定规定。

鉴定权中的决定权、实施权、管理权、立法权四方面共同构成了鉴定权的特定内容，它们是相互联系密不可分的。其中，决定权是实施权产生的前提，而管理权又是以实施权为基础的，立法权又是决定权、实施权、管理权存在的基础。没有法律规定，决定权、实施权、管理权就失去了法律依据。同时决定权、实施权、管理权又是立法权权力行使的实质内容。明确划分鉴定权的内容层次，不仅有利于司法鉴定理论研究的发展，而且更能保证鉴定权在实践中的正确执掌和运行。

二、鉴定权的特征及限界

鉴定权是国家权力，它除了具有国家权力的一般特征之外，还具有自己的特殊内容。

（一）权力的法定性和主体的特定性

鉴定权作为国家权力是由国家法律规定的。我国三大诉讼法以及有关部门制定的鉴定法规都对鉴定作了规定。从这些法律法规可以看出，鉴定权作为权力系统是由国家法律明文规定的，它既具有法律规定性又具有主体特定性。只有由国家通过法律授权的特定国家机关享有并在法律规定或授权范围内行使鉴定权，才能切实保证这一权力的权威性和法律严肃性。通过本文第一部分对鉴定权的划分可以看到，鉴定权的权力法定性和主体特定性具体体现在鉴定的专属性方面。

1. 决定鉴定的机关上，具有专属性。它专属于国家法律授予的具有决定鉴定权的公、检、法机关。这种权力的专属性是通过对不依据法律规定而非法使用或滥用鉴定权的行为的严厉制裁来保障施行的。

2. 鉴定的具体操作执行上属于特定的主体，既专属于具有专门知识和技能并能解决案件中专门性问题的鉴定人。这是对鉴定结论权威性、科学性、合法性的根本保障。

3. 立法活动是很严肃的活动，立法行为的后果必然会产生一些在鉴定领域内具有普遍约束力的法律条文和规范性文件。因此，为保证法律严肃性，立法权的行使必须依照国家有关法律规定，并只能由特定主体享有。可以说，鉴定立法权是国家法律规定的，其主体也是特定的。

4. 鉴定的对象是案件中侦查、起诉、审判人员所解决不了的专门性问题，即鉴定客体具有专门性。享有鉴定权的机关并非有权对所有问题进行鉴定，而只能针对案件中的专门性问题。对同一案件中需要鉴定的不同领域的专门性问题，则应由具有该领域专门知识的鉴定人来进行。鉴定的执行人也只能就案件中的科学问题作出判断，而不能对诸如法律等类问题作出裁决。

5. 鉴定结论具有法定性。鉴定人实施鉴定的结果，往往会形成或提交鉴定结论。鉴定结论是法定的证据形式。因此具有法定性。

（二）司法与行政的统一性

鉴定活动属于一种司法活动，其最终目的是为诉讼服务。因此，鉴定权本身就具有司法权的性质。鉴定权对本部门又只有行政管理的职能，这种行政管理职能的行使又是鉴定权效力的根本保障。通过行政管理，规范鉴定行为，提高鉴定质量，为侦查、审判提供更可靠、更科学的证据是鉴定权的本质所要求的。所以，鉴定权是司法与行政的统一体。

（三）方法、手段的科学性

鉴定的目的和意义在于运用科学技术手段和方法，发现、确定和解决案件中的专门性问题，这就要求鉴定主体必须在法律规定的范围内，完全按照科学规律和要求对案件中的专门性问题进行科学分析和概括，其所运用的方法、手段必须是科学的，绝不能是伪科学或是反科学的；所解决的问题也是一些科学问题。鉴定立法过程中，立法方法、手段和技术也应是科学的。鉴定方法手段的科学性也是司法鉴定的科学原则所要求的。

鉴定权的限界是指涉及鉴定这一领域时所必须遵循的法律限制。由于我国长期以来鉴定领域的法制建设相当薄弱，目前还没有形成一部完整的鉴定法规。但并不是说法律对此没有限制。从法理上讲，鉴定活动是诉讼活动。因此，鉴定必须以有关诉讼法的规定为行为准则。同时，还必须遵循我国公、检、法、司最高主管部门根据诉讼法有关规定而制定、发布的一些部门规范性文件，如《人体重伤鉴定标准》、《精神疾病司法鉴定暂行规定》、《刑事技术鉴定规则》等。

当然，对于鉴定权的限界还有很多值得研究和探讨的问题。我国目前有关鉴定的立法状况与当前经济的发展、科技的繁荣对鉴定的要求不相适应，这也不利于我国法律体系和证据制度的逐步完善。对于鉴定权的界限也不能仅仅停留在现有鉴定法律、法规的水平上。可以想见，鉴定立法权的充分运用和行使，必然会产生一系列有关鉴定的法律法规，这将促使我国司法鉴定制度逐步完善，使鉴定行为更符合法律规范和科学要求。迄今为止，制定一部专门的鉴定法及相关的单行法规和工作细则，已经成为法学界和司法业务部门的共识。

试论司法鉴定立法

作者按： 20世纪90年代末期，鉴于司法鉴定领域内多头鉴定、重复鉴定、自侦自鉴、自审自鉴、虚假鉴定等现象，建议通过鉴定立法加强对司法鉴定的管理和规范，成为学界的热门话题。笔者也参与了这一问题的探讨。本文即是对我国司法鉴定立法的专题性研究。文章从分析我国当时鉴定制度的缺陷和工作中存在的问题入手，指出我国鉴定立法的不足和滞后，论证了鉴定立法的必要性，并从鉴定机构、鉴定权、鉴定人、鉴定对象和范围、鉴定标准化、鉴定程序、鉴定法律责任、鉴定在非诉讼案件中的运用和涉外司法鉴定等方面对立法内容进行了探讨。本文原载于《中国刑事法杂志》1999年第1期。

一、我国司法鉴定制度中存在的问题及改革的必要性

目前，我国司法鉴定领域内存在的问题主要有：

1. 鉴定机构方面存在的问题。鉴定机构的设置无明确的法律依据，随意性大，导致鉴定机构林立，职责不清，性质不明；鉴定机构设置不科学，多系统重复设置，建制不规范，各系统中侦鉴不分、审鉴不分的违反法制原则的行为大量存在，同时也造成部门分割和地方保护主义严重的不良现象；无权威性的中心调控机构，多头鉴定、多次重复鉴定的情况时有发生，鉴定分歧大且难以协调，增加了诉讼过程中的司法成本，不利于及时打击、惩罚犯罪和解决纠纷；鉴定机构和鉴定人员的管理无章可循，处于无序和混乱的状态；鉴定机构分散导致人员和仪器设备分散，不能充分发挥整体技术优势，各地区鉴定发展不平衡，造成人、财、物的极大浪费。

2. 鉴定权方面存在的问题。法律虽然规定了鉴定的权限，但对鉴定权的具体执掌无明确、具体的规定，造成鉴定机构的职责不清，管辖范围不明，也无相应的管理规定；鉴定权的监督管理空白，滥用鉴定权，出现徇私、徇情鉴定和贪赃鉴定等违法犯罪行为。

3. 鉴定人方面存在的问题。我国诉讼法只原则性地规定了鉴定人必须是具有"专门知识"的人，但对鉴定资格、条件无具体规定，造成不具备鉴定资格、条件的人员违法鉴定、越权鉴定的情况普遍发生；鉴定人的权利义务不明确，缺乏统一法律规范，鉴定随意性大，鉴定工作质量不高，严重损害了鉴定的权威性；鉴定人员的管理制度、教育培训制度、晋升奖惩制度不健全，无有效激励机制，鉴定人员的技术职称和待遇得不到解决，鉴定人员长期得不到培训，造成实践中鉴定人员工作积极性不高，责任心不强，鉴定队伍不稳定，鉴定后备人才缺乏，鉴定人员的水平不高且参差不齐，严重影响了鉴定工作的质量。

4. 鉴定对象和鉴定范围方面存在的问题。法律对鉴定对象和范围无明确规定，只是原则性地规定了"专门性问题"，使鉴定的范围过窄或过宽，实践中难以操作和把握，出现了有些案件无人受理的情况，如两法（刑法、刑事诉讼法）修改实施后，很多不属检察机关管辖的涉及财务会计业务的经济犯罪案件的司法会计鉴定，公安机关因无此鉴定门类而无力承担；将"专门性问题"规定为鉴定对象极不科学，造成实践中鉴定对象和鉴定目的、鉴定要求混淆不分，影响了鉴定工作的顺利进行。

5. 鉴定标准化方面存在的问题。各专业目前尚无全国统一的鉴定标准（法医鉴定方面已颁布了《人体重伤鉴定标准》和《人体轻伤鉴定标准（试行）》），同一鉴定门类特征分类不规范、不统一，鉴定名词、术语五花八门，给实践中审查和运用鉴定结论带来困难；鉴定的科学依据不全面、不充分，影响了鉴定结论的证据效力。

6. 鉴定程序方面存在的问题。法律对鉴定程序的规定不明确、不具体、不完善，没有确定鉴定的原则，鉴定活动无统一法律法规和行业规范约束，各地区各部门各自为政、自行其事的问题严重。

7. 对违法鉴定的行为处罚规定不明确，没有一套保证鉴定依法、客观进行的有效处罚措施。

此外，在鉴定的基本方面如鉴定权的内容、鉴定的组织实施、鉴定在非诉讼性案件中的适用、涉外司法鉴定及司法鉴定协助等方面存在空白。

出现以上问题并非偶然，这是与我国目前的司法鉴定立法现状分不开的。我国司法鉴定立法的现状是：（1）在鉴定方面无专门的法律，鉴定领域内的一些基本问题无法律规定，有关鉴定的规定和条款数量少，且都散见于我国《刑事诉讼法》、《民事诉讼法》、《行政诉讼》之中。（2）诉讼法中有关鉴定的规定和条款都是原则性的，针对鉴定活动的规范化、制度化、程序化的条款不多，缺乏可操作性，实践中难以准确地把握和执行。（3）公、检、法、司各部门虽制定了相关的规范性文件，但由于是部门立法，层次低，对内不对外，而且带有明显的部门色彩，缺乏普遍约束力。目前，这种立法状况，与司法实践相比较而言，具有明显的滞后性，远远不能适应实践发展的需要。

党的十五大已明确提出了"依法治国"的方略，这必将推动我国法制建设的进一步完善和发展。作为国家司法制度重要组成部分的司法鉴定制度，也应更加健全和完善，这是健全法制和完善法律体系的需要。对鉴定来讲，依法治理是促进司法鉴定工作和司法鉴定科学向纵深发展的重要保证和唯一途径。只有制定一部系统的鉴定法，同时建立健全配套的鉴定法规体系和鉴定规则，才能够真正解决鉴定中存在的问题，才能逐步地形成和建立与社会主义市场经济相适应，与新时期法制建设相适应的司法鉴定制度。只有通过鉴定立法，规定鉴定机构的最佳设置和上下级关系，规定鉴定机构和鉴定人的活动原则，才能充分发挥鉴定机构和鉴定人的积极作用，真正提高鉴定工作的质量和效率；只有通过鉴定立法，统一鉴定标准，规范鉴定程序，才能使鉴定工作最终走向规范化、程序化、制度化，保证鉴定的科学、客观、公正、合法；只有通过鉴定立法，规定鉴定人的资格、条件、权利和义务，规定鉴定人员及鉴定后备人才的教育培训制度、管理制度和晋升奖惩制度，才能充分地调动鉴定人员的工作积极性，切实提高鉴定人员的素质和水平，活跃鉴定科研气氛，推动鉴定工作的迅速发展。

二、立法思考

综观我国司法鉴定的现状和鉴定立法甚为薄弱的情况，要制定系统的鉴定法必须要有一个科学、全面、完整、系统的规划。根据司法鉴定领域内的种种弊端，结合司法鉴定工作实际发展需要和未来可能，我国司法鉴定立法的内容可以从以下方面考虑：

（一）关于鉴定机构

司法鉴定机构的设置，必须坚持有利于鉴定开展，有利于提高鉴定效率，有利于鉴定的发展和法律监督的原则。根据我国现行司法鉴定的习惯，考虑鉴定工作开展的实际情况和各种因素，应主要解决我国目前鉴定机构分散、重复和管理混乱的问题，以求形成科学、合理而又规范的机构体系。

1. 设立独立于公、检、法三机关以外，隶属于司法行政部门或者独立的自上而下的司法鉴定机构（如国家各级鉴定局）。其优点在于：将能充分集中鉴定技术力量，有利于发挥人、财、物的整体优势，大大提高鉴定质量和工作效率；脱离公、检、法等办案单位的控制，有利于鉴定人员按照法定程序和科学原则开展活动，保证鉴定结论的科学性、客观性、公正性；将鉴定机构纳入司法行政系统或鉴定局，有利于公、检、法三机关对鉴定实行有效的监督，也有利于对鉴定工作实行集中统一管理，真正提高管理水平和效率。

2. 在地区（市）级以上的鉴定机构中设立专家鉴定委员会，主要是负责鉴定疑难案件，协调鉴定分歧，起指导、仲裁的作用。为密切配合侦查、检察、审判活动，可在县（区）级和地区（市）级的鉴定机构中派出技术小组，派驻县、地区（市）公、检、法机关中，或保留公、检、法三机关（只限于县、地区级）现有的一定数量的技术人员，主要承担技术取证工作。派出的技术小组和保留的技术人员一般只负责现场的勘验、检查，只利用技术手段和方法来发现、固定和提取证据，而不从事鉴定工作。

按照这样的规划设置机构，既可以使鉴定机构和鉴定人保持超然的独立性，真正确保鉴定质量，为侦查、审判提供科学、客观、公正、合法的鉴定结论，又能够解决公安、检察工作中的技术取证问题，同时也避免了重复设置机构造成的人、财、物的浪费，消除了鉴定工作中的部门保护主义和相互扯皮现象，也杜绝了自侦自鉴、自审自鉴的不合法行为。

3. 在一些大、专院校，如力量和条件具备的可由司法部或国家鉴定管理部门批准设立民间鉴定服务机构，主要承担民事和行政案件的司法鉴定以及非诉讼性的鉴定，以弥补专职鉴定机构力量的不足，并可充分利用科研机构、高校的技术设备和人才优势进行应用技术研究。司法行政部门和国家鉴定管理部门应加强对民间鉴定机构的监督和管理，实行定期、不定期的考核，对于已不具备条件的应及时取消其鉴定机构和鉴定人的资格。

另外，关于鉴定机构的性质和活动原则，必须依据法律规定和科学、客观、公正的原则独立行使鉴定职权。

（二）关于鉴定权

鉴定权是鉴定领域内的支配力量，是国家司法权的重要组成部分，它的授予由国家法律规定。因此，针对鉴定权的合法界限，鉴定权的管理、执掌、执行均应立法明确，才能确保关于鉴定的一系列活动在法制轨道上正确运行。

1. 鉴定决定权，即国家法律规定的决定进行鉴定的权力，是鉴定权付诸实施的法律前提。从完善现有立法角度而言，鉴定立法时应明确：在刑事诉讼的不同阶段，公、检、法三机关（包括国家安全部门、司法行政系统内的狱内侦查部门、海关犯罪侦查部门）都有鉴定决定权；民事与行政诉讼中的鉴定统一由人民法院决定；对于申诉、抗诉案件，人民检察院有决定鉴定的权力。同时，立法应明确规定犯罪嫌疑人、被告人、被害人（包括其亲属）和律师有申请鉴定、申请补充鉴定和重新鉴定的权利，并规定提出申请的有关程序。

2. 鉴定执行权，即享有鉴定权的部门及其组织实施鉴定的权力，具有专属性。鉴定执行权的行使是以鉴定权的执掌为前提的，所以为保证鉴定执行权的权威和有效性，有必要立法明确：鉴定执行权只能限定在司法行政部门的鉴定机构或国家各级鉴定局以及民间鉴定服务机构和取得鉴定资格的鉴定人员。

3. 鉴定管理权，即负责、保障鉴定活动顺利进行的一切权力，主要包括鉴定机构审批权、鉴定人资格授予权、鉴定机构与鉴定人的管理权。作为一种行政权，为确保其效力和权威，应由司法行政部门或国家鉴定管理部门来行使，原则上应实行中央和省级两级管理体制。

（三）关于鉴定人

鉴定人是鉴定活动实施的主体，是完成鉴定的关键。为确保鉴定的有效开展，鉴定立法时，应严格规定鉴定人的资格条件、相应的权利义务以及鉴定人的培训、奖惩、晋升、回避等。

1. 鉴定人资格条件。鉴定人的资格条件应包括业务条件、政治条件、法律条件、程序条件。鉴定人必须具备相应的业务条件，这是保证鉴定科学、客观的首要前提。鉴定人的业务条件必须是对某门科学经过系统学习，掌握了一定的基础理论和应用技术，具有一定的实际工作经验，并经过相当一级机构考核（试）、审查，获得一定技术职称或通过职业资格考试的人员。鉴定人的政治条件和法律条件也是鉴定人所必须具备的条件。鉴定人资格的取得还应符合一定的程序条件，包括申请、审查、批准、授予或驳回申请等方面。鉴定资格的取得可以参照有关的资格考试如律师、注册会计师、执业医师等采取全国统一的资格考试制度（可分门类进行），同时考虑到鉴定的特殊性，还应实行资格授予制度，即对在某一领域内具有高级职称的人员可按照一定的程序授予其鉴定资格。

2. 鉴定人的权利和义务。鉴定人的权利和义务是其开展鉴定的行为准则，在鉴定立法时应明确规定。鉴定人的权利应包括：鉴定人在有正当理由的情况下，有拒绝鉴定的权利；有要求委托机关提供和补充鉴定所需要的材料和实验经费的权利；鉴定人因鉴定工作的必要，有参加勘验、检查和询（讯）问的权利；共同鉴定时，鉴定人有提出和保留不同鉴定意见的权利；鉴定人在出庭时有拒绝回答与案件鉴定无关问题的权利；鉴定人有取得鉴定报酬和补偿的权利；鉴定人有获得技术培训和科研经费的权利；鉴定人对干扰鉴定正常、合法进行的行为有要求对其惩罚的权利，有权对侵害行为进行控告；鉴定人有聘用鉴定辅助人的权利；为了有效地进行鉴定，在鉴定机构负责人同意的情况下，鉴定人有权有偿使用其他机关、企事业单位仪器设备进行鉴定，其他机关应予以配合的权利等。

鉴定人的义务应包括：有公正进行鉴定和对鉴定结论的真实性负责的义务；有保守党和国家及案件秘密的义务；鉴定人无正当理由不得拒绝鉴定；鉴定人有按期完成鉴定和依法鉴定的义务；鉴定人有出庭作证并回答审判人员、公诉人、律师、当事人及其他诉讼参与人提问的义务。

3. 鉴定人的回避。鉴定立法时应对鉴定人的回避制度进行明确规定，规定回避的理由、法定情形、范围和申请权、决定权的行使，回避申请的期间及回避申请的驳回等内容。

4. 关于鉴定人的其他规定。鉴定立法还应规定鉴定人的职称、奖惩、晋升、待遇及鉴定事故、伤残的保障、赔偿、离退制度等内容。

（四）关于鉴定对象、范围及鉴定结论的证据作用

对于鉴定工作来讲，只有法律规定了的鉴定对象，鉴定结论才可以作为证据使用。由于现代科学门类繁多，研究的对象又十分广泛，新兴技术在司法工作中的应用又不断在扩展，而我们在这方面的实践经验又很有限，要在短期内以法律形式列出所有的鉴定对象是困难的，而且也不科学。因此，鉴定立法时应根据我国目前的技术水平和法制传统习惯，遵循实事求是，与科技发展相适应及吸收、借鉴外国立法的原则，确认国际上无争议的较为成熟的鉴定对象，以及随着科技的发展逐步得到更多国家法律认可的对我国具体办案有实际意义的鉴定对象，如痕迹鉴定、文件鉴定（含笔迹鉴定）、法医学鉴定、司法精神病鉴定、司法会计鉴定、声音图像鉴定、司法物理鉴定、司法化学鉴定、肤（唇）纹鉴定及生物学鉴定等。对于那些在办案中虽经常遇到，但国际上长期有争议的对象，法律暂不确认，如警犬鉴定、测谎鉴定等。随着实践的发展，鉴定法可对其作补充规定。

鉴定结论的证据作用是鉴定结论本身可能说明或解决的问题。鉴定对象的不同，决定了鉴定结论所能说明的问题各式各样。随着科技的发展和高精仪器的应用，通过鉴定不仅解决问题的范围扩大了，而且能够解决的问题的

深度也突破了传统的界限。实际上，鉴定结论在法律上所能起的作用是由其固有的特性来决定的，鉴定立法对于各项鉴定结论证据作用的规定也必然要遵循这一原则，不能按照传统观点加以评断和运用。鉴定立法时可对此作原则性的规定。

（五）关于鉴定标准化

鉴定人要确保鉴定结论的准确性，必须切实把握统一的科学标准。为了保证鉴定工作的科学性和严肃性，鉴定立法有必要统一鉴定标准。鉴定标准化是有关鉴定工作的名词术语、方法、程序、步骤和鉴定依据的规范化、统一化。因此，鉴定立法中应考虑统一各鉴定门类的名词术语，使鉴定语言规范化、法定化，避免对案情的理解发生差错；统一特征分类，这是使鉴定工作走向标准化的必由之路，鉴定立法应明确每项鉴定学科的分类体系（以该学科分类的可能性为前提）。由于各门类鉴定又有各自不同的特点，法律对其的规定不可能事事具细，讲求统一，鉴定立法应以原则性规定为主，根据鉴定门类和鉴定对象的不同特点而进行相应的规定，如对有些受检客体可规定最低的鉴定标准；对有些鉴定可规定作出肯定或否定结论的标准；对有些鉴定对象则规定作出结论的最低的特征数量和质量；对有些鉴定对象则规定必须采用的方法、手段。除原则性的规定以外，还应根据各鉴定门类的具体情况制定各鉴定门类的鉴定标准或实施细则。

（六）关于鉴定程序

目前我国的鉴定程序极不完善，立法时，应克服这种状况。

1. 完善鉴定委托程序。应明确鉴定决定的作出机关，根据鉴定要求选择鉴定人，同时对鉴定人提出鉴定任务和完成鉴定的期限。

2. 完善鉴定的受理和实施程序。鉴定立法时应对鉴定的受理和实施鉴定的每个阶段的任务、方法、要求作出科学的规定。

3. 完善鉴定结论程序。立法时应规定法定鉴定文书的格式及制作鉴定文书的规范要求。同时，还要科学规定复核鉴定、补充鉴定、重新鉴定的条件和程序。

4. 完善鉴定人出庭质证程序。程序法虽规定了鉴定人应出庭作证，但对鉴定人出庭作证的有关程序、回答问题的范围、参加诉讼的阶段及鉴定人拒不出庭时鉴定结论是否采信等无明确的规定，立法时应进一步加以完善。

（七）关于违反鉴定法的法律责任

对违反鉴定法的行为人实施一定的惩罚是保证鉴定依法客观进行的有效

手段。鉴定立法应根据鉴定活动的实施，依法对鉴定人违规鉴定和违法鉴定规定处罚措施，同时对违反鉴定法的其他行为人也应规定具体惩罚措施，如取消鉴定资格、负责赔偿、行政处分、刑事处分等。

（八）关于司法鉴定在非诉讼案件中的适用问题

随着科学的发展、社会经济生活内容的日益丰富和法律体系的不断完善及各项法律的有效实施，运用鉴定的范围越来越宽，鉴定结论日益受到社会各界的重视。除了诉讼活动外，在行政执法和非诉讼性法律事务的处理中，鉴定结论也常常被作为处理案件的重要依据，如保险理赔、交通事故、经济仲裁以及律师非诉讼业务的代理等都需要鉴定来提供技术服务和帮助。因此，鉴定立法时有必要明确司法鉴定在非诉讼性案件处理中的适用问题，可以规定受理非诉讼性案件鉴定的程序、鉴定的原则、鉴定文书的格式和鉴定结论的效力等问题。

（九）关于涉外司法鉴定和司法鉴定协助

随着对外交往的扩大和国际司法协助的进一步加强，在处理涉外案件中应用司法鉴定已是很现实的问题，它不仅关系到具体案件的处理，而且也体现着我国法律的权威和尊严。因此，为弥补基本法律在这方面的空白，在鉴定立法时有必要明确有关涉外案件中司法鉴定的管辖、鉴定的组织实施、鉴定结论的效力和司法鉴定的协助等问题。

略论司法鉴定监督

作者按："绝对的权力导致绝对的腐败"。司法鉴定，作为诉讼过程中的科学技术活动，事关案件事实的确定和判断，因此，加强对鉴定权力和鉴定活动的有效监督是十分必要的。本文原载于《江苏公安专科学校学报》1996年第3期。

随着现代科学技术的迅猛发展和社会生活内容的日益丰富，司法鉴定作为一种特殊的"科学技术活动"在诉讼活动中的作用日益显著，鉴定结论越来越成为诉讼中人们关注的焦点。因而对鉴定结论的科学性、客观性、合法性提出了更高的要求。而要充分保障鉴定结论的科学、客观、公正和合法，对司法鉴定进行监督无疑是十分必要的。目前在我国司法鉴定领域尚未形成一套有效的制约监督机制，因而也出现了很多与法制原则相悖的现象和行为。本文仅就司法鉴定的法律监督方面略述浅见。

一、当前司法鉴定领域缺乏监督的表现

司法鉴定既是科技活动，又是法律活动。在诉讼过程中，不论是在侦查阶段、起诉阶段，还是在审判阶段，司法鉴定的实质都是通过侦查人员、检察人员、审判人员之外的第三人的科学认识活动来解决案件中的专门性问题。对于这些诉讼过程中鉴定的监督，国家法定的法律监督机关——检察机关仅仅通过对侦查机关的侦查活动是否合法进行监督以及对审判进行监督来实现。长期的司法实践证明，检察机关仅仅通过对侦查活动是否合法的监督来代替对鉴定活动的监督显然是不够的，而对于审判阶段由法院直接指派或聘请的鉴定的监督则更是鉴定监督上的空白地带，因而在司法鉴定实践中难免会出现一些不合法的现象，其主要表现为：

1. 鉴定主体不合法。

鉴定主体不合法是鉴定缺乏监督最显著的表现。究其原因，主要是法律虽然规定了鉴定的权限，但没有明确规定相应的监督管理机制，致使鉴定权划分不明确、鉴定主体资格规定不具体，随意鉴定、擅自鉴定的现象普遍存

在。具体如无鉴定决定权的主体聘请的鉴定，不具有鉴定资格的人员进行的鉴定，非自然人进行的鉴定，属应当回避而未回避进行的鉴定等。

2. 鉴定结论不真实、不合法的鉴定。

除上述鉴定主体不合法造成的鉴定结论不真实、不合法的情况外，还存在鉴定人员徇私舞弊、贪赃枉法、故意歪曲事实的鉴定，鉴定人员缺乏足够的解决专门性问题能力的鉴定，鉴定材料来源失真的鉴定，鉴定方法不当、鉴定程序不合法等造成的鉴定结论失真等情况。

3. 按法律规定应该进行鉴定而没有鉴定的情况。

依照我国诉讼法的规定，对于案件中的专门性问题，应当指派、聘请专门的鉴定人员来解决。而实际工作中，侦查人员、检察人员、审判人员对于应该通过鉴定解决的案件中的专门性问题，往往以侦代鉴、以审代鉴，未经鉴定就作为定案依据；或者由于受到私利、压力和威胁利诱等因素影响而不予鉴定，不作为证据，甚至故意歪曲、损坏、改变、销毁证据等行为；或者对于当事人、律师等的正当的鉴定申请不予采纳。特别是在民事、行政案件中，对于应该鉴定而没有鉴定，或应该全部鉴定而只部分鉴定，以部分代全部的情形，更是缺乏必要的监督。

二、建立和强化司法鉴定监督机制的必要性

司法鉴定领域内出现的诸多问题，除我国目前鉴定制度自身的弊端外，笔者认为主要是缺乏一套切实有效的外部制约监督机制，致使在实际工作中无法可依、有法不依。因此，建立和加强司法鉴定的监督机制是十分必要的。

首先，它是健全和完善社会主义法制的需要。

社会主义法制是一个包括立法、执法、守法、法律监督等多层次的统一体，司法鉴定制度无疑是这一整体中不可或缺的部分。法制的健全，建立一整套监督机制是题中之义。社会主义法制的健全和完善对司法鉴定也提出了这一要求。要使司法鉴定活动更符合司法实践的需要，除要依据法制原则，遵循国家法律规定之外，对其进行监督制约显然是十分必要的。事实上，建立和加强鉴定监督机制本身也是健全社会主义法制的内容之一。

其次，它是司法鉴定自身发展和完善的需要。

司法鉴定的核心是鉴定权。在鉴定这一领域内，由于鉴定权的行使，必然会涉及诸如鉴定机构、鉴定人、鉴定的管理、鉴定的规则程序等问题。鉴定权的有效、合法执掌和运行，直接决定着鉴定结论作为法定证据的效力，

而"权力有作恶和被滥用的自然本性","没有制约的权力容易产生腐败"。因此，对司法鉴定实施监督不仅可以为侦查、起诉和审判部门提供科学可靠的证据，而且也能保证和促进司法鉴定自身向纵深发展。同时，随着市场经济的改革开放的深化，在社会生活领域内必将产生很多新的社会关系，这其中有很多内容需要通过司法鉴定法来调整和解决，如鉴定的权利义务关系，鉴定的赔偿责任关系等。要适应这种形势的需要，司法鉴定自身发展必须有一个健康、良好的法制环境。为此，制定司法鉴定法，以建立和加强司法鉴定的制约监督机制，防止权力的滥用，确保其在正确的轨道上运行不失为一种有效的途径。

再次，它是严格依法办案，确保侦查、起诉和审判行为合法性，提高办案质量的需要。

在诉讼过程中，往往涉及一些专门性的问题，这是侦查人员、起诉人员、审判人员的技术水平和能力所解决不了的，就必须依靠鉴定人的帮助。而鉴定人对案件中的专门性问题作出的鉴定结论，又是侦查人员、起诉人员、审判人员采取强制措施，实施具体的侦查行为以及认定案件事实的依据。虽然法律规定鉴定结论必须经过审查属实后才可作为证据，但由于侦查人员、起诉人员和审判人员对于专门知识的欠缺，其对鉴定结论的审查也只是重在程序上，对具体鉴定过程中的认识活动几乎无法审查，因此，鉴定人员的水平高低、鉴定结论的真实可靠程度如何直接影响着侦查、起诉和审判工作的质量和效率（排除其他因素影响）。所以，为严格依法办案，正确认定事实和适用法律，确保侦查、起诉和审判顺利进行，避免和减少冤假错案，必须加大鉴定监督力度，不仅要从程序上、形式上实施审查监督，还应深入鉴定实施的各个环节上。这样才能确保鉴定结论对侦查行为的正确导向，确保起诉人员和审判人员查明案件真相，正确适用法律。

三、建立和加强司法鉴定监督机制的具体思路和举措

就我国现行的司法鉴定体制而言，是与为我国公安（包括安全）、检察、审判机关的侦查、法律监督、审判职能服务相适应的，在目前不变革现行司法鉴定体制的前提下，加强司法鉴定监督势必要依据国家法律的规定。

在诉讼过程中，无论是司法机关内部的专职鉴定人员的鉴定活动，还是民间鉴定机构的鉴定活动，都是司法活动的一部分。对这一司法活动的监督应该是一个多层次、多侧面、多角度的监督网络体系，它包括国家权力机关监督、行政机关监督、司法机关监督、社会监督等。在这种监督体系中，为

了使司法鉴定更好地为侦、诉、审职能服务，对其实施监督的最有效方式是加强国家法律监督机关的监督。如前所述，检察机关是国家的法律监督机关。目前，检察机关对鉴定的监督明显是不够的，因此在总体上：

首先，要强化检察机关对鉴定监督的意识，充分认识到实施鉴定监督的必要性和重要性。当前，在实际工作中，检察人员的鉴定监督意识淡漠，没有充分认识到监督的重要性。无论是在审查侦查活动的合法性，还是在起诉审查中对证据（鉴定结论）的判断方面，对鉴定的监督都停留在表面上、形式上，这与传统的工作习惯和观念的影响是分不开的。面对新的形势，必须更新观念，解放思想，强化证据意识，强化监督意识。

其次，为适应检察机关对鉴定监督的需要，在检察机关内部应建立专门的鉴定监督机构，实施对公安机关、检察机关的自侦部门和人民法院的鉴定监督，这应该说是由司法鉴定的特殊性（即科学性）决定的。建立专门的监督机构，必须下大力培养和建立一支具有较高素质的专家鉴定队伍，以期对鉴定实施有效监督。在此，要处理好专门的监督职能机构与检察机关技术部门的关系，不妨可以将技术部门划归司法鉴定监督部门，单独设立一个为适应检察机关办案需要的司法鉴定监督职能科（处）室。司法鉴定监督机构对其内部工作人员的鉴定行为的监督实行专门监督机构内部职能部门间的监督，就像现行检察机关办理自侦案件的部门与审查批捕、起诉部门间的监督制约关系一样。

最后，在鉴定监督的具体实施方面做好以下几项工作。第一，扩大检察机关鉴定监督的范围。因为侦查机关、检察机关、审判机关在司法活动中，涉及案件中的专门性问题的范围十分广泛，因此，检察机关的司法鉴定监督机构对于鉴定监督的内容和对象应尽量设置齐全，如国家法律规定的常规的鉴定对象和随着科技发展其鉴定结论的证据效力逐步已被确认的鉴定对象，主要应包括法医鉴定、司法精神病鉴定、痕迹鉴定、文书鉴定、司法化学和司法物理鉴定、司法会计鉴定、声纹鉴定、电子资料鉴定等门类。第二，在监督方式上，改变仅停留在技术咨询上的状况，直接审查案件中涉及鉴定的所有事项。凡涉及案件中的鉴定问题，检察司法鉴定监督部门应派具有相应水平和知识的技术人员进行专项审查。审查的内容应包括：（1）鉴定结论的依据是否充分、科学，程序是否合法，方法是否得当，鉴定人是否具有鉴定资格和解决专门性问题的能力。（2）是否存在漏检（鉴）事项，是否存在与其他证据不符的情况，是否应补充鉴定或重新鉴定等。第三，在鉴定监督的对象范围上应包括公（安全）、检、法、司（司法行政机关的狱侦部门）以及这些机关内的专业技术人员，同时也应包括行使鉴定实施权的各个鉴定服务机构和其从业人员，如高等院校内设的司法鉴定中心及其鉴定人员等。

方 法 篇

　　方法也就是工具，是主观方面的基本手段，主观方面通过这个手段和客体发生关系。

——引自《列宁全集》

　　方法是关于解决思想、行动等问题的门路、程序，是认识和改造客观世界的途径和方式。

——引自《现代汉语词典》

贪污贿赂案件的查账方法与技巧

作者按： 自 1998 年以来的十余年间，笔者多次受检察机关、纪检监察机关、工商行政部门以及中国人民公安大学、国家检察官学院等的邀请，就查账技术与方法、财务会计资料证据、账证检查等专题，给反贪侦查人员、纪检监察人员、工商执法人员授课。讲授过程中也多根据受众的不同，调整相关内容，并增加相关案例，以提高查账方法与技巧的针对性。本文即是在综合多次讲稿基础上形成的。因是讲稿的整理和综合，对有关查账方法与技巧的介绍，参考了其他学者的成果，也是对通说成果的推广，在此表示感谢。本文原载于《初任检察官专题讲义》（石少侠主编，中国检察出版社 2009 年版，2013 年再版时有修改），后参加了 2010 年全国检察理论研究人才培训班并做了交流。本次收录前，又应邀在 2016 年 10 月国家检察官学院举办的第四期自侦案件初查与讯问专题研修班上进行了交流，又有删改。

贪污贿赂犯罪是一种严重的职务犯罪，具有很强的贪利性，其显著特点就是犯罪行为与财产物资和财务会计行为密切相关。通过对贪污贿赂犯罪手段的分析会发现，有些财务会计行为本身就是实施贪污贿赂犯罪的行为（如收款不入账直接侵吞的行为），有些虽然不是贪污贿赂犯罪行为本身，但却是实施或构成贪污贿赂犯罪行为不可或缺的行为，有些则是查证犯罪行为时必须要查实的行为。无论是犯罪行为，还是一般的财务会计行为，均会被有关的财务会计资料记录、反映或控制，形成财务会计事实和犯罪事实。因此，通过对这些记录、反映、控制财务会计行为的财务会计资料或犯罪行为后果的财产物资进行查证，就成为揭露、证实贪污贿赂犯罪事实的最直接、最有效的方法和手段。这也是查账技术被重视而广泛应用的原因所在。

在贪污贿赂犯罪案件中，犯罪手段和方法在财务会计（财务会计行为、财务会计资料、财务会计事实）上的表现，尤以贪污案件中的表现形式最为复杂多样，也最具有代表性。本文仅以贪污案件为例，来重点探讨贪污贿赂等职务犯罪案件的查账方法与技巧。对于行政监察、工商执法中涉及对财务会计业务、财务会计资料的检查，本文所述方法与技巧亦可适用。

一、贪污案件犯罪手段及其财务会计特点

贪污案件是指国家工作人员利用职务上的便利，侵吞、窃取、骗取或者以其他手段非法占有公共财物的犯罪案件。侵吞、窃取、骗取是犯罪行为人最主要的犯罪手段，利用这些手段实施犯罪时，必然涉及具体的财产物资、财务会计资料，也会形成财务与会计上的特定关系。这些特定关系就形成了贪污犯罪在财务与会计上的特征。犯罪行为人实施不同的犯罪行为和手段就会形成不同的特征和表现。

1. 侵吞。采取侵吞的犯罪手段，往往表现出公然攫取或采取隐匿的方式截留收入款项。收入款项主要是单位的罚没收入、销售收入、劳务收入、租金收入、投资收益等。侵吞行为在财务会计上的表现方式：一是收入款项不记账或少记账，全部或部分侵吞。二是将收入款项列挂往来账项，再通过转账或多次转账后进行侵吞。

这种犯罪手段，在财务会计资料上的表现有：收款打白条、利用非法票据收款（如用非本单位的票据收款）、涂改收款金额（一般为改小金额）或开大头小尾的发票（一般是记账联金额小于发票联金额，即小于实际收款）①。通过这些手段就隐瞒了实际收入，达到侵吞的目的。

2. 骗取。采用骗取的犯罪手段，其对象一般为费用，其特点是编造虚假的财务支出凭证，骗取单位的费用支出，也就是实际根本未发生或没有发生那么大额度的费用，行为人通过编造或使用虚假财务支出凭证的方法，虚构支出、虚报冒领或多次重复报销进行犯罪。

这种犯罪手段，在财务会计资料上的表现是：虚列、虚报、多报人员工资、薪金、补贴、劳务等项支出；虚开、多开、虚构费用支出发票方法；多次重复用同一事项票据报销；涂改票据、分开或阴阳票的方式等。通过这种犯罪手段，就虚构或夸大了费用支出，从而进行贪污。

3. 盗窃。盗窃的方式，一般是指采用秘密的方法，窃取其经管的财物，如现金、银行存款、有价证券及库存商品、货物。

采取这种手段进行犯罪，在财务会计上的显著特点就是采取影响资产类账户余额的方式，造成表面上的账实相符，而实际上却是发生了短库。在影

---

① 使用制式机打发票和电子发票后，此种情况大大减少。

响账户余额方面主要是采取少增或减少现金、银行存款、存货等账户的借方（即代表资产的增加）余额。

在具体的账务处理上，犯罪行为人往往会使用漏列、少列现金等资产类项目的增加，虚列、多列现金等资产类项目的减少，或者将现金等的增加却记为现金的减少，造成的后果是消除了财产增加的指标或是扩大了资产减少的指标。如收入现金 20000 元，应在现金科目借方记 20000 元，形成增加 20000 元的余额，犯罪行为人却通过不列或少列现金借方科目的方式，使现金科目没有对这笔现金收入的记录或少记录，再伺机窃取。

上述这些犯罪手段，从财务会计操作的流程上来讲，就会涉及经济业务的发生、原始凭证的取得和填制、记账凭证编制及分录、明细账等的会计处理、会计报表的登记等。从财务收支上来讲，就会涉及钱、款、财物的收存、发放、盘存与清点。因此，贪污贿赂犯罪案件中，一般都会有记录以上各个行为的财务会计资料和相关的赃款赃物可供检查，通过对以上各项财务会计资料和财产物资的检查验证，就能收集和获取犯罪证据，从而揭露和证实犯罪。

二、贪污案件财务会计资料证据特性及取证规则

贪污案件中的财务会计资料，是侦查取证的重点。当经过查账并提取固定后，这些资料就成为证实犯罪的证据。这类证据与其他证据一样，具有客观性、关联性、法律性的一般特点。由于财务会计工作的特殊性，决定了财务会计资料证据除具有证据的一般特点外，还具有自己独特的属性。在司法实践中，侦查人员一般只注意到了证据的一般特点，而没有充分认识到财务会计资料证据的这种特殊属性，在查账过程中走了一些弯路，在提取、固定、评价和使用这些证据时出现了一些失误。因此，对财务会计资料证据的特性应予充分的重视，全面理解其内涵。

财务会计资料证据的特性，是指其具有证据形态的多重性、证明作用的有限性和内容、形式的专业性等属性。

（一）证据形态的多重性

证据形态的多重性，是指财务会计资料证据同时具有多种证据形态和证明作用，即具有书证、物证、电子证据等多种形态和作用。

财务会计资料证据的书证意义，就是指其能够以其记载的数字、图表、文字语言等具体内容以及所表达的客观情况来证明案件事实。财务会计资料

记载形成的及时性和记载内容的历史性、记载内容的相对稳定性，① 决定了财务会计资料证据书证作用的重要意义。例如，发票上记录的名称、时间、事项、金额、章讫等，综合表明了发票的书证意义。

财务会计资料证据的物证意义，是指以其载体特征、制作方式和所处的场所等客观情况来证明案件事实。例如，在一起会计人员贪污的事件中，办案人员从犯罪嫌疑人家中搜出了用于犯罪的支票、被挖补粘贴过的银行对账单等资料。很显然，这些资料的书证意义显而易见。更为主要的是，这些资料所处的场所（犯罪嫌疑人家里）、被挖补粘贴的痕迹，确实具有显著的物证意义。其对于证明犯罪嫌疑人故意伪造、变造财务会计资料，并依此做假账，以达到贪污的目的，有较强的证明作用。又如，同样是收款的收据，在不同的地点其物证意义有所不同。在一起挪用公款的案件中，侦查人员提取了收款收据的记账联，这些收据收到的款项都没有入账，但是存在的问题是，侦查人员没有区分这些收据记账联的提取地点，哪些是在公司的财务室提取的？哪些在犯罪行为人的家里提取的？由于侦查人员没有意识到这些收款收据处于不同场所的不同物证意义，只关注到了其书证作用，虽然都提取了，但在后期使用时，却发现了不小的麻烦。如果当时提取时就注明场所和提取地点，有关问题就迎刃而解。

电子证据的形态是指以电子或磁介质形式存在的证据形态。目前有些单位或行业，实现了会计电算化，电算化的财务会计资料具有电子证据的形态。因此，当这些资料被提取固定后，就具备和形成了电子证据的特点。如会计电算化资料、股票交易电子数据等。

基于对财务会计资料证据多重性的讨论，在提取和固定财务会计资料证据时，必须得充分重视其多形态的证据意义，并以适当的方法和合法的程序，加以提取固定。在提取时应该注意以下规则：（1）以提取原件为首选，原件可以保持财务会计资料的全部物质痕迹和书证内容。（2）在不能提取原件的情况下，可选择的提取、固定方法依次为拍照、复印和抄录。（3）如果需要提取电算化资料时，应聘请有关的计算机技术人员以适当的专业化方式收集固定，并对提取过程进行录相。（4）不论是哪种方式，在提取时必须注明证据的来源，说明其所在场所，即应注明证据提取的时间、地点、人员并加盖资料提供单位的印章。

---

① 参见许为安：《试论会计资料作为刑事诉讼证据的特点》，载何家弘主编：《证据学论坛》（第三卷），中国检察出版社 2001 年版，第 391—392 页。

（二）证明作用的有限性

证明作用的有限性是指财务会计资料证据大多是间接性证据，单一的财务会计资料证据只能证明直接相关的某一财务会计事实或财务会计事实的某一个环节，而不能独立地直接证明贪污贿赂犯罪的主要事实。比如，发票的记账联，可以直接证明售货单位应当提供货物的数量及应该收取货款的金额，但却不能用来直接证明货物是否实际发出以及是否已实际结算，证明发货的事实则需要出库单或发票提货联（或发运单或对方签收单）等来证明，收款事实则需要查证实际结算的银行票据并结合前述有关票据才能证实。

财务会计资料证据证明作用的有限性，是由财务会计核算的程序和财务会计资料的形成机制决定的。一项具体的经济业务发生后，按照会计核算程序，首先是取得或填制原始凭证，再根据审核无误的原始凭证编制记账凭证，再根据记账凭证或汇总凭证登记明细账、总账，最后形成财务会计报表。这是一个完整的财务会计操作流程。从这个流程来看，就说明财务会计资料的形成具有明显的序列性、衔接性、程序性，财务会计资料在反映财务会计事实等客观情况时，也是通过连续系统的财务会计资料来反映的。正是这种序列性、衔接性、程序性和连续性的特点，决定了某一个单一财务会计资料证据在证明贪污贿赂犯罪主要事实方面的有限性。

基于上述特点，在查账过程中，要遵循以下规则：（1）首先得树立全面取证的观念，必须全面收集证明案件事实的财务会计资料证据。就有关案件事实或财务会计事实，无论该证据是无罪证据还是有罪证据，都应该收集提取，并进行合理的审查评断。（2）对已收集到的财务会计资料证据，要通过证据审查的方法，评价其证明作用的大小、证明案件事实的具体内容。通过对证明作用或证明内容的审查后，才能综合判断证明案件事实的证据程度，是否能够形成一个完整的证据链条（当然也需要与其他证据形式进行印证）。例如：收款收据通常可以用来证明款项的收取和支付事实，但收款收据也可能仅用来证明相关的债权债务关系，并非存在款项收付事实，因此，如果不全面收集与该收款收据有关的财务会计资料，便直接用来证明款项收付事实，则可能会夸大其证据意义进而导致对案件事实的判断错误。①

（三）内容、形式的专业性

财务会计资料证据内容、形式的专业性，是指财务会计资料证据所反映

---

① 参见于朝著：《司法会计学》（第三版），中国检察出版社 2008 年版，第 90 页。

的内容、形式上的财务会计专业性和技术性。财务会计工作的专业性和技术性特点，决定了财务会计资料的内容和形式上具有专业性强、技术语言复杂、资料结构有序的特点，比如"借贷记账法"、"会计平衡原理"、各种凭证结构的对偶性、各种数据的勾稽统驭关系、账户及科目设置的结构体系以及一些专业性的技术语言。

财务会计资料证据内容、形式的专业性特点，首先要求必须选择具有专业知识的人员参与或组织查账工作。其次，在查账中应采用相应的专业技术方法和对策，这样才能达到取证的目的。如应根据财务会计资料的结构构成，完整地收集具有对偶、印证关系的相关证据（如原始凭证的不同张联、明细账与总分类账等），以全面地反映出财务会计资料所记录的各种技术关系；还应注意财务会计资料中的各种专业会计术语的含义，以便确定需要检查（或检验）的资料范围以及需要收集的证据内容。

三、贪污犯罪案件的查账方法

查账方法是指在对财务会计资料、财产物资进行检查验证时的基本方式和技术思路。在贪污贿赂案件侦查中，常用的查账方法主要有审阅法、核对法、复算法、比较法、盘存法等。不同的方法发现和解决的问题不同，侦查、调查人员应掌握不同方法的适用范围和运用规则，以便提高查账的效率。

（一）审阅法

审阅法是指通过书面阅读的方式，对涉案财务会计资料和财务会计业务进行检查，以寻找、发现和收集证据的方法。审阅法是查账中最常用、最基本的方法。审阅法可以发现、解决以下问题：（1）查明有关财务会计事项的记载情况，以发现并收集贪污犯罪证据。如对虚假发票所指向的经济业务是否已入账的查证，就需运用审阅的方法。（2）通过审阅，发现记载违法犯罪事项或嫌疑账项，以查找或发现案件线索。当侦查、调查人员对财务会计资料进行全面审阅时，往往会发现一些存在异常情况的票据或记录，这样再追踪检查便可发现犯罪线索和证据。（3）查明财务会计资料证据的出处，对其合法性、真实性和完备性进行确认。如查看发票，看其开票单位、提供发票的单位，以查明来源和出处。（4）审查判断涉案资料的范围，以分析所提供检查的财务会计资料是否完备、有无遗漏。如审阅银行日记账，现金日记账，判断涉案款项是否涉及费用、收入等其他的科目及账户，如果涉及，则查看所提供的资料是否齐全、完备。

审阅法可以用来检查原始凭证、记账凭证、明细账、总账、财务会计报表及其他与案件有关的经济业务资料等。

原始凭证是在经济业务发生时取得或填制的证明经济业务发生情况的书面文件，与具体的经济业务和财务事项相伴相生，也是犯罪行为最容易舞弊的部位和环节。因此，在贪污贿赂犯罪案件中，原始凭证往往是证明案件中有关财务事实的重要证据，也是判断有关账务处理是否真实、正确、合法的事实依据。在查账中，检查原始凭证是审阅法的重点工作。

运用审阅法检查原始凭证时，重点应检查以下内容：（1）原始凭证内容形式是否完整，即重点检查原始凭证，如发票的抬头、制作时间、具体财务事项（如货物、劳务的付款原因、用途）、数量、金额、单价、签名盖章、填制单位的公盖是否齐全等。（2）异常现象及嫌疑事项的发现。在进行上述检查时，需要注意发现是否存在以下一些异常现象或嫌疑事项，如凭证种类使用是否正确（如以收据代替发票、以其他张联代替发票联、白条等）、数量单价金额计算填列是否正确，有无添加、涂改、掩盖、粘盖及伪造变造等嫌疑情况，票面的公章、结算章、个人名章或签字是否清晰并使用正确，凭证来源及编号是否符合常规、是否齐备完整等。如果有上述异常或嫌疑情况，则需要重点检查，并采取其他调查手段加以核查。（3）凭证结构是否完整齐备。即对证明同一财务事项的票证，是否有相互印证的票据结构，如通过银行转账支付货款的业务，应该同时有收款单位的发票和本单位银行结算凭证，这样才能实际证明经济业务确已发生。（4）凭证内容或经济业务真实性的检查判断。对原始凭证内容和经济业务真实性的分析，主要是通过对凭证记载事项，结合发案单位和相关单位的生产经营范围、服务能力、需求、市场行情等综合判断，有时则需要结合调查手段予以核实，其目的主要是确定是否存在嫌疑账项。

在运用审阅法检查记账凭证、明细账及会计报表时，重点要查看登记的各项目是否正确、一致和完整。因这些财务会计资料一般都是发案单位及其人员编制填写登录的，其具体检查方法可根据原始凭证的内容或者根据所举报事项进行重点检查。

（二）核对法

核对法是指对具有同一关系、钩稽关系、统驭关系的财务会计记录、数值进行审核对照，查看其是否一致或相符的一种技术方法。核对法的机理来源于会计核算程序原理、账目平行登记原理、复式记账原理、会计平衡原理等。

运用核对法，主要发现和确认财务会计记录中有无多记、少记、漏记、重记、错记等记录错误。在查账中，应根据贪污案件的特点，重点核对以下内容：（1）票证核对。主要是对有相互对应关系的各种财务凭证进行核对。如：同一发票不同张联之间的核对、销货票与出库单、发票与入库单等的核对。这种核对主要是发现对经济业务的记录是否一致。（2）证证核对。主要是原始凭证与记账凭证的核对，以查明记账凭证与原始凭证的内容是否相符。（3）账证核对。主要是原始凭证、记账凭证与会计账簿之间的核对，目的是查明会计账簿中记载的发生额是否存在无据登账及与凭证记载的内容是否相符。（4）账账核对。主要是指日记账簿、明细账簿与总分类账簿之间，不同级别的明细分类账簿之间的核对。这种核对主要是查明有统驭关系、钩稽关系的业务发生额是否均已记账、有无差异以及账簿记载的余额之间是否符合账户余额平衡关系。（5）账表核对。主要是会计账簿与会计报表之间的核对，以查明账簿记载与会计报表项目数据是否相符。（6）账实核对。主要是核对账面记载与实际库存之间账实是否相符。

核对法也是常用的一种查账方法，这种方法的运用，一方面能够查找到相关的证据，另一方面能够较快地发现存在的嫌疑账项，为下一步工作指明方向。但需要注意的是，由于核对的财务会计资料较多，在运用核对法前，一是需要根据具体的线索或已掌控的事项，有针对性地进行查账，以提高查账和取证的效率。二是需要运用一些核对的技巧与方法，如运用 Excel 或计算机查测系统软件等，以提高工作效率。

（三）复算法

复算法，就是对财务会计资料中具有各种组成关系的数值（如合计、累计、余额等）重新计算，查明所记录的计算结果是否正确的一种技术方法。运用复算法，可以发现和确认有关财务会计资料制作中的计算错误（或计算结果的记录错误），以发现有关嫌疑账项。在查账中，遇到以下事项时，必须要采用复算法进行检查确认：（1）准备提取并作为证据使用的含有计算结果的财务会计资料，在提取前应对计算结果进行复算。如记账凭证中的合计额、明细账的账户余额、合计额等。因为这些资料提取后要作为证据使用，其计算结果的真实、正确，关系到证据的采信和使用。（2）在运用审阅法、核对法时重点检查各种财务会计资料中的计算结果。如对涂改的发票中单价与数量的乘积、金额合计等均应进行复算。（3）对计算结果有误或计算结果与实际情况不符的财务会计资料应进行复算。

（四）比较法

比较法，是指通过对财务数值或比率进行比较，寻找和确认检查重点的一种查账方法。运用这种方法可以发现财务会计资料中不合常规的记录，并将这种记录作为检查的重点账项。这种方法常被用于调查举报线索内容不具体、需要查找破案线索或者需要通过查账发现新的犯罪事实的查账活动中。

比较法主要包括数值比较法和比率比较法。（1）数值比较法，是指对两个或两个以上同类财务指标的数值进行比较的方法，如对一定时期内的相同业务的数值如单价、数量、金额进行比较。如通过比较单价，可以发现明显过高或过低的单价异常现象，这种现象可能是舞弊活动所导致的，可作为嫌疑账项进行重点检查。（2）比率比较法。是指对财务指标的比率进行比较的方法，如费用率、利润率等。通过分析比率的变化规律，可以将变化较大的会计期间或经办人经手的业务，作为检查的重点。

（五）盘存法

盘存法是指对涉案的现金、存货等实物资产进行现场清点，以查明实物资产实际结存情况的一种检查方法，又称为"勘验法"、"盘点法"。这种方法常用于对实物资产的数量检查，目的是为了固定各种实物资产的实际结存量。以下重点介绍现金实际结存量的盘点方法。

首先，应明确库存现金检查的主要内容。一般来讲，库存现金检查的主要内容包括：（1）实有现金数量。（2）已实际收款但还未进行账务处理的现金收入总额。（3）已实际支付但还未进行账务处理的现金付出总额。上述三项内容与现金账面结存额的关系是：

库存现金总额＝现金账面结存额＋已实际收款但还未进行账务处理的现金收入总额－已实际支付但还未进行账务处理的现金付出总额。

这是进行现金检查前需要明确的一个平衡公式。

其次，按照《刑事诉讼法》和《人民检察院刑事诉讼规则（试行）》的有关程序进行。（1）必须邀请两名以上与案件无利害关系的见证人参加，并应责令保管库存现金的人员到场。（2）实施检查前，应先问清库存现金的范围及涉及的现金账户、库存现金的存放方式、存放地点、实际库存的现金中有无个人存放或代他人存放的现金等。（3）清点现钞时，一人初点，一人复验，所有库存现金及相关财物、凭据都必须一次性检查完毕，一般不应中断检查。却需中断的，需对清点现场进行控制，防止无关人员出入。（4）需要作为证据使用或有疑点的财物、凭证等，可以通过拍照、录相等方式固定，需要实物提取的办理扣押手续予以扣押。（5）检查后应当场制作盘存笔录。

笔录的内容包括案件的基本情况、参加人员（检查人员、见证人等）、检查时间、检查地点及检查顺序、检查结果等。

四、贪污犯罪案件查账的程序与组织实施

在贪污贿赂犯罪案件查账时，需要根据举报线索或已查证的相关事实，结合犯罪嫌疑人的职责、执业经历、发案单位的行业特点以及内部控制制度执行情况，来具体分析查账的程序和步骤，寻找查账的最佳突破口，以尽快取得犯罪证据证实犯罪。

（一）贪污犯罪案件查账的准备

查账前的准备工作主要是明确查账的目的、任务、查账的重点部位和环节。很多案件查账不成功的主要原因，就是查账准备工作不充分，没有很好地分析查账的目的和任务，造成查账盲目、被动，贻误战机。

1. 明确不同案件查账的具体目的和任务。

查账的具体目的、任务就是指通过查账需查清哪些犯罪事实，收集哪些财务会计资料证据。一般来讲，贪污犯罪案件查账需要查清以下事实：（1）犯罪嫌疑人非法占有的财物属性，包括查明非法占有的财物的法律属性，即是否是公共财物、本单位财物、国有资产。对于公共财产的范围，我国刑法第91条有明确的规定。实践中，必须以此为依据。查明非法占有的财物的财务属性，即属于哪类资金，如是否系罚没财物、救灾物资、专项资金等。（2）查明犯罪嫌疑人的作案手段和作案过程。（3）查明非法占有公共财物或本单位财物的去向及用途，其中包括非法转移至境外的财物。① 以上事实，需要结合不同的犯罪主体特点和举报线索来分析财务会计业务的具体内容以及收集财务会计资料的范围。

对出纳人员贪污案件，主要检查的业务是其经管的现金、银行存款等收付业务，检查的主要对象是其经管开具的发票、收据、支票、其制作的会计凭证、现金日记账、银行存款账及有关联的其他账簿资料。

对购销人员贪污案件，主要检查的业务范围是购进或销售业务，检查的主要对象是其经手的财务凭证（如采购、销售发票、费用支出凭证），其经手开具的发票存根、盘库的记录、应收应付结算账等资料。

对保管人员贪污案件，主要检查的业务范围是各种物品的收存与发出业务，检查的主要对象是其经手库存物品、出入库凭证、盘库记录、保管费用

---

① 参见于朝著：《司法会计学》（第三版），中国检察出版社2008年版，第380页。

的核销凭证以及与之有关的生产、运输、销售的财务资料。

对会计人员贪污案件，主要检查的业务范围是现金、银行存款的收付业务，检查的主要对象是其经手的各种会计凭证、经管登录的日记账、明细账等账目资料。一般而言，会计人员贪污犯罪，均与其单位内部控制制度不严格、一人兼管、兼办或代管、代办钱款账目有关，没有严格实行钱账分管，给犯罪行为人造成了可乘之机。

2. 明确查账的具体范围。

查账的具体范围的确定，主要涉及检查的时间范围和资料范围，即需要对哪些单位的哪一时期的哪些财务会计资料（或财物）进行检查。

（1）查账期间的确定。就是需要对哪个时间段的财务会计业务（资料）进行检查。时间的确定应根据具体案件和检查目的来确定。如果范围过大，则可能不会很容易发现犯罪事实，查获证据；范围过小，则可能在确定的时间范围内查不到需要查证的事实和证据，达不到查账的目的。一般来讲，贪污贿赂犯罪均有一定线索或举报事实，可根据已掌握的具体的嫌疑事项，结合犯罪嫌疑人经管职责范围，有针对性地设定时间范围，这样容易达到查账的目的。如果在设定的时间范围内没有查到需查事项，则可往前或往后适当扩大检查的期间。如果没有具体的线索和举报事实，就需要将犯罪嫌疑人经管业务或进行特定经济活动的整个会计期间的业务，作为检查的一个时间范围，这样才能通过查账来发现犯罪线索和事实。

（2）查账对象范围的确定。查账的对象范围实际上就是需要检查的财务会计业务或资料的范围。以上在查账的目的和任务中已列举了不同犯罪主体实施贪污犯罪时，所涉及的业务范围和资料范围。在具体查账前，应结合具体案情进行分析，将需要检查的对象范围列全，以防遗漏。

3. 制定查账方案或计划。

在对个案案情或线索进行分析论证的基础上，应制定查账方案或计划，将查账的任务、目的、主要检查事项、涉及业务资料范围、查账的顺序、所采取的技术方法和策略措施、查账结果的固定提取和转化、应急事项的处置、查账人员和力量配备及使用等固化，以达到较好的查账效果和目的。当然，查账方案并不是一成不变的，当出现新情况后，应对原先设定的有关情况进行适当的修正，以更有利于查账工作的开展。一般来讲，查账方案应包括以下内容：

（1）犯罪嫌疑人及发案单位、被查单位的基本情况分析。如犯罪嫌疑人的个人背景、经历、所任职务、职责范围，发案单位的行业特点、内部控制制度的建立及执行情况，犯罪嫌疑人与发案单位或被查单位的负责人、财务会计人员的关系，犯罪嫌疑人及关系人对案件的察觉程度，被查单位的配合程度，等等。这些基本情况分析，往往可能在案件侦查计划或方案中就有，在查账时，需要重点分析发案单位及犯罪嫌疑人涉嫌犯罪的财务会计等情况。

（2）判断案发环节或部位，确定查账的重点。即在对所掌握基本情况进行分析后，结合被查单位财务会计业务的特点和犯罪嫌疑人个人的职责范围，重点分析判断犯罪行为人可能进行犯罪的部位、环节，可能利用的犯罪手段或方式，可能涉及的有关财务会计资料，以明确重点检查的事项范围、时间范围、资料范围。

（3）查账实施计划。即在以上查账事项和内容确定后，根据查账事项和工作量的大小，有计划地安排和调配查账力量、选择合适的查账方法和手段，确定查账的顺序（即先查什么后查什么），选择查账介入的方式，即是公开进行查账，还是需要秘密进行，秘密进行时是否需要其他部门的配合（如在初查阶段或侦破阶段，不便于公开进行查账时，是否需要借助于公安、税务、工商、银行等单位的配合才能有力实施），等等。

（4）证据的提取、固定和转化。这是查账的核心任务。当发现犯罪证据后，应考虑如何更好地提取、固定、转化证据，如是否需要运用拍照、录相、复印及查封、扣押、冻结等方法和措施。

（5）应急情况的处置预案。在查账前，就应充分考虑查账过程中可能会遇到的一些意外情况，如发生了发案单位、被查单位和犯罪嫌疑人不配合、阻挠甚至有毁迹灭证的情况，查账后发现了新的犯罪人、犯罪事实（如窝案、串案）、查账力量不足等情况时，应有相应的措施，以便有效保证查账工作的顺利进行。

（6）查账的后勤保障工作。如必要的交通工具、通信器材、取证器材，等等。

（二）贪污犯罪案件查账的实施步骤

查账是一项专业性很强的工作，因此必须按照有关法律的规定和财务会计工作的规律来进行。同时，不同的检查内容其实施步骤不尽相同，本文以一般有较明确的需查事项的查证步骤来加以说明。这也是侦查、调查人员最常见最常用的一种方式。在贪污贿赂案件中，一些举报事项或特定线索事项，就需要通过运用这种方法来进行查证。举报事项或特定线索事项往往涉及某一具体款物的收入（存）与付出（发放）、单一或少量应收应付款项的结算、具体经济业务的账务处理等。查账的实施步骤主要包括：

1. 调取并检查账簿。

因需查事项一般有比较明确的指向或方向，因此调取并检查账簿的目的就是寻找与查证事项有关的账簿记载，以进一步查找和检查其他的有关财务会计资料。调取的账簿一般主要涉及需查事项（如款物收付）的日记账和明细账。在调取账簿时，可根据查账方案所确定的查账范围，向被查单位索取现金日记账、银行存款日记账、明细分类账。调取账簿后，可根据需查事项的业务发生时间、发生金额及业务内容，通过查看各账页所记载的会计事项及发生额，从中找出该笔业务的账簿记载。查账时，如需查的是资金收付业务，则应先检查日记账，日记账中查不到时，再检查相对应的明细分类账；如不涉及资金收付的，则应直接检查明细分类账。

例如：需检查某单位某年 5 月 17 日收到销售收入现金 1000 元的业务，则可先检查该年度现金日记账，看该账 5 月后借方栏中有无收入 1000 元的记载，如有该金额的记载，则应通过查看"摘要"栏，确认是否系需查证的销售收入的记载。如查不到，可在 5 月后的收入明细账中进行查找。如果没有这笔记载，则需要注意是否存在合并会计分录或者提前或延后进行账务处理的可能，这时就需要扩大检查的会计期间以便查找确认了。

2. 调取并检查会计凭证。

调取并检查会计凭证的目的是查清与需查事项有关的财务凭证记录和会计处理方法。即根据账簿记载的需查业务的记账凭证号码，向被查单位索取该记账凭证及所附原始凭证。在检查凭证时，首先应确认记账凭证、原始凭证所记载的事项是否是需查事项，然后再查看凭证记载的该笔业务还涉及哪些账户，并审查凭证的制作是否正确，有关的会计处理方法是否恰当等。同时，还应注意查看该凭证有无粘贴、撕扯及装订上的异常。如果有，则让相关人员说明情况。怀疑并发现有虚假嫌疑的，应当查明原因，并追查真实的会计处理凭证。

3. 调取并检查其他财务会计资料。

调取并检查其他相关的财务会计资料的目的，是核查与需查事项有关的全部财务会计资料，并进一步查明某笔财务业务的真相。涉及的其他财务会计资料和检查内容有：

一是根据记账凭证所列会计分录或对应科目，核查对该笔会计分录所列示的内容是否全部如实记账。

二是核查明细分类账，查明该笔财务业务是否与其他业务还有联系。

　　三是如果需查业务还涉及其他会计资料，如财务凭证的存根联等，应调取并核查以确认凭证内容及需查事项的真实性。

　　4. 收集、提取、固定财务会计资料证据。

　　上述检查工作结束后，应根据需查事项的有关事实及证明要求，收集、提取、固定财务会计资料证据。

　　一是确定需要提取的财务会计资料证据范围。从会计流程和证明要求来讲，当需要证明某一项款物的收付情况时，需要提取的资料范围主要包括：证明收付款财务事实的原始凭证、核算该笔业务的记账凭证、登记该记账凭证所列会计处理事项的账页、涉及银行存款收付业务的银行对账单或结算回执等。如果在查账中发现了其他的犯罪嫌疑账项资料的，也应一并挑出，待继续查证时使用。

　　二是采用法定的程序和方法提取、固定财务会计资料证据。一般情况下，财务会计资料均应归档保管，不宜提取原件。因此，应根据取证条件及证据要求，采用拍照、录相、复印或抄录等方法固定提取。特殊情况下必须提取原件的，应当按《刑事诉讼法》和《人民检察院刑事诉讼规则（试行）》的要求填制《调取证据通知书》提取，将通知书和复印件一并交付被查单位存档。对提取的财务会计资料，须注明该资料证据的出处、提取人姓名、提取日期等事项，并由被查单位的资料保管人员复核后签名并加盖单位公章。

　　三是制作查账报告或查账笔录。查账报告是查账过程和结果的反映，是勘验检查笔录的一种形式。在查账结束后，应由查账人员或主办人员根据法律规定制作查账报告或填制查账笔录。一般来讲，查账报告或查账笔录主要包括：（1）案由；（2）查账时间和地点；（3）参与查账人员姓名、身份；（4）查账结果；（5）提取、固定的证据内容；（6）其他人员（含当事人、见证人）签名。

金融系统计算机财产
犯罪特点、方式及检查方法

作者按： 在金融系统，尤其是银行、证券等领域，利用计算机及其技术进行侵财犯罪，不仅涉及金融行业的专业知识和财务会计知识，而且也涉及计算机、信息技术等科技知识。因此，查处此类犯罪时，往往需要懂计算机、信息技术、懂财务会计专业知识、懂金融知识的人员提供技术支持和协助。本文原载于《第十三届全国计算机安全技术交流会论文集》（1998 年 10 月最高人民检察院检察技术科学研究所编）。

随着科学技术的发展，计算机逐步应用于社会经济、生活的各个领域，极大地方便了人们的工作、交往，丰富了人们的生活，同时也推动了各行业的发展和社会的进步。然而，在人们得益于计算机带来便利的同时，计算机犯罪也产生了。计算机犯罪不仅影响了人们正常的工作、生活，而且也严重威胁着国家安全和社会稳定，现已成为全世界的一大公害。自计算机犯罪在我国出现以来，实践部门和理论界对计算机犯罪的特点、方式和查处方法、预防对策及立法等进行了有益的探索。值得欣慰的是，我国新修订的刑法典，首次正式以法律的形式对计算机犯罪作了科学、系统的界定，在《刑法》第 285 条和第 286 条分别规定了侵入计算机信息系统罪、破坏计算机系统功能罪、破坏计算机数据和应用程序罪、制作传播计算机病毒罪等四个罪名，这一立法举措为有力打击计算机犯罪，保证计算机信息系统安全，促进计算机信息产业的迅猛发展提供了法律依据和有效保障。

计算机在金融系统的应用，促进了金融电子化的飞速发展，实现了电子货币、电子资金划拨、电子转账与结算及自动取款等各项新业务，使金融活动方式发生了深刻变化，极大地提高了工作效率，改善了服务质量，活跃了金融市场，推动了金融业的发展。但是，计算机在金融系统的应用也为一些犯罪嫌疑人利用计算机及其系统进行财产犯罪提供了方便。金融系统计算机财产犯罪案件往往要涉及一些财务会计业务，在对此类案件的侦查过程中，侦查人员一般需要司法会计人员提供技术帮助，以发现犯罪线索、固定和鉴定犯罪证据。因此，对司法会计人员来说，研究、分析金融系统计算机财产犯罪的特点、行为方式和手法，总结其检查方法，并研制和开发相应的司法会计应用软件对金融系统计算机财产犯罪案件进行检查和鉴定，为揭露和证实此类犯罪提供有力证据，以严厉打击此类犯罪，维护金融秩序，促进金融事业的健康发展是十分必要、十分有益的。

一、金融系统计算机财产犯罪的概念、特点

根据《刑法》第287条"利用计算机进行金融诈骗、盗窃、贪污、挪用公款、窃取国家秘密或者其它犯罪的，依照本法有关规定定罪处罚"的规定，本文所指的金融系统计算机财产犯罪是指犯罪行为人通过对金融系统计算机系统的程序、数据、信息进行篡改、修改和破坏的方式来影响金融计算机系统的正常工作，从而非法取得和占有国家、集体和他人财产的行为，主要表现为在金融系统内进行诈骗、盗窃、贪污（侵占）、挪用公款（资金）、洗钱等犯罪活动。金融系统计算机财产犯罪与《刑法》第285条、第286条规定的侵入计算机信息系统罪、破坏计算机系统功能罪、破坏计算机数据和应用程序罪、制作传播计算机病毒罪不同，它不是严格意义上的刑法罪名，之所以这样称谓在于有利于总结金融系统中利用计算机进行财产犯罪的特点和犯罪行为方式、手法，并研究相应的行之有效的侦防对策。

金融系统计算机财产犯罪具有以下特点：

1. 经济性。金融系统计算机财产犯罪的目的就是利用计算机及其系统作为犯罪工具，非法占有国家、集体或他人的资财，犯罪行为是在经济利益驱动下进行的。当然也不排除有窃取国家金融数据资料，非法侵入、破坏金融系统内的计算机信息系统的行为，但绝大多数犯罪是以获取经济利益为目的的犯罪。

2. 智能性和专业性。一般情况下，实施这种犯罪必须具有一定的计算机专业知识和技能才能躲避安全系统的监管，因此，大多数犯罪行为人具有相当高的计算机专业技术知识和熟练的操作技能，同时对金融系统的相关业务也很熟悉。

3. 隐蔽性强，痕迹及其他物证遗留少。金融系统计算机财产犯罪的犯罪行为大多是通过对数据、信息和程序的操作来实现的，作案时间短，对机器硬件和信息载体不造成损害，痕迹、物证少，因此不宜被发现和识别，具有极强的隐蔽性。

4. 不受时空限制，跨国犯罪日益增多。现代社会信息的发展使计算机应用日益广泛，各种信息网络应运而生，犯罪分子往往可以在遥远的终端上控制网络上的任何一点，实现远距离、远程作案。如犯罪分子可以利用跨国银行的计算机网络进行国际盗窃、诈骗活动。

5. 犯罪后果严重。与一般犯罪相比，金融系统计算机财产犯罪具有严重的社会危害性，犯罪分子往往只需轻轻按几下计算机的按键就可以获得成千上万的款项，这不仅使金融机构遭受严重的经济损失，而且也严重破坏了正常的金融秩序和金融活动，甚至会引起社会的动乱。

二、金融系统计算机财产犯罪行为方式（手法）及检查方法

金融系统计算机财产犯罪是以计算机及其系统为工具，在金融系统内进行诈骗、盗窃、贪污（侵占）、挪用公款（资金）、洗钱等的犯罪活动，犯罪行为方式和犯罪手法多种多样，根据不同的依据可以对其进行不同的分类。根据具体的犯罪活动中是否需要编制和设计相应的犯罪程序，可以分为非程序性犯罪方式（手法）和程序性犯罪方式（手法）。根据实施犯罪时利用计算机处理的不同阶段，可以将犯罪方式（手法）分为输入阶段的犯罪手法、程序处理阶段的犯罪手法、信息输出阶段的犯罪手法。

（一）输入阶段的计算机财产犯罪行为方式和手法

输入阶段的计算机财产犯罪是在计算机的信息和数据的输入阶段进行的，往往不需要编制和设计犯罪程序，因此，输入阶段进行的计算机财产犯罪其方式是非程序性的，它主要有以下几种具体的手法：

1. 篡改数据法。这是金融系统计算机财产犯罪中最常用、最简单的方法。它是指作案人通过向计算机键入或从计算机中取出有关数据资料进行非法改动，以达到非法牟利目的的犯罪方法。只要是能够向计算机键入或从中取出数据资料的就有可能发生这种犯罪。因此，数据录入员、操作员、程序员和系统管理人员都有可能利用接触数据的机会对数据进行篡改，以达到犯罪目的。这种犯罪手法往往容易与计算机操作人员无心键入错误相混淆，有时难以认定是否构成犯罪。在检查过程中，司法会计人员在对这种犯罪手法进行识别时，首先需要阅读有关数据文件、数据媒介和计算机运行记录，以便核对文件或检查文件的真伪。有时还需要通过运用司法会计计算机软件系统进行检查和验证。

2. 假冒通关法。假冒通关法是指犯罪行为人盗用他人的通行字（Password），以进入未经授权或本不该进入的计算机系统，进行犯罪活动或为犯

罪做准备。一般来讲，计算机业务系统本身都有一套自我保护的设计，以防止非经授权的用户使用系统或程序，最常见的保护设计就是通行字，它往往是一组字母或数字组成的密码。利用这种手法犯罪的案件，国内外已有多起报道。

3. 虚构业务法。这种犯罪手法是犯罪分子进行贪污、挪用的常用方法。它是指犯罪行为人为了掩盖犯罪事实，通过虚设账户、伪造凭证等手段，虚构事实上并不存在的业务，达到账目平衡，掩盖犯罪事实，以逃避稽核和侦查的方法。如河北省邯郸市建设银行计算机程序员苗某某，在 1988 年 8 月至 1989 年 2 月间，利用计算机虚设账户，虚构业务，两次将国库款 80 余万元非法挪用，并且从中贪污近万元。对于利用这种手法进行的犯罪，司法会计人员一般通过核对有关凭证、分类账和总账即可发现。另外，通过对银行系统的有关数据文件如登记簿文件、流水文件、科目发生额文件、分户账文件和总账文件的检查和鉴定可以认定犯罪行为人涉及的金额。

4. 伪造票卡法。伪造票卡法是指犯罪行为人利用计算机伪造或变造各种金融票据、储蓄存折和信用卡，进行冒用冒领，骗取公共财产和他人财产的犯罪方法。对利用这种手法进行犯罪的行为人进行查证时，往往有较明确的范围。因为要伪造票卡进行犯罪活动，首先要知道储户和持卡人的姓名、账号、存款额及密码，其次要能够制作出可以乱真的票卡来。对于前者，一般是金融系统内部人员利用工作之便进行的，如银行储蓄人员，利用工作之便，填写取款单，偷支储户存款。对于后者来说，一般主要还是利用金融系统本身的制卡机和票据进行的。还有的是利用仿制的制卡机、读写器进行的。

5. 尾随混入法。这种方法是指以某种方式紧跟享有特权的用户，通过计算机系统的机械或电子"门锁"的控制，进入原来不允许其进入的系统领域，从而进行犯罪活动的一种方法。这种方法又可以分为有形混入和无形混入。有形混入是指犯罪行为人对无权使用的计算机系统，趁无人之机操纵系统进行作案的方法。无形混入又称为电子化混入，是指在有权使用系统用户用密码或通行字打开金融计算机系统的控制门之后，犯罪行为人利用合法用户未能及时关闭系统控制门或有事暂时离开现场且没有关闭终端机之机，从另一终端机进入正在使用的金融计算机系统进行作案的方法。如某银行计算机操作柜员，看到另一柜员离开营业室，计算机终端尚未关闭，于是他便在终端机上输入虚假营业数据，非法挪用客户的存款。

6. 分身术。又称为跨越时空法，即犯罪行为人利用计算机快速处理和远程处理的特点通过金融计算机转账系统缩短作案时间，或通过银行自动提款系统网点扩展作案空间，来逃避侦查的犯罪方法。对于这种犯罪，查处时较困难，往往需要多个部门和地区的配合。

（二）程序处理阶段的计算机财产犯罪行为方式和手法

在计算机的程序处理阶段进行的犯罪，犯罪行为人往往要编制和设计犯罪程序或在系统中加入某种程序才能达到犯罪目的，因此，这一阶段进行犯罪的手法都是程序性的犯罪手法。一般来说，程序处理阶段的计算机财产犯罪手法有以下几种：

1. 香肠术。它是指利用金融计算机系统或程序，从银行众多储蓄账户中窃取少量存款或利息而不被发现，积少成多，非法占有的一种犯罪方法。这种犯罪方法在银行系统中同特洛伊木马术结合使用，能随机地从几百个账户中抽取零头，并把这笔钱转移到一个指定的账户上，经过一段时间后，其数字相当可观。这种犯罪手法相当隐秘，而且所涉及的账户始终是平的，不易被发现。事实上，这种行为普遍存在于我国的各类银行中，只不过不易被发现，也没有引起重视，但成千上万的这种行为的发生，其后果也是非常严重的。

在检查的过程中，司法会计人员可以检查有关的程序指令和程序代码，也可以对近似值进行计算，通过对标准方法的执行进行检查，还可以在可疑程序运行时采取抽点打印清单的方法，以发现是否存在偏差。证明这种犯罪行为的证据主要表现为许多小额资财的损失，出现没有凭证支持的可疑账户及账户内无存款记录的资金不断增加等反常情况。

2. 特洛伊木马术。它是指出现当执行一个任务时却实际上执行着另一个任务的任何程序。金融系统计算机财产犯罪中运用特洛伊木马术是指犯罪行为人在金融计算机系统中暗藏某种秘密指令或程序，或者改变原有指令和程序，使计算机在仍能完成原指定任务的情况下，执行非授权的功能，以达到犯罪目的。这种犯罪手法是计算机程序中最常用的一种欺骗破坏方法，其手法非常隐蔽，几乎很难发现，预防也是极其困难的。

对于司法会计人员来说，在检查中要揭露特洛伊木马术是较困难的，应当聘请有关计算机方面的专家来共同完成。检查时，可以将可疑的运行程序和被认为是未经改动的主文件进行核对。另外一种情况是，在确定了一定可疑范围的条件下，用数据对可疑程序进行测试，也可以查出特洛伊木马术。

3. 逻辑炸弹（定时炸弹）法。它是指犯罪行为人在金融计算机软件系统中设置一种逻辑指令或程序，在系统运行过程中，该指令或程序能够按照犯罪行为人的意图完成贪污、盗窃或修改活动，然后在预定的时间或预定事件发生时如同定时炸弹一样自行销毁。这种手法是计算机自动作案，作案后该逻辑指令或程序自行消失，不留痕迹，这是一种较高深的犯罪手法。对于采用这种手法进行的犯罪活动，如果已经发生"爆炸"，则几乎没有可能使用技术方法侦破此案。一般情况下，当犯罪行为人设置了逻辑炸弹后，可以用与检查特洛伊木马术相似的方法进行检查，通过核对程序代码、测试可疑程序等方法来发现和证实犯罪。

4. 超级指令法。又称为超级冲杀法，是指犯罪行为人使用一种无须经过正常的操作程序或控制程序的特殊指令或程序，非法存取或修改系统的文件资料及系统功能，以达到犯罪目的的方法。一般情况下，每一个处理机（系统）都有自己的指令系统，它分成一般指令和超级指令。所谓超级指令是指在指令系统中那些只能由操作系统使用的指令，只能由系统程序设计者和操作系统维修人员使用，不允许一般用户使用。它可以组成超级程序，起到"紧急时刻砸碎玻璃"的作用，能够超过所有的控制，修正或暴露计算机内容。如果这种指令被犯罪分子所掌握将是非常危险的。

由于超级程序的使用在数据文件上往往不会留下改动痕迹，所以通过技术方法查出这种犯罪很难。一般情况下，司法会计人员可以通过检查计算机运行记录日记、检查出现的请求文件记录等查明是否存在使用超级程序的问题，从而查明案件资金的运行轨迹。

5. 异步攻击法。这也是一种高级的犯罪手法。由于电子财务数据处理系统大多是多用户系统，各个终端每天都产生大量性质不同、错综复杂的业务数据，除急需处理的业务可用联机方式及时处理外，更多的是采用批处理方式。随机产生的业务数据送入中心后，往往需要等待凑够一批再进行处理。在等待时间内，通常需要以软件方式或人工干预方式检查有关系统参数，核实各组数据是否有漏失，这时，程序设计人员或中心操作员都有机会进入系统的检查点，也可以拷贝系统的资料，也可以借机修改、增删系统参数和资料，因而就有可能发生异步攻击的计算机犯罪行为。对于这些检查和改变，计算机系统的一般安全保护措施是无法控制的。

对异步攻击法进行检查的一般方法是：对可疑的受攻击的程序、数据进行大量的测试检查，也可以在正常安全的环境中，重复执行某项作业，以发现可能的偏差。收集这种犯罪行为方式和手法的证据较困难，一般情况下，只有在计算机的输出过程中，通过与应用程序、系统规程和系统执行特征相比较，发现有无法解释的偏差时，才会发现异步攻击的证据。

（三）信息输出阶段的计算机财产犯罪的行为方式和手法

信息输出阶段的计算机财产犯罪，一般不需要编制和设计有关的犯罪程序，因此其犯罪手法也属于非程序性的犯罪手法。

1. 中途拦截。犯罪行为人在金融计算机联网通讯线路上截取有关资料、信息，并据此进行犯罪活动。这种手法又可以分为两种：非法窃取，犯罪行为人将通讯线路上输送的有关资料、信息录制下来，破译后用于犯罪。非法搭接，犯罪行为人将自己的计算机与金融计算机系统网络接通，通过截取、篡改其中的资料、信息，进行犯罪。

2. 临场截取。犯罪行为人不与金融计算机联网通讯线路连通，而是通过一种电磁装置，接收计算机周围及通信线路附近产生的电磁波，截取其中正在处理、传送的资料、信息并据此进行犯罪。

财会人员职务犯罪的特点、成因及对策

作者按：财务会计人员职务犯罪是个老话题，财会人员职务犯罪的危害也是很严重的。本文是对多起财会人员职务犯罪案件的归纳和总结。目前，财务会计人员职务犯罪仍时有发生，并出现了一些新的特点。本文原载于《检察调研》1999 年第 4 期。

财会人员担负着办理财务、会计业务或进行财务管理的职责。财务会计人员正确履职对于正常的经济活动和经济管理是十分有益的，它不仅能够提高经济效益，加强经济管理，而且也能够为决策者提供科学可靠的信息，促进事业的发展。相反，财会人员利用职务之便进行贪污、贿赂、挪用等经济犯罪活动，不仅会给单位造成一定的经济损失，干扰国家的经济管理秩序，破坏正常的经济运行，给国家、集体造成较大的危害。所以，对财会人员利用职务进行的犯罪活动应引起重视。

一、财会人员职务犯罪的特点

1. 从犯罪主体上来看，表现出以下特点：（1）犯罪人员日趋年轻化、低龄化。有关资料表现，在财会人员的职务犯罪案件中，犯罪行为人的年龄日趋年轻化、低龄化，大多在 30 岁以下。如某市检察机关统计从 1994—1997 年，财会人员犯罪年龄 21—30 岁者分别占该类犯罪人员的 16%、24%、25%、66%。（2）共同犯罪多。财会人员犯罪大多是共同犯罪，这与财务会计工作本身有一定的关系。有的是会计和出纳人员、仓库保管人员相互勾结进行犯罪，而有的是会计人员同主管领导相勾结进行犯罪活动。如某市检察机关侦查的一起贪污、挪用公款案件，就是单位的会计伙同财务处长与主管财务工作的副厂长相勾结，从 1993—1995 年间共贪污公款 40 万元、挪用 183 万元的特大案件。

2. 从犯罪所涉及的行业和单位来看，金融系统的财会人员利用职务进行犯罪较为突出，尤其是银行系统的财会人员职务犯罪危害更为严重。

3. 犯罪作案时间长，隐蔽性较强，危害性大。由于财会人员的职责和工作具有一定的专业技术性，一般不为人所熟悉和了解，所以，其犯罪行为较隐蔽，不易被发现，犯罪持续的时间也较长，往往是在给单位造成很大的危害或损失后才被发现。如某出版社会计姜某，1986—1995年一直担任单位的会计，从1988年就开始采取收款不记账、摹仿伪造领导签字、涂改账目等手段进行犯罪活动，共贪污公款20余万元，直到1995年上级对单位进行审计时其犯罪行为才被发现，在单位和社会上造成了极坏的影响。

4. 犯罪分子犯罪后，其赃款用于非法牟利和高消费娱乐的较多。对多起财会人员贪污、挪用的案件中分析发现，犯罪嫌疑人将赃款大多用来买地、炒股、做生意或放高利贷进行牟利，还有的犯罪嫌疑人则将赃款任意挥霍、花天酒地，只图一时的快活。

5. 从犯罪方式和手法上表现出多样性、智能性的特点。财会人员犯罪多是采取收款不入账或少入账，多报支出少报收入；涂改数字，伪造凭证、账目、报表，还有的直接截留收入。目前表现出多样化、智能化的特点，除利用以上手段外，利用计算机进行犯罪的也较普遍，如利用财务会计软件中的一些不为人知的不足或漏洞，进行虚设账户、虚增存款。另外，还有的利用掌管单位的银行账户之机，多次在各账户间进行转款，后用支票提取现金进行犯罪活动，表现出一定的智能性、多样性的特点。

二、财会人员职务犯罪的成因

1. 从主观让讲，法制观念淡薄，受拜金主义、享乐主义的侵蚀、影响。尤其是一些年轻人，刚参加工作，社会经验少，自制力不强。如果不增强法制观念，不树立正确的人生观、价值观，一味地追求享乐和金钱，往往会跌入犯罪的深渊。另外，有些犯罪行为人常常因为法制观念淡薄，挪用了公款还没意识到自己是在犯罪，直到东窗事发才悔之晚矣。

2. 单位财务会计制度不健全、不完善，内部控制制度执行不力，管理不严格，缺乏有效的制约监督机制。财会人员直接经手管理账目、印鉴、现金及支票等，如果财务会计制度上存在漏洞，或缺乏有效的监督机制，则很容易被利用，从而进行贪污、挪用等犯罪活动。实践证明，大量的财会人员犯罪，往往就是钻单位财务会计制度不健全、执行不严格、管理混乱的空子。

3. 对财务会计工作重视不够，监督管理不得力，预防犯罪的观念不强。目前，在财会人员犯罪的发案单位，普遍存在的问题是单位领导不重视财会工作，认为财会工作就是"记记账，算算账"而已，不会出什么事，只重视经济效益、工作效益，而忽视了财会工作。更有一些领导甚至不了解财会工作的内容，一切皆听从于财会人员，对财会人员监督管理不够，没有预防犯罪的意识，认为都是自己人不会出问题，却往往酿成大祸。

三、防范对策的探讨

1. 改革现行的财会人员管理体制，实行财会人员委派制，以建立一种新型的财会人员监管体制。实行财会人员的委派制，就是使财会人员与所服务的单位相脱离，其编制、人事、工资、福利待遇独立于所服务的单位，从而使财会人员具有相对的独立性，能够保证依法办事，严格执行会计法规和财务制度，以从源头上遏制腐败。同时，对严格执行财会制度的财会人员，应加以保护，依据《刑法》加大对打击报复财会人员犯罪行为的打击力度，解除财会人员的后顾之忧，为其严格执行财会制度创造一个良好的环境和条件。

2. 建立、健全各项财务会计制度，严格执行，堵塞漏洞。各部门各单位应严格按照《会计法》并依据有关财务会计制度和实施细则，建立健全单位各项财务制度，加强财务管理和经济核算，如实反映财务状况。以严格按章办事，堵塞财会人员进行贪污、受贿、挪用公款等犯罪行为的漏洞。

3. 加强监督管理，建立防范监督体系。首先，从外部来说，宏观上要逐步形成监督体系，强化外部监督职能，发挥注册会计师的审计职能和社会群众的监督作用，建立健全外部监督机制，形成社会监督网络体系，以增强外部监督力量。其次，从内部来说，强化对财会人员的集中统一管理，完善内部监督机制，实行会计与出纳、分管与主管职责分明，单位财务公开的体制，实现相互牵制制度和制衡机制，以防患于未然。

4. 加大打击力度，威慑犯罪，同时加强法制宣传教育工作，以警示犯罪。纪检、监察、司法机关尤其是检察机关，应充分认识到财会人员职务犯罪的危害性，将其作为一个工作重点，加大对财会人员职务犯罪的查处力度，严厉打击财会人员犯罪。同时，还应加强法制宣传和教育，针对具体案件，以案说法，剖析犯罪原因，同时提出防范对策，以警示犯罪，减少同类犯罪的发生。总之，应做到打防并举，标本兼治，促进预防犯罪。

浅谈账外"账"的查证方法

所谓账外"账",是指以"合法"或"非法"手段,公开或秘密的方式,截留隐匿转移资金和其他财物于账外,形成企业、单位无法控制的或已在单位账上核销的账外"资产",或为了逃避会计监管,在账外巧施手段而进行的一些违法违纪行为。搞账外"账",不仅造成单位的资产流失,使国家财政收入遭受损失,扰乱了国家经济管理秩序,更为甚者,由于账外"账"知情人有限,失控资金数额大,且隐蔽性强,诱惑力大,从而也是诱发犯罪的多发部位。账外"账"的危害程度之严重可见一斑。为此,必须认真查处,严厉打击。

从我国目前司法会计工作实践和审计查账的业务来看,账外"账"最显著的表现就是账外"资产",它多以单位银行存款、外埠采购存款、活期和定期储蓄存款、私人名义存款、现金、债券、股票等有价证券,以及设备、物资等形式存在。其形成渠道主要是来自单位内部和外部,具体有下列几种情况。

1. 截留收入于账外。这是最常见,也是危害最严重的一种手法。截留的收入包括:应上交财政的各项罚没款收入;各项生产经营性收入,如销售收入、产品加工收入、技术转让、咨询、培训等服务收入以及厂房、设备出租收入;隐匿"回扣"、佣金及好处费收入;单位财产物资升溢收入;各种违法收入和外汇收入等。

2. 以领代报,以借代报或虚列支出,虚报冒领,多挤成本费用,套取现金,形成账外"资金"。这种情况多见于各种资金的支用,因其用途非法,其舞弊的目的就是为了逃避会计监督。其特点是以票据、借据以及假发票、假单据作为凭证,列支各种资金、费用、营业外支出等。如多列职工工资、冒名工资、福利费用以及虚增购销环节,加大成本费用支出,提取现金另外存储等。

3. 非法侵占出售国家、集体和单位其他资产的收入,如出售残次品、边角余料、废旧物资、设备的现金收入等。

4. 用各种方式让利于附属单位或联营企业形成账外"资产"。此类账外

"资产"主要是用于一些不正当的开支,以集体单位利润的形式存在,如紧俏物资大幅削价,成品变次品处理给下属单位,然后再高价售出,以赚取现金。

5. 私自将投资收入、联营所得转移,存放于外单位或账外。

6. 收支活动两头在外,侵吞集体经济利益。

账外"账"在正规财会账中不反映,而且大多在事前经过精心策划,事后伪装,隐蔽性很强,查处困难。尤其是在贪污贿赂等犯罪案件中,犯罪嫌疑人不仅在正规账上做手脚,而且在账外"账"中存在更大的问题。因此,查处账外"账"不仅能使本案犯罪嫌疑人认罪服法,而且能以一案带多案,以一人查多人,起到彻底、全面揭露、证实和惩罚经济犯罪的功效。

一般说来,应从以下方面去查证账外"账"。

1. 根据相关单位和有关人员提供的信息、线索查找账外"账"。

单位的经济业务的发生,有时一些经济事项的接触面不大,只为少数人所掌握和控制,这种情况下极易形成账外"账",也容易发生违纪违法犯罪活动。因此应向与之发生业务联系的单位调查了解,看其是否存在违纪、犯罪事项,以此来查找账外"账"。另外,还可根据单位职工和知情人的举报来查找。如举报某某领导或某某财会人员利用本单位的账外"资产"和小金库超标购车、乱发奖金、私分公款以及有贪污、挪用公款的犯罪嫌疑,应根据举报情况,检查财务会计资料,进行账实核对,以便查证是否存在问题。如确有问题存在,则应追查到底。

2. 根据有关人员的反常情况查处账外"账"。

人是经济活动的主体,在账外"账"的查证中,最终要落实到有关人员的活动的查证上。所以,有关人员的反常变化,往往是其有犯罪行为的表现。如经济生活状况与经济收入很不协调,应视为反常情况进行查证。某国有企业会计王某,经济收入一般,但生活极其奢侈,检察机关根据这一反常情况,一举查处其与该厂主管财务的副厂长互相串通,利用单位的账外"账",盗用公款12万元之多供两人挥霍的犯罪事实。

3. 根据异常数字,发现疑点,查处账外"账"。

奇异的数字背后往往隐藏着一些经济犯罪和违纪行为。违纪、犯罪行为发生后,常会引起一些经济指标的异常变化,表现在财务会计处理的矛盾、错弊或反常,如虚报冒领、多支费用,会造成某一时期费用支出的突然增加、收入下降等。另外,如数字的精确程度超出常规,以及不该巧合的巧合数字等,均属异常现象。从这些蛛丝马迹入手,查处一些经济犯罪大要案的事例在实务部门已不少见。

4. 核对、清查账户法。

此方法是针对账外"资产"的存在形态和保管方式而采取的。在司法会计工作中，应先向被查单位问明其主要部门如行政、业务、会计、基建等部门的银行开户和管理情况，在具体检查中对照检查，看是否与所介绍的情况相符，是否有新的账户出现。同时检查其账户的收支与账证是否一致，是否有去向不明的资金和用途不明的资金，以此发现账外"账"。

5. 突击检查现金、存折、债券、股票等有价证券。

账外"资金"往往被单位以现金、债券、股票的形式或以私人名义存储后将存折保管在单位的保险柜内，针对这种情况，进行突击检查往往能收到意想不到的效果。检查时，应对保险柜内的现金及其他收支凭证全面清查，并与总账现金进行核对，看是否存在不受总账控制的账外"资金"。同时对保险柜内来源不明的现金和存折及有价证券，必须让经管人员说清来源，并出具相应证据。对于单位保险柜内的私人存折应细查到底，看其所存数额与本人的经济收入是否协调，并查明其来源和存取情况。

6. 往来账款、账目抽查法。

在实际工作中，单位要进行舞弊，不是直接将资金转移，而多采用先通过往来账目，做过渡性的处理后再转到账外。司法实践表明，往来款项中的差错是最应该注意的差错，而问题最多的领域也是应收、应付账款项。如在"应收账款"中作不实记录，虚设客户，贪污销货款或转于账外，在"应付账款"中凭空捏造应付账款，或故意增大数额，或伪造购货发票虚报冒领，形成账外"资金"或直接进行贪污。如在某贪污案中，采购人员与会计合谋，伪造购货发票，虚报冒领进行贪污长达三年之久。

7. 全面了解被查单位的内部控制制度及执行情况，从可能产生账外"资产"的环节、去向、归宿上查证账外"账"。

内部控制制度执行得好坏，直接关系到单位内部在会计上的违纪和犯罪行为的多少。内部控制制度管理的薄弱环节，也是问题的多发区域，如发票、凭证及现金与银行存款等，常常是犯罪行为侵害的直接对象和犯罪易发的部位。针对这些容易发生问题的领域和环节，应结合案件的具体情况认真查处。

（本文原载于《当代检察官》1995 年第 8 期）

职务侵占、挪用资金犯罪案件的侦查

一、职务侵占、挪用资金犯罪案件的概念

职务侵占犯罪案件是指公司、企业或者其他单位的人员，利用职务上的便利，侵吞、骗取、盗窃或者以其他手段非法占有本单位的财物达到立案规定的犯罪案件。

挪用资金犯罪案件是指公司、企业或者其他单位的工作人员，利用职务上的便利，挪用本单位的资金归个人使用或者借贷给他人，数额较大、超过三个月未还，或者虽未超过三个月，但数额较大、进行营利活动，或者进行非法活动达到立案规定的犯罪案件。

过去，由于我国长期处于计划经济体制下，绝大多数企业、单位是国营形式，单位职工也被认为是国家工作人员。所以，当出现利用职务之便侵占、挪用单位财产的行为时，一律以贪污罪、挪用公款罪论处。随着社会主义市场经济制度的确立，我国所有制形式逐步走向多元化，非国有公司、企业和单位大量涌现，因此也就出现了公司、企业职员利用职务便利侵占、挪用公司、企业财产的犯罪案件。为了适应打击这些犯罪的需要，切实保障公司、企业的合法权益，1995 年 2 月 28 日全国人大常委会通过了《关于惩治违反公司法犯罪的决定》，第一次对职务侵占犯罪和挪用资金犯罪作了明确规定，解决了长期困扰司法实践的一个实际问题。1997 年 10 月 1 日开始施行的《刑法》，在第 271 条、第 272 条、第 273 条中对职务侵占犯罪和挪用资金（挪用特定款物）犯罪作了明确规定，从而为司法机关有力打击这些犯罪提供了充分的法律依据。

二、职务侵占、挪用资金犯罪案件的特点

职务侵占、挪用资金犯罪案件的特点主要表现为：

1. 特定的犯罪主体侵犯特定的客体和对象。职务侵占、挪用资金犯罪案件的犯罪主体是特殊主体，即是公司、企业或单位中不具备国家工作人员身份的人。如果是国有公司、企业或其他国有单位从事公务的人员和国有公

司、企业或其他国有单位委派到非国有公司、企业以及其他单位从事公务的人员有侵占、挪用行为的，则应依据《刑法》第 382 条、第 383 条、第 384 条的规定，以贪污罪、挪用公款罪定罪处罚。

职务侵占、挪用资金犯罪案件的犯罪客体是财产关系，所侵害的对象是公司、企业或者其他单位的财物。

2. 犯罪手段隐蔽、复杂多样，呈现出多样化、智能化的趋势。由于这两种犯罪的主体特殊，犯罪嫌疑人都有一定的职务或职责，如主管、管理、经手本单位财物等，所以往往是合法的职务（职责）掩盖了其非法行为，同时由于其职务范围内的职权和地位形成的便利条件，犯罪嫌疑人常常可以利用单位管理上的漏洞，经过周密的预谋，即使实施了犯罪行为，也有一定的隐蔽性，不易被发现。

犯罪手段的多样性主要表现在：（1）侵吞，指利用职务上的便利，将自己主管、管理、经手、使用的单位财物直接占为己有或者非法转归他人所有。主要表现为侵吞收入，如财会人员收款不入账、业务人员收回货款不交等。（2）骗取，指利用职务上的便利，采取虚构事实、隐瞒真相、虚构用途等，将单位财物骗归己有的手段，如涂改单据、伪造签名盖章、虚报冒领、重复报销等。（3）盗窃，指利用职务上的便利，将自己或与他人共同经手、管理的单位财物秘密据为己有的手段，用此种手段犯罪的主要是负有保管职责的人员，如现金出纳、仓库保管员等，他们秘密将单位钱物窃取，而谎称被抢、被盗进行犯罪。（4）其他手段，如加价吃回扣或利用往来款项进行犯罪。

犯罪手段的智能化主要表现为一些年轻的职员，利用其掌握的一些新技术、新方法、新知识而进行犯罪，如利用计算机技术虚构账户、虚增存款，修改计算机记录来窃取公款等。

3. 侵占、挪用的犯罪行为和事实一般都反映在财务会计资料中。在侵占、挪用资金犯罪案件中，案件事实本身包含有财务会计事实和财务会计行为，所以，侵占、挪用行为一般会被记录在有关的财务会计资料中。如采用侵吞收入的手段进行侵占，在财务会计资料中表现为收入该入账而未入账或少入账。采用骗取的手段进行侵占，在财务会计上表现为以不真实的财务凭证报账。采用盗窃的方法侵占则多表现为制造了能够少增或减少现金、存货等账户余额的弊端账项。挪用资金则常表现为账实不符等。

4. 犯罪后多携款潜逃。由于公司、企业的性质，再加上公司、企业与单位职员之间的用工关系有一定的特殊性，单位对职员的约束性、限制性不强，流动性又较大，所以就造成了犯罪嫌疑人在侵占、挪用犯罪行为发生以后，大多携款潜逃，给侦查工作带来了很多实际困难。

5. 挪用资金数额大，且大多用于非法牟利。许多挪用资金的犯罪嫌疑人，法制观念淡薄，认为挪用资金不算什么，更不认为是在犯罪，以为以后还上就无事了，所以挪用资金的案件频频发生。绝大多数犯罪分子是想"借鸡生蛋"，用单位的钱"生出"自己的钱来。因此，挪用资金的数额一般都很大，少则几十万元，多则几百万元、上千万元甚至上亿元。挪用资金的目的也主要是为了经商、炒股、赌博或用于其他非法牟利活动，往往造成严重的后果。

三、职务侵占、挪用资金犯罪案件的侦查

（一）侦查突破口的选择

职务侵占、挪用资金犯罪案件侦查突破口的选择，一般可以从以下几个方面入手。

1. 从检查财务会计资料入手。

一般情况下，职务侵占、挪用的犯罪行为往往被记录或反映在财务会计资料上。因此，对有账可查的案件，应当从检查案件中的财务会计资料入手。对于利用财务会计处理进行侵占、挪用的犯罪行为要注意结合犯罪嫌疑人的不同职务和手段来加以分析：（1）对于财务人员职务侵占、挪用的，可注意从查银行存款账、现金日记账及支票等入手；（2）对于采购、供销、收款人员职务侵占、挪用的案件，可从查所报销的原始凭证和货物的出入库单等入手；（3）对于银行信贷人员偷支储户存款进行侵占、挪用的案件，可从核对存折账卡及结算票据等入手。

2. 从证人或其他知情人入手。

职务侵占、挪用资金案件中证人的范围较广，一般包括检举人、控告人，犯罪嫌疑人所在单位的领导、同事，嫌疑人的家属、亲友、邻里以及其他了解情况的人。由于这些人与犯罪嫌疑人生活、工作在一起，对犯罪嫌疑人的言行有所耳闻或亲眼目睹。同时，不是所有证人都与犯罪嫌疑人利益一致，有些证人还能从维护法律的角度出发，坚持正义，主动地提供证言。在侦查职务侵占、挪用资金案件时，如果遇到财务会计资料不全，或者从财务会计资料中难以查出问题时，更应该从证人或其他知情人入手开展工作。在询问证人时，应注意选择那些表现尚好、阅历较浅的知情人；或与犯罪嫌疑人来往密切，了解底细，后来产生了某种矛盾关系的人；或过去在业务上与

犯罪嫌疑人有往来关系，现在已不再往来的人。如果犯罪嫌疑人利用社会人员协助作案，如一些案犯借私营企业、个体户的账户汇入赃款，一些案犯利用个体户的假发票，或指使个体户伪造发票，或通过个体户销赃等，侦查突破口则应选择在那些协助作案的人身上。

3. 从犯罪嫌疑人入手。

由于犯罪嫌疑人在案件中所起的作用不同，其认罪态度不一样，心理状态也不完全一致，加之犯罪嫌疑人的文化修养、社会阅历及反侦查能力的差异，因此，有些案件可选择从讯问犯罪嫌疑人入手开展侦查。

（1）对于那些已经掌握了证明犯罪行为基本证据的案件，在立案后，应迅速采取必要的强制措施。首先依法对犯罪嫌疑人进行拘传，通过政策、法律教育，施加心理压力，促使其老实交代犯罪问题。与此同时，还应对犯罪嫌疑人的住所、办公场所进行突击搜查，以防止其家属转移、隐藏、销赃毁证。

（2）对于犯罪嫌疑人有认罪悔罪心理的，也可以从讯问入手。在共同侵占、挪用的案件中，应选择案件的薄弱环节作为侦查的突破口，主要是选择那些社会地位低、阅历较浅、知识水平较低、罪行较轻、获利较小、家庭条件十分优越或十分恶劣或态度较诚恳的犯罪嫌疑人进行突破。

（二）调查访问

调查访问是侦查职务侵占、挪用资金犯罪案件常用的取证措施。在侦查阶段，进行调查访问不仅要对立案前已经审查过的问题进一步查证核实，而且要注意扩大范围，发现和收集犯罪证据。特别是对于无账可查、无财务会计资料可查的案件，如采用收入不入账或少入账、虚报冒领等手段进行侵占、挪用的，调查访问则是主要的方法。

在进行调查访问时，以下列几种人为调查访问的重点对象。

1. 举报人、控告人，包括向司法机关及所在单位书面或口头检举、揭发犯罪的人，坦白交代侵占、挪用罪行的同案人等。

2. 发案单位的负责人，财务部门的主管及其他有关财务会计专业人员。

3. 与发案单位有经济往来关系的有关经济业务经办人员和管理人员。

4. 被控告、举报人的家属、亲朋好友及其他可能的知情人。

这些人多数了解案情，只有做好他们的调查访问工作，才能查明案件事实，获取可靠的犯罪证据。但是，由于这类人与案件或犯罪嫌疑人有不同程度的利害关系，多数不可能轻而易举地把有关案件的情况讲出来。这就需要在对他们进行调查访问时，要讲究策略方法，做好思想教育工作，充分发挥其作用，方能达到调查访问目的。

通过调查访问应查明以下的有关事实：

1. 被控告、举报的问题以及犯罪嫌疑人职务活动中的可疑情况。

2. 被控告、举报人的一贯表现、生活作风、道德品质、经济收支情况。

3. 查账和盘点实物中发现的问题。

4. 是否有掩盖侵占、挪用犯罪行为的活动，如销赃、销毁收据存根，涂改账簿、凭证等。

5. 赃款、赃物的去向。

（三）进行司法会计检查

司法会计检查是侦查涉及财务会计业务案件中常用的方法，也是获取证据的有效技术手段。通过进行司法会计检查，往往能够发现被记载于原始凭证、记账凭证、会计账簿等财务会计资料中的犯罪行为，可以获取犯罪线索和证据。因此，在侦查这些案件时应特别注意运用此种方法和手段。

1. 检查原始凭证。

原始凭证是在经济业务发生、完成时所填制或取得的，载明经济业务的发生、执行和完成情况的书面证明，它是进行会计核算的最原始的资料，也是记账的重要依据。犯罪嫌疑人常常会在原始凭证上弄虚作假，以达到非法占有、挪用财物的目的。因此，检查原始凭证是进行司法会计检查、发现犯罪线索和证据的一项重要的内容。对原始凭证的检查应注意以下几个方面：

（1）原始凭证的基本内容或基本要素填写是否完整齐全。

（2）经济业务内容与原始凭证的名称、填制日期以及接收单位的名称是否相符。

（3）凭证上有无接收单位经办人员的签章。需经领导人审批的业务，有无领导人签章。凭证内容是否与本单位业务有关，报销手续是否完备。

（4）填制日期与凭证编号是否一致，有无重复使用原始凭证的现象。

（5）凭证金额是否相符。凭证上所列的数量和单价的乘积必须与总金额相符，大、小写金额数字必须一致。

（6）白条收据的经济内容是否清楚，数量、单价、金额是否齐备、正确，有无出据人的姓名、印章，有无经办人和负责人的签章。对来源不清的凭证，应重点检查。

（7）凭证使用有无错误，即不应作为报销联而报销的，如销货证、提货单、存根联等当作发票报销的情况。

（8）凭证色泽和新旧程度与当时使用的凭证或同类凭证有无差异。

（9）文字和数字有无涂改、刮擦、挖补等现象。

2．检查记账凭证。

记账凭证是会计人员根据原始凭证所反映的具体经济业务内容，按照会计核算原理和有关会计制度规定所编制的，用以登记账簿的依据。记账凭证一般分为收款凭证、付款凭证、转账凭证三种。各种记账凭证均应具备以下基本内容：（1）凭证的名称、填制日期和编号；（2）经济业务的摘要和所附原始凭证的张数以及其他有关资料；（3）记账方向及其会计科目的名称和金额；（4）会计主管人员、审核人员以及填制人员的签章。

记账凭证检查的主要内容是：

（1）记账凭证的基本内容是否完备。

（2）会计科目运用是否正确，有无错列、缺列对应会计科目的情况。

（3）记账依据是否完整和正确，即是否附有原始凭证、所附原始凭证的经济内容与记账凭证的摘要是否一致、金额是否相符等。

（4）记账凭证"字号"或"编号"是否连续完整无缺，有无缺、重记账凭证的情况。

（5）文字和数字有无涂改或不符合规定的更正。

（6）使用红字的记录是否符合会计制度的规定，是否正常合理。

（7）凭证上有无特殊标记，凭证背面有无文字记载。

3．会计账簿的检查。

职务侵占、挪用资金犯罪嫌疑人在账簿上常见的舞弊方法主要有：收入不入账，多收少记，凭空支出，少支多报，非法转账，错列账户，篡改收支和往来账簿，伪造涂改账簿，销毁有关账簿、账页等。针对以上情况，对账簿进行检查时应重点查明以下情况：

（1）账簿资料有无遗漏不全或隐匿不交的。

（2）进行常规检查，核对账目。即进行账表核对、总账与明细账核对、日记账与总账核对、账实核对，看其是否相符。

（3）复核账面数字有无错误、涂改，订正部分是否有根据，手续是否齐全。

（4）进行账证核对，根据记账凭证、原始凭证检查账簿记录是否正确、完整。

（5）核对调账记录、结账记录、过账记录是否正确。

（6）对账户的对应记录进行检查，看其会计记录、会计科目处理是否正确。

（7）调整错误账项，发现可疑账项实施追踪检查。

（8）通过复算方法来核实账簿余额的正确、真实性。

4. 对现金和实物进行勘验、检查。

一般情况下，经济单位的账、钱、物应该是平衡的。账是钱与物交换的客观记录，因此，在查账的同时，应对现金和实物进行勘验、检查。

在职务侵占、挪用的犯罪案件中，有的犯罪嫌疑人未直接侵占、挪用现金，而是攫取某种物资或某些商品；有的犯罪嫌疑人采取虚报的手段，伪造凭证，侵占、挪用购物款。上述职务侵占、挪用行为，都与实物的短少或存在与否有着密切的联系，前者是物资、商品的短少，后者是实物根本不存在。因此，遇到这类情况时，应对现金和实物进行勘验和检查，以便和相关的账簿核对，以证实其是否相符及查明不符的原因。

（四）搜查、扣押，获取赃物赃证

职务侵占、挪用资金案件的犯罪嫌疑人，为了逃避惩处，隐匿罪证，往往将非法占有、挪用的财物隐匿起来，或者转移至亲友处由其代为隐藏。有的犯罪嫌疑人即使最初没有隐藏赃款、赃物，但在公安机关受理案件之前由于已走漏风声或被有关部门审查接触，随即也将赃款、赃物转移、隐藏起来。因此，搜查就成为侦查职务侵占、挪用资金案件必不可少的一种侦查措施。

（五）讯问犯罪嫌疑人

讯问犯罪嫌疑人对于查明案情，认定案件性质和最后作出处理决定都具有十分重要的意义。

讯问犯罪嫌疑人，应做好讯问准备，不仅要严格遵守法律程序，而且还要借鉴其他刑事案件的讯问方法，正确运用各种讯问策略，紧紧围绕案件的特点进行。

1. 根据犯罪嫌疑人的职务活动开展讯问。

职务侵占、挪用资金案件的特点之一，是犯罪嫌疑人利用职务之便实施犯罪行为。因此，职务活动和犯罪行为紧密联系在一起，而这种联系离不开主管、管理、经手某种财物，这就决定了讯问职务侵占、挪用案件的犯罪嫌疑人要联系其职务活动追查犯罪行为。这不仅可以迫使犯罪嫌疑人交代已被揭露出来的犯罪事实，而且常常可以迫使犯罪嫌疑人交代出未被揭露、侦查人员亦未掌握证据的犯罪事实。而且职务侵占、挪用案件的犯罪嫌疑人往往不止进行一次犯罪活动，在讯问过程中，要围绕财物问清职务活动所涉及的各个方面，例如财物管理人员的职责，财物管理制度，财物的流通渠道、环节等。

2. 根据不同的犯罪手段确定讯问重点。

职务侵占、挪用资金的犯罪嫌疑人，由于职务和职责范围的不同，犯罪手段也各不相同。讯问中要根据不同的犯罪手段确定讯问重点。

（1）对购销人员的讯问。购销人员职务侵占、挪用多是利用从事业务活动的方便条件，采用伪造、变造原始凭证，低价购入、高价卖出，截留应收款项等手段非法占有、挪用款物。讯问这类犯罪嫌疑人，应从业务活动、侵占、挪用手段入手，问明票据来源、式样、内容、何人填写或涂改、转款或提款的经过，如何与他人勾结、各自的作用、造成的损失等方面进行。

（2）对财会人员的讯问。财会人员侵占、挪用的一般都在原始凭证、记账凭证和账簿处理上做文章，采用多收少记或收入不记账、重复支出、伪造涂改票据、虚报冒领等手段非法占有、挪用财物，对这类犯罪嫌疑人讯问，应根据其财务管理活动，问明凭证、账簿中的财务会计事实。对重复支出的，要问明与哪张原始凭证重复，重复原始凭证的式样、规格，所记数量、金额等是否与存根和经济业务的实际情况一致。对收款不入账的要问明谁收的款，收的什么款，多少款，收款的时间、地点以及是否给交款人开发票等。

（3）对仓储、库管人员的讯问。仓储、库管人员侵占、挪用的都是利用直接经手管理财物的方便条件，采取侵吞或监守自盗手段非法占有、挪用财物。对这类犯罪嫌疑人的讯问有两种情况：一种是侵吞、窃取财物容易计算，有账可查，讯问时，重点问明侵吞、窃取财物的品名、数量、价值，盗出后存放和销赃的情况。另一种是侵吞、窃取的财物不易计算或计算也得不出准确数额，讯问时应重点问明出入库手续，赃物处理情况，特别要问明销赃的地点、次数、买主情况，以便核实查证。

（4）对运输人员的讯问。运输人员侵占、挪用，一般采取多装少卸、中途盗出、谎报卸货数量等手段将财物非法占有、挪用，对这类犯罪嫌疑人的讯问，也有两种情况：对卸货数量真实、手续完备的，应重点问明多装了多少货物、卸了多少货物、窃得多少货物，窃取后存放何处以及销赃情况；对装卸货物均无准确数量的，应重点问明存放赃物和销赃的具体情节。

（六）进行技术鉴定

职务侵占、挪用资金案件往往会涉及财务会计和其他方面的专门性问题。因此，在案件侦查中组织进行司法会计鉴定、笔迹鉴定、印章印文和其他文书鉴定以及建筑工程质量鉴定、商品（产品）质量鉴定是十分必要的。

司法会计鉴定，可以解决职务侵占、挪用资金案件中涉及的有关财务会计专门性问题，如有关记账凭证的会计处理正确性、真实性问题，有关会计账簿处理的正确性、真实性、合法性问题，有关会计要素的确认问题，损失额的确认问题等。

笔迹鉴定、印章印文鉴定和其他文书鉴定，可以解决有关文书、账目、凭证、单据有无伪造、变造及书写人，同时还可以解决用于书写的纸张、墨水等有关问题。

建筑工程质量鉴定、商品（产品）质量鉴定，可以确定侵占、挪用行为的严重危害后果，造成的损失程度。

（本文原载于《侦查》2001 年第 3 期）

试论司法会计方法体系

作者按：司法会计方法既是一个实践问题，又是司法会计学中关于方法论的一个理论问题。因此，对司法会计方法的研究就显得十分必要和迫切。本文系笔者初研司法会计学时的一点思考，当时的研究思路借鉴了审计学的有关成果，其局限性是不言而喻的，如对司法会计强制方法的提法和分类，目前来看，并不是司法会计学的研究范围，应是诉讼法的研究内容。本文原载于《江苏公安专科学校学报》2000年第2期。

司法会计学是一门边缘性的应用学科，它是随着会计学、审计学在司法实践中的应用而产生发展起来的。十几年来，司法会计技术揭露、证实犯罪，为侦查审判提供了科学可靠的证据，从而在反腐败斗争中发挥了重要作用。然而，作为主体认识客体的重要手段，它却往往被人们忽视。司法会计方法不仅是个实践问题，也应该是个理论问题。在实践中不断应用、探索新的方法，在理论上对其进行概括、总结，不仅有利于司法会计工作的开展，而且也有益于司法会计学科的发展。

一、关于司法会计方法的界说和意义

司法会计方法是指在司法会计工作过程中用来作用于司法会计对象，发挥司法会计职能，收集财务资料证据，证明案件事实，完成司法会计任务的技术和手段的总称。

司法会计方法是司法会计学的一个基本问题，它是通过司法会计实践总结、抽象、概括而来的，体现着司法会计的本质和规律。司法会计方法也是司法会计实践中的一个应用问题，它把司法会计理论中各方面的内容落实到司法会计实际工作之中，使司法会计工作顺利进行，司法会计任务得以有步骤、按计划地完成。因此，加强对司法会计方法的研究对发展和丰富司法会计理论，正确有效地指导司法会计实践具有十分重要的意义。

1. 司法会计方法是完成司法会计任务的根本保证。

人们解决任何问题，完成任何一项工作都必须采取一定的行为方式、方法，必须选择恰当的途径。毛泽东同志曾经把任务和方法的关系比作过河与船、桥的关系，这就充分说明方法对完成任务的重要性。司法会计工作是一项专业性很强的工作，它和任何工作一样，都必须有自己的方法。没有相应的司法会计方法，司法会计工作就不可能开展，司法会计任务也就不可能完成。

2. 司法会计方法是检查和评价司法会计工作质量的有效尺度。

在司法会计工作中，要根据不同的对象、工作性质和要求选择不同的方法。采用的方法科学得当，就能够很好地完成司法会计任务；相反，方法不当，不仅多走弯路，造成工作的低效率，而且易导致工作失误，致使司法会计工作结果不能揭示案件的事实真相。司法会计方法与司法会计工作结果之间的直接的对应关系，为评价和检验司法会计工作质量提供了一种有效途径。而且，在司法会计文证审查中也往往需要通过对司法会计方法的运用是否恰当、合法和科学来审查司法会计工作结果的真实性、客观性和可靠性。

3. 司法会计方法是司法会计学的重要组成部分。

在司法会计理论体系中，司法会计方法不是孤立地存在的。从司法会计方法与其他司法会计基本理论的关系看，司法会计学不能孤立地研究和分析其他基本理论，而必须联系司法会计方法来研究和分析。比如，司法会计的职能是通过司法会计方法的具体运用来实现的，而对司法会计对象来说，不同的司法会计对象需要选择不同的司法会计方法，离开了司法会计方法，案件中的财务会计专门性问题就不可能得到解决。从司法会计学和司法会计实际工作的关系看，司法会计学不是单纯的理论科学，而必须阐明司法会计方法，才能使司法会计学对司法会计工作有指导价值，建立理论与实践的有机联系。因此，阐述司法会计方法及其运用是司法会计学的重要内容。

二、关于司法会计方法体系内容的探讨

关于司法会计方法，目前国内学术界和实践部门只注重于个案具体方法的研究和运用。要综合不同案件的特点，考虑每个案件的不同要求而建立一套通用的司法会计方法是很难的。但是，综合各方面的情况，从系统论的角度出发，建立相互联系、相互补充、相互促进的有机方法体系确是十分有益的。不论是经济纠纷案件还是经济犯罪案件，在进行司法会计工作时都必须遵守一定的法定程序和规则，这就为建立司法会计方法体系提供了思路。根据司法会计工作过程，笔者将司法会计方法体系的内容归纳为司法会计的准备方法、实施方法、终结方法，同时考虑到司法会计工作的特殊性和司法会计职能的要求，它还应包括辅助方法。

1. 司法会计准备方法。它是指在司法会计工作的最初阶段，为顺利完成

司法会计任务而做准备工作、前期基础工作时采用的方法。一般来讲，司法会计准备方法包括了解案情的方法，检查、审阅、收集、补充资料的方法，明确司法会计任务的方法，拟定司法会计工作计划和实施方案的方法，配备司法会计人员的方法。

2. 司法会计实施方法。它是指司法会计工作人员对司法会计对象进行审查验证，以查明其真实性、正确性、合规性和合法性，收集财务会计资料证据，提供证据所使用的方法。它是司法会计方法体系的核心内容，主要包括司法会计检查方法和司法会计鉴定方法。

司法会计检查方法是指司法机关为查明案情，对司法会计对象（即涉案财务会计资料和财物）进行专门检查时所采用的方法，主要包括审阅法、核对法、盘点法、复算法、比较法、顺查法、逆查法、详查法、抽查法等方法。按照司法会计检查方法在工作中的作用、使用范围的不同，可将上述方法分为两类，即一般方法（包括顺查法、逆查法、详查法、抽查法）和技术方法（包括审阅法、核对法、盘点法、复算法、比较法）。显然，一般方法与技术方法的功能是不同的，一般方法是在前阶段工作的基础上，针对已经确定的检查对象的范围、时间、重点等，解决如何组织实施检查的问题，即确定检查的方式和程序，而对具体对象如何进行审查、核实和确认，则需要通过技术方法来解决。将司法会计检查方法分为一般方法和技术方法，能够有效地指导实际工作及时、迅速、有条不紊地进行，既节约了人力、物力、财力，又提高了工作的效率和质量。

司法会计鉴定方法是指司法机关为了查明案情，指聘具有司法会计专门知识的人，对案件中需要解决的财务会计专门性问题进行鉴别判断从而作出结论时所运用的技术手段。它主要包括比对鉴别法和平衡分析法两种。

比对鉴别法是指以标准的或者是规范的财务会计处理方法及其结果作为参照客体，将需要检验的财务会计资料所体现的财务会计处理方法及结果与其（参照客体）进行比较、对照，从而判断财务会计处理方法及结果是否正确、真实或者是否符合会计规范的一种鉴定方法。依据同一认定原理，财务会计处理方法与其适用对象之间存在特定的同一对应关系，这一原理使比对鉴别成为可能。当需要检验的财务会计资料所体现的财务会计处理方法及结果与参照客体一致时，则可认为需要检验的财务会计处理方法及结果是正确的、真实的或者是规范的；如果二者不一致，则说明需检验的财务会计处理方法是不正确、不规范的。一般来讲，比对鉴别法适用于对会计分录、账户余额、会计报表项目数字和各种财务会计计算结果正确性的鉴别。

平衡分析法是基于资金运动具有特定规律性和反映资金运动规律的数量

具有平衡关系而建立的一种鉴定方法。它建立的根本基础是会计等式：资产 = 负债 + 所有者权益。在检验过程中，鉴定人可以将需要确认或推导的某项资金量或某一数据确定为分析量，将与需分析的量有关的资金量或数据设定为参数，根据量的平衡关系即可以运用参数量值推导出分析量的量值，并可据此分析、证明有关财务会计事项是否存在、是否变化以及是否为财务会计资料所控制等事实。

3. 终结方法。它是指在前阶段工作基础上，司法会计主体对工作记录进行复核、整理，对收集到的财务会计资料证据进行评价，并依据司法会计标准作出结论，撰写司法会计检查报告和鉴定文书的方法。

4. 辅助方法。它是指在司法会计工作中为解决有关问题而采取的一些技术和手段，主要有物证鉴定方法、计算机软件法等。

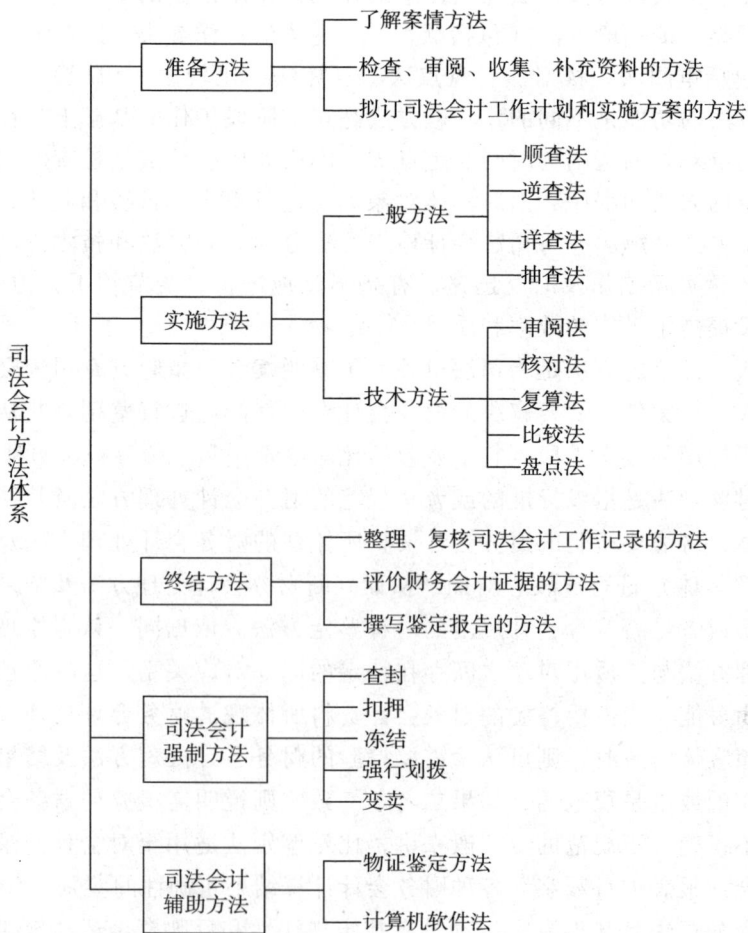

三、司法会计方法体系的特征

1. 程序性。司法会计活动是一项严肃的诉讼活动，它必须依据有关的法律法规，按照一定的程序和步骤进行。每一项司法会计任务的完成，都需要经过准备、实施、终结三个阶段，即后一阶段的工作必须以前一阶段的工作为基础。这就从总体上说明了，在进行司法会计工作时，在方法的适用和选择上要依据一定的次序。

2. 系统性。司法会计工作往往是一项复杂的工作，要完成这一任务，任何一种具体的方法常常是很难独立发挥作用的，只有与其他方法相结合，组成一个有机的整体，发挥系统功能的作用，才能完成司法会计任务，也只有在系统中，个别方法才能真正发挥作用。

3. 灵活性。司法会计方法体系中，具体方法的运用与司法会计对象密切联系，不同的对象需要选用不同的方法，司法会计对象发生变化，方法也要随之变化，这就是司法会计方法体系灵活性的具体体现。

4. 开放性。司法会计方法体系不是一成不变的，而是一个开放的体系，它将随着科技的进步和其他相邻学科如会计学、审计学、证据学、刑事侦查学、司法鉴定学的发展而不断吸收和采纳这些学科的新方法，并且在实践的基础上形成自己独特的体系。

四、构建和适用司法会计方法体系的原则

司法会计方法是用来进行司法会计工作的，只有适应司法会计工作的要求，使司法会计活动成为现实的方法，才是可行的、需要的、有效的。实践中，由于涉及的经济案件的性质不同，司法会计的任务和要求也不尽相同，加之发案单位或经济争议双方的行业性质、经营范围多种多样，面对这种复杂的情况，要充分发挥司法会计方法的特殊功效，提高工作质量，应遵循以下原则。

1. 针对性原则。在司法会计工作中，只有针对不同的情况，选择适当的方法，才能达到高效率、高质量，收到事半功倍的效果。首先，要针对被查单位的实际情况，选择恰当方法。被查单位的性质不同，采用的方法也不同。被查单位如果是基本建设单位则应多采用盘点法、审阅法，被查单位是行政事业单位则多采用审阅法、核对法。被查单位的经济管理情况不同，使用的方法不同。对于经营管理好、内部控制制度严的单位可以采用检查与案件相关部分经济活动的抽查法，而对管理混乱、控制制度差的单位，则需要

详查。其次，针对不同的案情和不同的要求、不同的方式选择不同的方法。审查财务会计资料的正确性、合法性，则主要对凭证、账册、报表采用核对法审查。查处贪污案件时，在侦查阶段只掌握重大线索，而且案情复杂，需要对财务会计资料检查时则应以逆查法为主。对于有关合同纠纷案件则应以顺查法为主。

2. 联系性原则。司法会计方法体系中，每一种具体的方法都有其适用对象和本身的局限性，在司法会计实践中如果不注意各种方法的联系，就不能适应司法实践的需要，不能为侦查审判提供有力证据。这也是司法会计方法体系的系统性所要求的。因此，各种方法应互相联系，灵活运用，互为补充，应建立一种相互促进的内部机制，发挥系统功能的作用。如司法会计检查中在审查原始凭证的真伪或有无涂改、补写、刮擦、消退时，应结合文书检验的方法进行确证。对于应用了电脑财务软件有大量财务会计资料需要检查时，则应运用计算机软件法。

3. 有效性原则。确定和选用某一种方法，要看这种方法对司法会计对象是否有实际有效，能否发现和揭露被查单位存在的问题，能否收集到有力证据。否则，就说明缺乏有效性，就必须运用更为有效的司法会计方法。如对于以应收账款、递延资产等主要以内部会计记录来说明的资产，如仅采用实物盘点法就达不到目的，因而也是无效的，这就必须应用其他方法来完成任务。

4. 全面性原则。司法会计工作往往会涉及工业、农业、商业、文教卫生等各个部门，司法会计任务的完成，也往往需要对被查单位经济活动的生产、交换、分配、消费各环节进行审查，这既涉及微观操作，又涉及宏观管理。司法会计工作范围的这种广泛性、全面性，决定了适用司法会计方法时，要认真分析所面临的客观情况，研究各部门、各环节、各方面的特点，认真吸收财政、金融、税收、会计、审计等部门方法，结合侦查、调查方法和司法鉴定原理，构建全面适用的司法会计方法体系。同时，社会经济生活的不断发展和科学技术的进步、提高，为司法会计方法体系的发展和开拓提供了可能性。再者，在运用各方面的方法时，应明确司法会计与审计、会计的任务、作用和目的是不同的。司法会计不是专门的经济监察，也不是经济管理活动，是以解决案件中的财务会计专门性问题，揭露和证实案件事实真相，为侦查审判提供科学可靠的证据为目的。因此，全面性原则要求使用司法会计方法时应以这一目的为中心任务，发现疑点，解决问题。

案 例 篇

案例研究的目的，在于对相关典型事件的深入分析，从中寻找、发现和总结带有规律性、普通性的东西。这是应用性、实践性学科最基本、最有效的研究手段及方法之一。

——引自百度百科

会计人员贪污案

会计人员简称会计，指在企事业和其他单位的会计机构或其他机构从事会计工作的人员。会计人员包括会计机构负责人、会计主管人员以及会计师、会计员。会计人员的主要职责是进行会计核算；实行会计监督；拟定本单位办理会计事务的具体办法；参与拟定经济计划、业务计划，考核、分析财务预算（计划）的执行情况；办理其他会计事务等。①会计人员在企事业和其他单位中起着十分重要的作用。会计人员利用职务便利实施的职务犯罪，不仅违反财务会计制度，危害经济管理秩序，而且也往往给国家、集体、社会以及单位造成重大财产和经济损失，具有十分严重的危害性。因此，查办会计人员职务犯罪，维护国家财经纪律和经济管理秩序，严厉打击和预防会计人员职务犯罪的发生，就成为检察机关一项重要的任务。然而，在实践中，由于会计人员熟悉财经法规，掌握财务会计知识，有专业的会计工作经验，其违法犯罪往往经过预谋，犯罪手段方法隐蔽、"高超"，反侦查能力强，不易被发现，即使被发现了，也会利用自己的专业知识和账务处理技能，进行狡辩，有的甚至于毁迹灭证，或事后补账，以逃避侦查。在实践中，也常常发现，由于侦查人员、起诉人员和审判人员缺乏财务会计专门知识和司法会计专业知识，在一定程度上影响到了对会计人员职务犯罪案件的查处。笔者以自己实际办理的一起会计人员职务犯罪案件为例，来梳理、归纳和总结从侦查、起诉到审判阶段涉及鉴定问题的得与失，以期对司法实践提供有益的参考。

一、姜某贪污案侦诉审办案过程

姜某涉嫌贪污一案的司法会计鉴定是笔者在最高人民检察院检察技术研究所（检察技术信息研究中心前身）从事司法会计工作期间受理并办理的一起案件。当时由 S 省人民检察院委托我所对该案涉及的财务会计专门性问题进行司法会计鉴定。

---

① 于玉林主编：《会计百科大辞典》，上海财经大学出版社 2009 年版，第 78 页。

（一）被告人姜某的基本情况

姜某系国有文化事业单位的工作人员，自 1984 年至 1995 年 6 月一直担任 S 教社会计，1993 年《北方职教》创刊后又兼任该刊的会计，负责 S 教社的 88 户、89 户和北方职教户会计账，后又兼管该刊出纳工作。因涉嫌职务犯罪于 1994 年 10 月 6 日被立案侦查。其涉嫌犯罪的期间是 1992 年 12 月至 1994 年 12 月。涉嫌罪名为贪污罪（挪用公款罪）、诈骗罪。

（二）侦查情况

长县人民检察院接群众举报后，于 1994 年 10 月 6 日对姜某立案侦查，1995 年 9 月 29 日采取刑事拘留，10 月 11 日对姜某依法逮捕，于 1995 年 12 月 15 日侦查终结，以构成贪污罪、诈骗罪移送西川市人民检察院审查起诉。侦查终结认定的罪名为贪污罪、诈骗罪。具体内容参见起诉意见书。*

起 诉 意 见 书

长检（95）反贪诉字第 011 号

被告人姜某，女，现年四十八岁，汉族，中专文化，S 省西川市人，干部。一九九五年九月二十九日因贪污被刑事拘留，同年十月十一日被依法逮捕。捕前系 S 教社会计。

被告人姜某贪污一案，经本院于一九九四年十月六日立案，现已侦查终结，查明：

1. 被告人姜某在任 S 教社会计期间，掌管着该社 89 户（预算外户）、88 户（预算内户）、北方职教等银行账户。

一九九三年八月二日，被告人姜某以弥补经费不足为由，从 89 户给 88 户转款四万零六百六十元，实际转入北方职教银行账户，其中四万元未上该户现金账。

一九九三年十二月二十五日，被告人姜某以归还借款为由，从 88 户给北方职教银行账户转款三千六百七十二元七角，未上该户现金账。

---

* 在本案例中完整辑录了各阶段的法律文书，主要是客观呈现各诉讼阶段的办案情况，便于分析存在的问题。

一九九三年十二月三十日，被告人姜某从89户给88户转款一万元，实际转入北方职教银行账户，未上该户现金账。

一九九四年七月二十二日，姜某从89户给北方职教银行账户转款二万四千八百六十六元七角，其中二万三千四百零七角未上该户现金账。

一九九四年十月二十一日，被告人姜某从89户给北方职教银行账户转款二万六千元，其中二万五千元未上该户现金账。

以上转入北方职教银行账户五笔，共计十万零二千七十三元四角，被告人姜某于一九九三年八月至一九九四年十二月，共分二十九笔从北方职教银行账上以提取差旅费、备用金、医疗费为由，提取现金十万二千零七十三元四角，据为己有。

2. 一九八九年四月至十一月，西川邮局报刊发行科会计王某经与被告人姜某联系，擅自把本单位三十五万元，借用S教社账户转借给了西川华隆厂（集体性质企业），一九九二年被邮局发现，王某谎称此款给了S教社。因邮局追款，王某遂于一九九二年六月从华隆厂，经S教社账户归还邮局发行科二十五万元，又用姜某提供的S教社活期存折归还了所欠的十万元。三十五万元还清后，邮局发行科又向王某追收借款利息十一万九千七百元。王某先用现金支付了一万九千七百元；由于华隆厂已倒闭，王某向姜某借得个人大额可转让存单五万一千元，建行债券五万元作贷款抵押，于同年八月在市城市信用社贷款九万元。提取现金后，存入S教社活期存折上近四万元，又倒成定活两便存单，交给邮局发行科；一九九二年九月，王某两次共交给被告人姜某现金六万元，让其转交给邮局发行科，以清结借款利息，结果被姜某个人占有。一九九二年十二月四日，被告人姜某摹仿本社领导高某某签字，从89户给88户借款十万元，以支付7226厂成本费为名，把十万元转给邮局发行科替王某归还了利息款，邮局发行科把王某原交的四万元定活两便存单退给了姜某，被姜某取出现金归个人使用，一九九四年十二月，S教社审计账务时，发现姜某侵吞公款问题，一九九五年元月被告人姜某向审计处退还赃款十万元。

3. 一九九四年八月，被告人姜某在西川市美容院做美容术，花费三千五百八十一元三角，以医疗费为名欺骗组织，在单位报销；同年八月，被告人姜某的儿子成某患黄胆性肝炎，在305医院住院治疗，计医疗费一千六百四十九元九角，姜某以自己的姓名、单位让开据票据在S教社报销。

综上所述，被告人姜某身为国家工作人员，利用职务之便，采取弄虚做假、收入不进账的手段，侵吞公款二十万零二千零七十三元四角，数额特别巨大，情节特别严重，以欺骗手段骗取公款五千二百三十一元二角，数额巨大，其行为均已触犯《刑法》第一百五十五条、第一百五十二条和全国人大常委会《关于惩治贪污罪贿赂罪的补充规定》第二条第第一款之规定，已构成贪污罪、诈骗罪，应依法追究其刑事责任。故依据《刑事诉讼法》第九十三条第一款之规定，特移送审查，依法起诉。

此致

刑一科

反贪污贿赂工作局

一九九五年十二月十五日

附注：1. 被告人姜某现羁押在长县看守所。
2. 侦查卷宗四册。

（三）审查起诉情况

西川市人民检察院经审查后，以姜某构成挪用公款罪向西川市中级人民法院提起公诉。具体内容参见起诉书。

西川市人民检察院
起 诉 书

西检刑－诉字（1997）第5号

被告人姜某，女，现年四十九岁，汉族，中专文化程度，S省西川市人，住本市燕子区二村215号。一九八四年至一九九五年六月任S教社会计，一九九五年九月二十九日因贪污被刑事拘留，同年十月十一日被依法逮捕。捕前系S教社办公室干部。

被告人姜某挪用公款一案，业经长县人民检察院侦查终结，报送我院审查起诉，现查明：

（一）一九八九年四月至十一月，西川邮局报刊发行科（以下简称邮局）会计王某擅自把本单位三十五万元通过 S 教社账户转借给了西川华隆厂。一九九二年被邮局发现，王某谎称该款借给了 S 教社，后从华隆厂追回二十五万元通过 S 教社账户归还给邮局，又利用姜某提供的 S 教社活期存折上存入十万元归还给邮局。三十五万元本金还清后，邮局又向王某追收借款利息十一万九千七百元。王某先用现金归还邮局一万九千七百元。由于华隆厂倒闭，无力归还剩余款，王某即向姜某高息借得个人大额可转让存单五万一千元，建行债券五万元作贷款抵押，于同年八月在市城市信用社贷款九万元。提取现金后，再次存入 S 教社活期存折上四万元，又倒成定活两便存单，交给邮局发行科。一九九二年九月，王某先后两次交给被告人姜某现金六万元让其转交给邮局发行科，以结清借款利息，但被告人姜某以给私人还利息为名一直未给邮局归还。一九九二年十二月初，邮局通知被告人姜某“用十万元换十万元”，即让姜某从 S 教社账户给邮局转十万元利息款，同时邮局把王某交的四万元定活两便存单和邮局坐扣的应支付给 S 教社报刊款六万元退给姜某，一九九二年十二月四日，被告人姜某摹仿本社领导高某某签字，擅自从本单位 89 户给邮局转款十万元。尔后，被告人姜某将邮局退给 S 教社的四万元存单提取现金后，用于归还其借款利息，应将报刊款六万元冲销她擅自付给邮局的十万元中的部分账，而未进 S 教社的收入账。一九九四年十二月，S 教社在审计其账务时，被告人姜某为掩盖其挪用公款的事实，涂改 89 户会计账，将付邮局的十万元改为支付 7226 厂成本费而冲销。一九九五年元月，被告人姜某向审计处退还十万元。

（二）一九九三年八月二日，被告人姜某以弥补经费不足为由，从 89 户给 88 户转款四万零六百六十元，而实际转入北方职教银行账户。其中四万元未上北方职教收入账。

（三）一九九三年十二月二十五日，被告人姜某以归还借款为由，从 88 户给北方职教银行账户转款三千六百七十二元七角，未上北方职教收入账。

（四）一九九三年十二月三十日，被告人姜某从 89 户给 88 户转款一万元，实际转入北方职教银行账户，未上北方职教收入账。

（五）一九九四年七月二十二日，姜某从 89 户给北方职教银行账户转款二万四千八百六十六元七角，其中二万三千四百零七角未上北方职教收入账。

（六）一九九四年十月二十一日，被告人姜某从 89 户给北方职教银行账户转款二万六千元，其中二万五千元未上北方职教收入账。

以上被告人姜某为帮助王某归还挪用公款的本息，曾先后给王某高息借私款十七万余元，因华隆厂无力归还，王某告诉姜某华隆厂有半亩地，价值四十万元，如能找到买主，可给其还款。所以被告人姜某见有利可图，即从本单位 88 户和 89 户转入北方职教银行账户共计十万五千一百九十九元四角，其中十万二千零七十三元四角未上北方职教收入账，而是分二十九笔从北方职教银行账上以提取差旅费、备用金、医疗费等为由，全部提取现金准备用于购地，后因审计而未果。案发后已全部追回，发还单位。

上述事实，有证人证言、书证佐证，被告人姜某亦供认在卷，足以认定。

综上所述，被告人姜某身为国家工作人员，利用职务之便挪用公款二十六万二千零七十三元四角归个人使用，数额巨大，其行为已触犯全国人大常委会《关于惩治贪污罪贿赂罪的补充规定》第三条，构成挪用公款罪。为了保护公共财产，打击经济领域犯罪活动，根据《刑事诉讼法》第一百条之规定，特对被告人姜某提起公诉，请依法判处。

此致
S 省西川市中级人民法院

代理检察员：曲某某
王某某
一九九七年五月二十二日

注：被告人姜某现羁押于长县看守所；
附：案卷五册。

（四）一审情况

西川市中级人民法院在审理期间，委托会计师事务所"对犯罪行为人的行为"进行了鉴定，最终以挪用公款罪作出判处姜某有期徒刑七年的一审判决。具体情况详见委托鉴定书、鉴定报告书、刑事判决书。

委托鉴定书

S省万达会计事务所：

　　由西川市人民检察院提起公诉的姜某挪用公款一案，我院在审理中，发案单位多次来人来信反映，该姜的行为属于贪污，而不是挪用公款。据此，我院委托你所，依照我国财务管理规定，鉴定出被告人姜某的行为是挪用公款，还是贪污。

西川市中级人民法院

一九九七年七月十日

鉴定报告书

S省西川市中级人民法院：

　　我们接受贵院委托，根据《中华人民共和国会计法》、《企业会计准则》、《关于惩治贪污罪贿赂罪的补充规定》等法规，对西川市人民检察院提起公诉的姜某经济犯罪属贪污还是挪用公款一案进行鉴定。现将鉴定情况报告如下：

　　一、资料来源

　　1. 委托鉴定书

　　2. 西川市人民检察院起诉书西检刑－诉字（1997）第5号

　　3. 长县人民检察院关于姜某贪污、诈骗案卷一至五册。

　　二、被告人基本情况

　　被告人姜某，女，现年49岁，汉族，中专文化程度，S省西川市人。1984年至1995年6月任S教社会计，1995年9月29日因贪污被刑事拘留，同年10月11日被依法逮捕。

　　被告人姜某在S教社任会计期间，掌管该社预算内账户（88户）、预算外账户（89户）及《北方职教》编辑委员会三个银行账户。

　　三、经济犯罪鉴定范围

　　本鉴定报告范围为西川市人民检察院起诉书中已核实的姜某经济

· 157 ·

犯罪实事。

被告人犯罪事实简述如下：

1. 1992 年 12 月 4 日，被告人姜某摹仿本社领导高某某签字，擅自从本单位 89 户给邮局转款 10 万元，尔后，被告人姜某将邮局退 S 教社的 4 万元存单提取现金后，用于归还其他借款利息，应收报刊款 6 万元冲销她擅自付给邮局的 10 万元中的部分账，而未进 S 教社的收入账。1994 年 12 月，S 教社在审计其账务时，被告人姜某为掩盖其挪用公款的事实，涂改 89 户会计账，将付邮局的 10 万元改为支付 7226 厂成本费用冲销。1995 年元月，被告人姜某向审计处退还 10 万元。

2. 1993 年 8 月 2 日，被告人姜某以弥补经费不足为由，从 89 户给 88 户转款 40660 元，而实际转入北方职教银行账户，其中 4 万元未上北方职教收入账。

3. 1993 年 12 月 25 日，被告人姜某以归还借款为由，从 88 户给北方职教银行账户转款 367270 元，未上北方职教收入账。

4. 1993 年 12 月 30 日，被告人姜某从 89 户给 88 户转款 1 万元，实际转入北方职教银行账户，未上北方职教收入账。

5. 1994 年 7 月 22 日，被告人姜某从 89 户给北方职教银行账户转款 24866.70 元，其中 23400.70 元，未上北方职教收入账。

6. 1994 年 10 月 21 日，被告人姜某从 89 户向北方职教银行账户转款 26000 元，其中 25000 元未上北方职教收入账。

上述 2—6 项被告人姜某从本单位 88 户和 89 户转入北方职教银行账户共计 105199.40 元，其中 102073.40 元未上北方职教收入账，而是分 29 笔从北方职教银行账户上以提取差旅费、备用金、医疗费等为由，全部提取现金，未上北方职教现金账。案发后已全部追回，发还单位。

被告人姜某犯罪事实第 1 例，违反了《中华人民共和国会计法》第十条"会计凭证、会计账簿、会计报表和其他会计资料必须符合国家统一的会计制度的规定，不得伪造、变造会计凭证、会计账簿、伪造虚假的会计报表"的规定，私自摹仿领导签字、伪造会计凭证、账簿，利用涂改、挖补的手段，变造会计凭证、账簿，该犯在企业审计期间，进一步掩盖事实真相，将挪用公款的事实改为支付成本费用为冲销，从账务处理上改变了支付款项的性质。

被告人姜某犯罪事实第 2—6 例，违反了《企业会计准则》第十条

"会计核算应当以实际发生的经济业务为依据，如实反映账务状况和经营成果"的会计原则，采取收支不入账的手段，隐匿收入，占有现金。

被告人姜某犯罪事实同时违反了全国人大常委会《关于惩治贪污罪贿赂罪的补充规定》第二条第一款"国家工作人员、集体经济组织工作人员或者其他经手、管理公共财物的人员，利用职务上的便利，侵吞、盗窃、骗取或者以其他手段非法占有公共财物的，是贪污罪"的规定，利用职务上的便利，将国家财产据为己有。

四、鉴定结论

根据《中华人民共和国会计法》、《会计人员工作规则》、《关于惩治贪污罪贿赂罪的补充规定》等有关法律、条规以及被告人姜某的犯罪动机、手段和事实，我们认为被告人姜某的经济犯罪行为属于贪污。

S省万达会计师事务所

鉴定人：王某某

牛某某

1997年7月15日

S省西川市中级人民法院
刑　事　判　决　书

（97）西刑二初字第40号

公诉机关西川市人民检察院。

被告人姜某，女，四十九岁（一九四八年六月十日出生），汉族，S省西川市人，中专文化程度，住西川市燕子区二村215号。S省教社办公室干部。一九八四年至一九九五年六月担任S教社会计。一九九五年九月二十九日因贪污被刑事拘留，同年十月十一日被依法逮捕。现羁押于长县公安局看守所。

辩护人刘某某、关某某，S省某律师事务所律师。

西川市人民检察院于一九九七年五月二十二日以被告人姜某犯挪用公款罪向本院提起公诉，本院受理后，依法组成合议庭，公开开庭审理了本案。西川市人民检察院代理检察员曲某某、王某某出庭支持公诉。被告人姜某及辩护人刘某某、关某某到庭参加了诉讼。本案经合议庭评议，审判委员会进行了讨论并作出决定，现已审理终结。

西川市人民检察院西检刑－诉字（1997）第 5 号起诉书指控，被告人姜某在担任 S 教社会计期间，利用职务之便，挪用公款二十六万二千零七十三元四角归个人使用。其行为已触犯全国人大常委会《关于惩治贪污罪贿赂罪的补充规定》第三条之规定，构成挪用公款罪，提请依法惩处。

被告人姜某对起诉书指控的犯罪事实在预审时有供述在卷。庭审中被告人姜某及辩护人对起诉书指控的挪用公款罪罪名无异议，但辩护称，挪用公款的数额不是起诉书指控的二十六万二千零七十三元四角，而是十四万二千零七十三元四角。

经审理查明：

（一）一九八九年四月至十一月，西川邮局报刊发行科会计王某擅自将本单位三十五万元通过 S 教社账户转借给西川华隆厂。嗣后，邮局发行科发现了王某挪用公款的行为，该王谎称三十五万元借给了 S 教社，后又通过 S 教社的账户将三十五万归还给了邮局发行科。该发行科又向王某追收使用三十五万元的利息十一万九千七百元；王某先用现金归还给邮局发行科一万九千七百元。为了归还其余利息款，王某向姜某高息借得个人五万一千元大额可转让存单，建设债券五万元作贷款抵押，在市城市信用社贷款九万元。王某将九万元中的四万元存入被告人姜某提供的 S 教社活期存折上，后又倒成定活两便存单，交给了邮局发行科，作为归还尚欠邮局发行科十万元利息中的一部分。一九九二年九月，王某又先后二次交给被告人姜某现金六万元，让姜交给邮局发行科，以结清利息。但被告人姜某将此六万元没有转交邮局发行科，归个人使用。同年十二月初，邮局发行科为了收取全部利息款，从应支付 S 教社报刊款中扣取六万元，并通知被告人姜某从 S 教社给邮局发行科转款十万元，邮局发行科将王某交给的四万元存单和坐扣 S 教社的报刊款六万元退给 S 教社。十二月四日，被告人姜某摹仿 S 教社领导高某某的签字，擅自从本单位 89 号账户给邮局发行科转款十万元。尔后，被告人姜某将邮局发行科退给 S 教社的四万元存单提取现金后，归个人使用。将 S 教社应收的报刊款六万元，冲销其擅自付给邮局发行科十万元中的部分账。一九九四年十二月，S 教社在审计被告人姜某账务时，被告人姜某为掩盖挪用公款十万元的事实，涂改 S 教社 89 户会计账目，将支付邮局发行科的十万元改为支付 7226 厂成本费。一九九五年元月，被告人姜某向 S 教社审计处退还了十万元。

（二）一九九三年八月二日至一九九四年十月二十一日，被告人姜某以给 S 教社买地为由，擅自从自己掌管的 88 户和 89 户账户上以归还借款、倒款等为由，五次给其掌管的北方职教银行账户转款十万五千一百九十九元四角，其中十万二千零七十三元四角未上北方职教收入账。而是以提取差旅费、备用金、医疗费等为由，提取现金归个人使用。案发后，该款已全部追回，发还受害单位。

上述事实，有王某、杨某某、黎某某、高某某、杨某某、刘某、赵某、薛某某、茹某某、易某某、袁某某等人证言；有被告人姜某伪造 S 教社领导签字的借款单、涂改的会计账、记账凭证、转款的进账单、转账支票、银行对账单、7226 厂和北方职教的账目、西川市人民检察院技术鉴定书等证据在案证实。被告人姜某亦有多次供述在卷，且与以上证据能相互印证，足以认定。

本院认为，被告人姜某身为国家工作人员，利用职务之便，将 S 教社公款二十万二千余元归个人使用，其行为已构成挪用公款罪。案发前，被告人姜某向 S 教社退还了十万元。案发后，又追回十万二千零七十三元四角。西川市人民检察院指控被告人姜某所犯罪名成立。唯指控被告人姜某挪用公款二十六万二千零七十三元四角的数额有误，应予更正。对被告人姜某及其辩护人之辩护理由，经查，被告人姜某挪用公款二十万二千余元归个人使用，既有 S 教社被挪用的账目、转账支票、银行对账单、被姜某涂改的 S 教社的账户等证据在案证实，又有王某的证言在卷证实。被告人姜某亦对挪用公款的数额多次供述，且退还了全部挪用的公款，故被告人姜某及辩护人就挪用公款数额应为十四万二千余元之辩护理由，不能成立，本院不予采纳。为了打击经济犯罪活动，保障国家财产不受侵犯，兹依照全国人大常委会《关于惩治贪污罪贿赂罪的补充规定》第三条第一款之规定，判决如下：

> 被告人姜某犯挪用公款罪，判处有期徒刑七年（刑期自一九九五年九月二十九日起执行至二〇〇二年九月二十八日止）。
>
> 如不服本判决，可在接到判决书次日起十日内，通过本院或直接向 S 省高级人民法院提出上诉，书面上诉的应交上诉状正本一份，副本二份。
>
>
>
> 审　判　长　李某某
>
> 人民陪审员　杨某某
>
> 人民陪审员　吕　某
>
> 一九九七年九月二日
>
> 书　记　员　郝　某
>
>

（五）二审情况

西川市中级人民法院一审宣判后，姜某不服提出上诉。S 省高级人民法院在审理期间，委托某会计师事务所对姜某的"犯罪事实所涉及的账务进行鉴定"，法院在审理后，以事实不清、证据不足为由，裁定撤销原判决，发回重审。具体情况详见委托鉴定书、鉴定报告和二审刑事裁定书。

委托鉴定书

（1997）S 刑三终委字第 106 号

S 省东方会计师事务所：

兹委托你所，对西川市中级人民法院认定的姜某的犯罪事实所涉及的账务进行鉴定。即确定姜某的记账方法是否规范？姜某涂改后的账务在财会业务中属于什么手段？什么性质的问题？其理由是什么？会带来什么后果？姜某涂改后的账务有无恢复、补正的可能和余地？如何才能恢复和补正？她涂改后的账务又说明什么问题？原审法院认定姜某的犯罪事实所涉及的几笔账务有无挂账？是哪些？为什么？

附：原审判决书一份
　　卷宗五宗
　　S 教社 89—94 年度账本、91—92 年度账凭单

S 省高级人民法院

一九九七年十二月十二日

关于 S 教社会计姜某
犯罪事实所涉及账务的鉴定报告

S 省高级人民法院：

　　根据 S 省高级人民法院（1997）S 刑三终字第 106 号委托鉴定书要求，我们依据国家有关财经法规和相关财会计制度，依据贵院提供的案卷及财务资料，对西川市中级人民法院认定的原 S 教社会计姜某犯罪所涉及的账务进行了检查验证，现将鉴定结果报告如下：

　　1. 姜某 1992 年 12 月 ~1994 年 12 月占用公款 10 万元的犯罪事实及账务处理经过。据案卷反映，1989 年 4 月 ~11 月，西川邮局发行科会计王某擅自将本单位公款 35 万元，分 5 笔通过 S 教社账户转给了西川华隆厂。1992 年 4 月邮局发行科在结算一季度报刊款时发现了王某挪用公款的行为，该王谎称 35 万元借给了 S 教社并言明有利息，很快通过 S 教社账户将 35 万元归还了邮局发行科。S 教社领导及会计姜某违反银行账户管理办法为王某挪用公款提供了账户，对此应负有责任。

　　1992 年 5 月，王某与邮局发行科结算了借出 35 万元应计利息 119700 元，此前王曾付给单位利息 18000 元现要，随即又支付了 1700 元现金，尚欠利息 10 万元整。此后邮局发行科督促王某追收所欠利息，否则就要给其处分。1992 年 7 月王某从华隆厂要不回所欠利息，便向姜某个人高息借得 5.1 万元大额可转让存单和建设债券 5 万元，

· 163 ·

作为抵押在市城市信用社贷款 9 万元。王将其中 4 万元存入由姜某提供的 S 教社活期存折上，1992 年 10 月又倒成户为 S 教社的定活两便存单，交给了邮局发行科，作为以 S 教社名义归还尚欠邮局发行科 10 万元利息中的 4 万元。1992 年 9 月，王某分两次交给姜某现金 6 万元，让姜某通过 S 教社账户结清所欠邮局全部利息。姜某并未将此 6 万元现金通过 S 教社账户向邮局发行科转款，也没有将 6 万元交回 S 教社现金或银行存款账户，而是将该 6 万元归个人使用。

1992 年 12 月，邮局发行科为了尽快收回所欠利息，从应支付 S 教社报刊收入款中扣取 6 万元，并通知 S 教社会计姜某通过 S 教社账户向邮局发行科转款 10 万元，再将王某交的 S 教社 4 万元存单和扣取的 S 教社 6 万元报刊收入款退给 S 教社。姜某为了给王某帮忙，1992 年 12 月 3 日谎称给 7226 厂支付印刷费，从休假的出纳赵某处领得转账支票（9714 号）一张，于 1992 年 12 月 4 日擅自给邮局发行科转了 10 万元。邮局发行科随即于 1992 年 12 月 8 日开具了收款收据，退还了 S 教社的 4 万元存单，支付了扣取 S 教社的 6 万元报刊收入款。此间，王某为逃避法律制裁说服 S 教社领导以 S 教社名义出具借款证明。经 S 教社领导同意，由姜某起草，S 教社出具了 "S 教社借邮局发行科 35 万元" 的虚假证明。S 教社会计姜某及单位领导，为他人挪用公款提供账户本身是错误的，出具假证明更是错误的，对此应负有责任。按照单位领导交代的 "国家、单位不受损失" 的原则，姜某对上述业务的处理方法应当是：①将邮局发行科退还的 4 万元存单入单位现金或银行存款账户，冲销暂付邮局款 4 万元；②将王某交付的 6 万元现金入单位现金或银行账户，冲销暂付邮局款 6 万元；③将收到邮局扣取的 6 万元报刊款入单位收入账户，至此账务结平。如果这样做，此事单位领导知晓，有王某交款收据，账务记录清楚，担任会计的姜某就不会存在挪用公款之嫌，也不会有贪污公款之罪。但事实上姜某并没有这样做。

1993 年元月，姜某将邮局扣取的 S 教社应收的报刊款，没有做收入入账，而是冲销了擅自付给邮局发行科 10 万元中的 6 万元。1993 年 3 月姜某将邮局退还的 S 教社存单 4 万元通过王某取出现金后，亦未交单位入账而归个人使用。直到 1994 年 12 月，在长达两年的时间里，并没有将应交回单位的 10 万元交回单位，也没有对此笔业务进行补正，亦没有将事实情况告知单位领导。更为错误的是，在 S 教社 1994 年 12 月审计姜某账务时，姜某将 1992 年 12 月 4 日转付邮局 10 万元一笔业务的正确记录，涂改为预付成本 10 万元，并涂改了转账支票存根（9714），将汇往单位由"市邮局报刊户"改为"7226 工厂"，将用途"倒账"改为"支付印刷费"，同时还伪造了有领导签字的借款单。由于 S 教社预算内（88 户）和预算外（89 户）业务往来账务处理很不规范，事实上 88 户向 89 户借款不再归还，而是年终通过预算外（89户）其他暂存与其他暂付冲销，对此作为具体处理账务的会计人员姜某是十分清楚的。姜某之所以涂改账务，正是为了把本应归还的暂付邮局的 10 万元，作为 88 户向 89 户借款支付印刷费，而最终由 89户暂存款予以冲销。1994 年 12 月在审计 S 教社账务中，姜某占用 10万元公款的事实败露，1995 年元月姜某向审计处退还了占用的 10万元。

2. 姜某 1993 年 8 月～1994 年 12 月占用公款 102073.40 元的犯罪事实及账务务处理经过。1993 年 8 月～1994 年 10 月，姜某利用自己掌管 88 户、89 户和《北方职教》账户之便，采取涂改和伪造账目，虚拟付款用途，收入不进账等手段，先后 5 次累计将 102073.40 元公款转出账外，逃避财务监督，企图据为己有。具体事实是：①1993 年8 月 2 日，姜某以弥补经费不足为由，从 89 户给 88 户转款 40000 元，实际上 88 户并未收到此笔款项，而是分两笔 5110 元和 35550 元转给了《北方职教》银行账户，且涂改了支票存根，660 元是单位费用，在 89 户列支，40000 元作为 88 户借款挂账；②1993 年 12 月 25 日，姜某以归还借款为由，从 88 户给《北方职教》银行账户转款 3672.70元；③1993 年 12 月 30 日，姜某从 89 户给《北方职教》银行账户转款10000 元，而给 88 户作为借款挂账；④1994 年 7 月 22 日，姜某从 89户给《北方职教》银行账户转款 24866.70 元，单位使用 1466 元，实际转入《北方职教》银行账户 23400 元；⑤1994 年 10 月 21 日，姜某从 89 户给《北方职教》银行账户转款 26000 元。这是严重违反财经纪律的舞弊行为。如果说姜某是为了单位利益，至少应当告知单位领导，并应有其他人员知晓具体款项及金额，否则纯属个人行为。如果姜某仅仅只是将款转出账外，并未提取现金，此款仍存于《北方职教》银行账户，只是未在账面反映，逃避财务监督，只有据为己有的可能，尚未构成据为己有的事实。而事实上，姜某先后转出公款达 10 万元之多，历时一年有余，单位无人知晓，并且在 1993 年 8 月～1994 年 12 月间，利用自己掌管《北方职教》账户支票、印鉴之便，先后分 29 笔以提取差旅费、备用金、医疗费为由提取现金 102073.40 元，没有交回单位而归个人使用。案发后，1996 年 10 月才由检察机关追回本息计 125840.04 元，发还 S 教社。

3. 姜某 1994 年 12 月涂改后的账务不可能再恢复原貌，涂改账务的结果，掩盖了占有公款 10 万元的真相。S 教社 89 户 88—92 年总账属于订本账，就此本账而言，涂改后就不可能再恢复原貌，只能进行正确的更正。如果如实反映涂改及补正的各项账务记录，就需交付 10 万元入单位现金或银行存款户，以冲销暂付邮局的 10 万元款项，否则账仍结不平。由于 S 教社在账务处理上事实上 88 户不再归还借 89 户之款项，故姜某将 1992 年 12 月 4 日支付邮局 10 万元涂改为支付 7226 厂印刷费给 88 户挂账，最终将作为成本列支。这样邮局退还的 4 万元存单和王某交付的 6 万元就可以永远归姜个人占有。应当指出，S 教社财务管理混乱，账务处理很不规范，缺乏内部控制制度，是形成会计人员作弊的外在条件。特别是，88 户借 89 户之款项，长期挂其他暂付，年终不予清理结转，而是将结算性账户暂存账户余额与暂付账户余额直接冲销，这是不正确的，不符合财务会计制度。

4. 姜某犯罪事实涉及的几笔账务均不属于挂账。判断某笔业务是否属于挂账：一是暂付账户明确记录了该笔业务；二是记账的依据合法、真实、准确；三是对方账户收到了该笔款项并在往来账户中对该笔业务作了相应的会计记录，三者缺一不可。姜某犯罪事实涉及的几笔账务均不符合挂账的相关规定。

（1）1992 年 12 月 4 日，S 教社转付邮局 10 万元款项，实际上是代王某归还欠邮局的应收利息款项，此款应当由王某归还 S 教社。89 户暂付账户为邮局挂账的记录是不正确的，邮局并不欠 S 教社款项，也不会在应付账户中记录，不属于挂账。1994 年 12 月 4 日姜某将转付邮局 10 万元款项，涂改为支付 7226 厂印刷费，虽然 89 户暂付账户中有记录，但伪造了原始凭证，记账依据是非法的，且 7226 厂并未收到款项，88 户亦没记录此笔业务。

（2）1993 年 3 月 2 日～1994 年 10 月姜某从自己掌管的 88 户、89 户

给《北方职教》账户转款五笔计 102073.40 元，虽然 88 户、89 户暂付账户中有记录，但虚拟了付款用途，记账依据不正确，且《北方职教》账户并没有记录上述五笔业务，姜某提取现金后又没有入该户现金账，不存在给《北方职教》账户挂账。姜某犯罪事实涉及的共六笔业务，均不符合挂账的相关规定，不属于挂账。

综上所述，姜某 1992 年 12 月至 1994 年 12 月占用公款 10 万元和 1993 年 8 月至 1994 年 12 月占用公款 102073.40 元的账务处理经过是十分清楚的；涂改的账务不可能再恢复原貌，也不存在挂账问题；其账务处理方法不符合财会制度相关规定，是错误的；采用涂改账目、伪造凭证、虚拟付款用途等手段将公款据为己有，更是错误的，是严重的犯罪行为。

附件：1. 鉴定人资格证明
2. 事务所营业执照复印件
3. 业务委托书

S 省东方会计事务所
中国注册会计师　周　某
中国注册会计师　樊某某
一九九八年二月二十三日

S 省高级人民法院
刑 事 裁 定 书

（1997）S 刑三终字第 106 号

原公诉机关西川市人民检察院。

上诉人（原审被告人）姜某，女，四十九岁（一九四八年六月十日出生），汉族，S 省西川市人，中专文化程度，住西川市燕子区二村 215 号。S 教社会计。一九九五年九月二十九日被刑事拘留，同年十月十一日被逮捕。现羁押于长县看守所。

辩护人刘某某、关某某，S 省某律师事务所律师。

西川市中级人民法院审理被告人姜某挪用公款一案，于一九九七年九月二日作出（97）西刑二初字第40号刑事判决，认定被告人姜某犯挪用公款罪，判处有期徒刑七年。被告人姜某不服，以判决确认的挪用公款数额有误，量刑过重为由，提出上诉。本院依法组成合议庭，审理了本案。

本院认为，原审判决认定的犯罪事实不清、证据不足。依照《中华人民共和国刑事诉讼法》第一百八十九条（三）项之规定，裁定如下：

一、撤销西川市中级人民法院（97）西刑二初字第40号刑事判决；

二、发回西川市中级人民法院重新审判。

审判长　马某某

审判员　张某某

审判员　武某某

审判员　张某建

审判员　闫某某

一九九八年三月十九日

书记员　魏某某

（六）发回重审后的情况

西川市中级人民法院开庭重审后，对姜某以贪污罪判处有期徒刑十三年，剥夺政治权利三年。西川市人民检察院认为一审判决适用法律不当，定性不准，判决确有错误，向S省高级人民法院提出抗诉。S省高级人民法院将本案移送S省人民检察院审阅，并回复是否支持抗诉。S省人民检察院为查明有关事实，遂委托最高人民检察院检察技术科学研究所进行司法会计鉴定。具体情况详见刑事判决书、刑事抗诉书、委托鉴定书。

S省西川市中级人民法院
刑 事 判 决 书

（1998）西刑二初字第 13 号

公诉机关西川市人民检察院。

被告人姜某，女，五十岁（一九四八年六月十日出生），汉族，S省西川市人，中专文化程度，住西川市燕子区二村 215 号。S 教社办公室干部。一九八四年至一九九五年六月担任 S 教社会计。一九九五年九月二十九日因贪污被刑事拘留，同年十月十一日被依法逮捕。现羁押于长县看守所。

辩护人刘某某、关某某，S省某律师事务所律师。

西川市人民检察院于一九九七年五月二十二日以被告人姜某犯挪用公款罪向本院提起公诉，本院于一九九七年九月二日以（97）西刑二初字第 40 号刑事判决书以挪用公款罪，判处被告姜某有期徒刑七年，宣判后，被告人不服，向本院提出上诉。S省高级人民法院于一九九八年三月十九日以（1997）S 刑三终字第 106 号刑事裁定书，认为原判认定的犯罪事实不清，证据不足，依法撤销本院判决，发回重审。本院依法另行组成合议庭，公开开庭审理了本案。西川市人民检察院代理检察员曲某某、王某某出庭支持公诉。被告人姜某及辩护人刘某某、关某某到庭参加诉讼，应被告人姜某的申请，证人王某、高某某、杨某东出庭作证。本案经合议庭评议，审判委员会进行了讨论并作出决定，现已审理终结。

西川市人民检察院以西检刑－诉字（1997）第 5 号起诉书指控被告人姜某在担任 S 教社会计期间，利用职务之便，挪用公款二十六万二千零七十三元四角归个人使用。其行为已触犯全国人大常委会《关于惩治贪污罪赌赂罪的补充规定》第三条之规定，构成挪用公款罪，提请依法惩处。

庭审中，被告人姜某及辩护人对起诉书指控挪用公款罪无异议，但辩称挪用公款的数额为四万元，挪用公款未用于非法活动和营利活动，且赃款已全部退还，要求从轻减轻处罚。

经审理查明：一九八九年四月至十一月，西川邮局报刊发行科会计王某擅自将本单位三十多万元公款，通过S教社账户分五笔转借给西川华隆厂。一九九二年四月，邮局发行科在结算一季度报刊款时，发现了王某挪用公款的行为，该王慌称三十五万元借给了S教社并言明有利息。后又通过S教社账户将三十五万元归还了邮局发行科。一九九二年五月，王某与邮局发行科结算三十五万元利息为十一万九千七百元，此前，王某二次用现款归还利息一万九千七百元，尚欠利息十万元整。一九九二年七月，王某向华隆厂要不回所欠利息，便向姜某个人高息借得五万一千元大额可转让存单和五万元建设债券，以此作为抵押，在市城市信用社贷款九万元，王将其中四万元存入由被告姜某提供的S教社活期存折上，一九九二年十月又倒成户头为S教社的定活两便存单，交给了邮局发行科，作为以S教社名义归还尚欠邮局发行科十万元利息中的四万元。一九九二年九月，王某分两次交给姜某现金六万元，让姜通过S教社账户结清所欠邮局全部利息。被告人姜某未按王某要求办理，而将六万元现金归个人使用。一九九二年十二月，邮局发行科为收回所欠利息，从应支付S教社报刊款中坐扣六万元，并通知S教社会计姜某通过S教社账户向邮局发行科转款十万元，将王某交的S教社四万元存单和坐扣的六万报刊款退给S教社。姜某为了给王某帮忙，一九九二年十二月三日，慌称给7226厂支付印刷费，从休假的出纳赵某处领得转账支票一份（票号：9714），于一九九二年十二月四日，擅自给邮局发行科转了十万元。邮局发行科于一九九二年十二月八日开具了收款收据，退还了S教社四万元存单，支付了坐扣的S教社六万元报刊款。此间，王某说服S教社领导以S教社名义出具了"S教社借邮局发行科三十五万元"的虚假证明。一九九三年元月，姜某将邮局坐扣又归还的S教社应收的六万元报刊款，没有做收入入账，而是冲销了擅自付给邮局发行科十万元中的六万元，一九九三年三月，姜某将邮局退还的S教社存单四万元通过王某提取现金后，亦未交单位入账而归个人使用。一九九四年十二月，S教社审计姜某账务时，姜某将一九九二年十二月四日转付邮局发行科十万元，涂改为预付成本十万元，并涂改了转账支票存根（9714号），将"汇往单位"由"市邮局报刊户"改为"7226工厂"，将"用途：倒账"改为"支付印刷费"，同时还摹仿S教社领导高某某的签名，填写了"借款单"。一九九五年元月，姜某向审计处退还了占用的十万元。

一九九三年八月二日至一九九四年十月二十一日，姜某利用自己掌管的S教社"88户"、"89户"和北方职教账户之便，以"归还借款""倒款"等为由，分五次从"88户"、"89户"账上给北方职教银行账户转款十万五千一百九十九元四角，其中十万二千零七十三元四角未上北方职教收入账，而直接从北方职教银行账户以提取差旅费、备用金、医疗费等为由，提取现金归个人使用。案发后，该款已全部追回，发还原单位。

上述事实，有王某、高某某、赵某、杨某某、杨某东、黎某某、易某某、刘某、茹某某、薛某某、袁某某等人证言证实，且有被告人姜某伪造S教社领导签字的"借款单"，涂改的会计账目、记账凭证，转款的进账单、转账支票、银行对账单，7226工厂和北方职教的账目和西川市人民检察院技术鉴定书，S省东方会计事务所"鉴定报告"等证据在案佐证，被告人姜某亦有多次供述在卷，以上证据均能相互印证，足以认定。

本院认为，被告人姜某身为国家工作人员，利用职务之便，采取涂改支票和账目，伪造原始凭证，虚拟付款用途，收入不进账等手段，侵吞公款二十万二千零七十三元四角，其行为已构成贪污罪，依法应予惩处。西川市人民检察院对被告人姜某以挪用公款罪起诉，定性有误，应予纠正。被告人及其辩护人提出其挪用公款数额为四万元，且未用于非法和营利性活动，要求从轻处罚的辩解理由，经查与事实不符，不予采纳。为了打击经济犯罪活动，保障国家财产权利不受侵犯，兹依照《中华人民共和国刑法》第十二条、第三百八十二条、第三百八十三条第一项和第五十五条、第五十六条之规定，判决如下：

被告人姜某犯贪污罪判处有期徒刑十三年（刑期自一九九五年九月二十九日起至二〇〇八年九月二十八日止）。附加剥夺政治权利三年。

如不服本判决，可在接到判决书次日起十日内通过本院或直接向S省高级人民法院提出上诉，书面上诉的，应交上诉状正本一份，副本二份。

审　判　长　霍某某

人民陪审员　张某某

人民陪审员　张　某

一九九八年五月十五日

书　记　员　梁某某

西川市人民检察院
刑 事 抗 诉 书

西检刑－抗字［1998］1 号

S 省高级人法院：

本院一九九八年六月二十六日收到西川市中级人民法院一九九八年五月十五日（1998）西刑二初字第 13 号对被告人姜某挪用公款一案的刑事判决书，经审查认为：该判决认定事实与我院起诉书认定事实无异，但对被告人姜某以贪污罪定性适用法律不当，定性不准，确有错误。理由如下：

（一）判决书认定第一笔被告人姜某挪用 10 万元为贪污的依据是 S 省东方会计师事务所做的鉴定报告。该报告称："姜某之所以涂改账务，正是为了把本应归还的暂付邮局的 10 万元，作为 88 户向 89 户借款支付印刷费，而最终由 89 户暂存款予以冲销。"我们认为，该结论是不符合实际情况的一种推断。

1. 从犯罪的客观方面看，被告人姜某挪用本单位 10 万元替王某归还了欠邮局的 10 万元利息，姜某虽然采取了涂改账目、伪造原始凭证的方法掩盖了其给邮局转付 10 万元的事实，但并未改变 10 万元仍在 89 户暂付科目挂账的性质，也就是说 10 万元的财产指标在账面未核销，姜某并未用假发票冲销此账，这是贪污罪和挪用公款罪在客观方面所表现的根本区别。会计鉴定报告上所称"88 户向 89 户借款不再归还，而是年终通过预算外（89）户其他暂存与其他暂付冲销"与事实不符，从 S 教社以往的账务处理情况看，88 户借 89 户的款，89 户在暂付科目里表现为常年结转，并未冲销，而会计鉴定报告上"最终由 89 户暂存款与暂付款冲销"，只是对姜某将来可能会如此处理账务的推测，但事实上并未发生。我们认为认定犯罪必须以已经发生的事实，依据法律进行认定，而不能对未来的推断进行认定。这是有悖于刑法关于"以事实为根据，以法律为准绳"原则的。

2. 从被告人姜某犯罪的主观方面来看，其挪用公款是为了帮助王某归还欠款，所做的假账也是为了应付审计检查，并不能证明其有贪污的故意。况且姜某与王某之间有借贷关系。王某一直未给姜某归还借款，怎么能证明姜某有贪污 10 万元的故意？

3. 从犯罪侵害的客体上看，10 万元在 S 教社 89 户挂账，财产所有权并未转移，S 教社有收回的可能，事实上，审计发现后，姜某在案发前将 10 万元退还单位。

（二）判决书认定我院起诉书指控的被告人姜某从 88 户和 89 户给北方职教户转款十万零二千元，未在北方职教记账，而提取了现金，是收入不记账，故认定是贪污。这是不妥当的：

1. 所谓收入不记账是指单位的经营利润等收入，在单位无人知道的情况下，收入不记账，侵吞归己，而此五笔情况是本单位 88 户和 89 户给北方职教户的转款倒账，而银行资金并未增加，不属于收入，十万二千元在北方职教户虽未记账，但在 88 户和 89 户有付出的记载，仍属挂账，客观表现仍是挪用性质。

2. 被告人姜某在北方职教户提现十万二千元的主观动机是为了倒买土地，让王某给其归还借款，所以主观方面表现是挪用的故意，而不是贪污的故意。

综上所述，本院认为被告人姜某的行为符合挪用公款罪的主客观特征，构成挪用公款罪，西川市中级人民法院（1998）西刑二初字第 13 号判决书定性不准，应予纠正。根据我国《刑事诉讼法》第一百八十一条的规定，经我院检察委员会研究决定，特向你院提出抗诉，请依法予以纠正。

西川市人民检察院
一九九八年七月三日

委托鉴定书

S 检诉委字〔1998〕1 号

检察技术科学研究所：

　　长县人民检察院立案侦查的犯罪嫌疑人姜某贪污一案，侦查终结后，以贪污罪报送西川市人民检察院审查起诉。西川市人民检察院审查后，对被告人姜某以挪用公款罪向西川市中级人民法院提起公诉。西川市中级人民法院开庭审理后，以挪用公款罪判处姜某有期徒刑七年。姜某不服提出上诉。S 省高级人民法院审理后，以事实不清、证据不足为由，裁定撤销判决，发回重审。西川市中级人民法院开庭重审后，对姜某以贪污罪判处有期徒刑十三年，剥夺政治权利三年。西川市人民检察院认为一审判决适用法律不当，定性不准，判决确有错误为由，向 S 省高级人民法院提出抗诉。S 省高级人民法院将本案移送我院审阅，并回复是否支持抗诉。

　　我院对被告人姜某贪污一案进行了全面审查。西川市中级人民法院对姜某的犯罪事实以贪污定性，采信的证据之一是 S 省东方会计事务所作的"关于 S 教社会计姜某犯罪事实所涉及账务的鉴定报告"。该鉴定报告的结论是："姜某 1992 年 12 月至 1994 年 12 月占用公款 10 万元和 1993 年 8 月至 1994 年 12 月占用公款 102073.40 元的账务处理经过是十分清楚的；涂改的账务不可能再恢复原貌，也不存在挂账问题；其账务处理方法不符合财会制度相关规定，是错误的；采用涂改账目、伪造凭证、虚拟付款用途等手段将公款据为己有，更是错误的，是严重的犯罪行为。"西川市人民检察院抗诉书认为，被告人姜某犯罪事实所涉及的六笔账务属挂账性质，财产指标在账面未核销，姜某亦未用假发票冲销账，财产所有权未转移。故属于挪用公款犯罪行为。

　　请你所对被告人姜某从 1992 年 12 月至 1994 年 12 月的犯罪事实所涉及的六笔计 207073.40 元的财会账务进行司法会计鉴定。确认财产的使用权或所有权是否已经转移。

附：1. 侦查卷伍册、审判卷两册；
　　2. 起诉意见书、起诉书、判决书、裁定书、抗诉书、鉴定报告各两份；
　　3. 89 户记账本两册，1995 年 1 月至 5 月记账凭单两册。

S 省人民检察院
一九九八年十月十六日

二、姜某贪污案的司法会计鉴定过程

接案后，我们与 S 省人民检察院的送检人员、办案人员进行了沟通，按照法律规定履行并办理了委托手续，查验、清点了本案卷宗和相关的送检资料，并开始着手检验准备和鉴定工作。具体过程是：

（一）准备工作

针对本案被告人是会计专业人员，本案业已历经多次司法会计鉴定，又经过了一审后不服判决上诉，二审裁定撤销原判决并发回重审，再一审后公诉机关提出抗诉的这个复杂过程，我们并未急于就送检机关的委托鉴定事项开始进行鉴定，而是做了一些准备工作。事后来看，充分的准备工作，为顺利解决问题打下了良好的基础。主要工作是：

1. 通过阅卷，分析案情，找出争议焦点。

基于送检人员前期的简要案情介绍，我们认为，对于姜某的基本犯罪事实，无论是侦查人员还是审查起诉人员、审判人员，其认识并无大的分歧。之所以侦查认定的罪名与提起公诉的罪名、两次一审定罪的罪名、发回重审后一审罪名与公诉罪名等不同，其主要的原因在于对姜某犯罪行为的性质认定上存在分歧。除了审判人员对案件事实和证据本身的认识外，其中的一个原因是，案件在起诉阶段、一审阶段、二审阶段的司法会计鉴定结论（意见）不同，在一定程度上影响到了办案人员对姜某犯罪行为定罪量刑的差异。因此，本案的争议焦点在于对姜某实施犯罪过程中所进行的财务行为、会计行为以及具体账务处理的认定。这是争议的关键点。由此，从诉讼目的或鉴定目的来讲，就是要通过司法会计鉴定，对姜某涉案财务行为、会计行为及其账务处理进行检验分析，确认财务会计处理的合法性、真实性、正确性问题，从而结合案件中的其他证据，来证明姜某的犯罪行为到底是贪污行为还是挪用公款的行为。这是本案争议的焦点问题。

需要说明的是，鉴定人对案件争议焦点问题的分析和归纳，并不是说鉴定人要通过鉴定去解决这些问题，而是通过分析归纳，找到争议问题所在，也就明确了送检的鉴定目的，这也是实践中侦查人员、起诉人员、审判人员往往需要司法会计专业人员提供帮助和支持的地方。针对这一鉴定目的，为完成或达到这个鉴定目的，鉴定人利用司法会计专门知识，选择鉴定思路，运用鉴定原理和方法，有针对性地解决案件中所需要解决的问题，这样才能帮助案件承办人员最终解决问题。这个过程，是在很多案件中都需要经历的。

笔者认为，在具体的司法会计鉴定过程中，针对具体的案件，无论是听送检人员介绍案情，还是通过阅卷，了解和熟悉案情，检测送检的财务会计资料，有针对性地弄清案件所涉及的具体财务会计行为、财务会计事实，是鉴定人在开始实施检验鉴定前必须要做的一项重要工作。

2. 分析研究前几次鉴定结论（意见），理清鉴定的工作思路。

根据对案件争议焦点的分析和判断，在其他证据具备的同等条件下，之所以发生争议的关键因素是，在一审阶段、二审阶段的两份鉴定结论（意见），以及审判人员的认识，对案件的起诉和审判起到了不同的作用。因此，我们分别列示并仔细阅读分析了一、二审期间的两次鉴定的情况。

一审期间，西川市中级人民法院委托万达会计师事务所进行鉴定，鉴定要求是"依照我国财务管理规定，鉴定出被告人姜某的行为是挪用公款，还是贪污"。万达会计师事务所针对这一鉴定要求，经鉴定后的结论是"被告人姜某的经济犯罪行为属于贪污"。

二审期间，S省高级人民法院委托东方会计师事务所进行司法会计鉴定，提出的鉴定要求是对西川市中级人民法院认定的姜某的犯罪事实所涉及的账务进行鉴定。即确定姜某的记账方法是否规范？涂改账务属于什么手段、什么性质、什么理由、什么后果、有无恢复、补正的可能？犯罪所涉及的几笔账务有无挂账？针对这一鉴定要求，东方会计师事务所经过鉴定后的结论为：姜某1992年12月至1994年12月占用公款10万元和1993年8月至1994年12月占用公款102073.40元的账务处理经过是十分清楚的；涂改的账不可能再恢复原貌，也不存在挂账问题；其账务处理方法不符合财会制度相关规定，是错误的；采用涂改账目、伪造凭证、虚拟付款用途等手段将公款据为己有，更是错误的，是严重的犯罪行为。最终，二审法院认为原审判决认定的犯罪事实不清、证据不足，做出了撤销一审判决、发回重审的裁定。

经分析后，我们认为上述两次鉴定活动，存在的问题是显而易见的：一是送检机关提出的鉴定要求超出了鉴定人的职责范围（如一审时送检机关要求鉴定是贪污还是挪用行为），鉴定要求不明确具体、不符合规范（二审时送检机关虽然提出了确定记账方法是否规范等的要求，同时要求确定有无挂账、涂改账务的性质、后果等）。二是鉴定人回答了自己不能回答的问题，如万达会计事务所的鉴定结论直接回答姜某的犯罪行为是贪污，东方会计师事务所的鉴定结论确认姜某对涉案款项的财务处理经过清楚但不符合规定，涂改账务不可能恢复，也不存在挂账问题，最后定性其采用涂改账目、伪造凭证、虚拟付款用途等手段将公款据为己有，更是错误的，是严重的犯罪行为，也回答了法律定性的问题。至于说，这两次鉴定过程的鉴定方法、程序以及鉴定文书表达方面存在的问题，更不必说了。

针对上述情况，我们基于自己对司法会计鉴定理论的认知，在本案中进行司法会计鉴定，需要把握以下几点：

一是不能也不应该回答姜某的犯罪行为是贪污还是挪用行为。

二是对于涉案财务会计行为以及其账务处理情况，要紧紧依据案件中的财务会计资料做鉴定，以具体财务会计资料以及其反映出的财务会计处理方法作为解决问题的根本出发点和落脚点，不对姜某的犯罪行为及其主观动机进行推断、臆测和评价。

三是不回答挂账以及账面是否控制的诸如此类的问题。因为是否挂账、账面是否控制的理论观点，对于认定犯罪行为的性质，无意义。

基于此，为有效解决本案中的专门性问题，我们认为应该采取的鉴定工作思路是：采用账务鉴定的原理和方法，对案件中所涉及的财务会计行为及账务处理分笔进行检验和确认，通过对财务会计资料的检验和描述，明确涉案资金的流转过程、财务会计处理过程以及其后果，最终解决送检人所要求解决的问题，实现鉴定和诉讼目的。

3. 修正委托鉴定要求，制定具体检验鉴定的工作方案。

确定鉴定思路、鉴定原理和方法后，根据阅卷情况，我们与送检机关和送检人进行了充分的沟通，交流了我们的鉴定工作思路、鉴定方法以及鉴定可能出现的结果，同时讨论了鉴定结果对于案件处理所可能起到的作用以及如何运用鉴定结果等问题，得到了送检人和送检机关的认可。在此基础上，我们和送检人就鉴定委托事项进行了详细沟通和研究，针对原委托鉴定书（S检诉委字［1998］1号）的鉴定要求进行了修正，即将鉴定要求明确为：

"确认××资金的账务处理情况"，不回答财产的使用权或所有权是否已经转移、是否挂账以及是贪污还是挪用的法律定性等问题。

在对发案单位的财务会计制度、内部控制制度以及执行情况、被告人的职责范围、工作特点、财务会计资料进行备检后，我们确定了工作方案，即：

（1）对委托鉴定事项，充分运用审阅法、核对法以及复算的方法，分笔进行检查、验证，并详细记录检查、验证结果。

（2）两名鉴定人，一人初检，一人复检，对检查、验证事项和结果共同负责。如遇到认识有分歧的问题，研究讨论，并找到依据。

（3）对于检验过程中需要确认或验证的事项，如遇资料不全、来龙去脉不清晰的，要求送检人员补充送检资料。确有必要的，到案发单位、相关业务往来单位、银行等部门调阅相关财务会计资料。

（4）根据鉴定思路和选择的鉴定原理、方法，熟悉会计法规，确定鉴定标准和依据。

（5）确定论证方式和结论表达方式。

（二）实施检验鉴定过程

在上述各项工作的基础上，两名鉴定人按计划开始了初步检验和详细检验。首先弄清案件本身所涉及的案发单位的会计处理方法、内部控制管理情况，了解并确定了所列各账户的名称、性质及核算内容。在初步检验过程中，发现了以下问题并加以处理：

1. 关于本案中涉及的与王某有关联的归还邮局发行科10万元款项的问题，鉴定人在检查验证中发现，由于该事项涉及的相关问题不是简单的鉴定事项，且目前财务会计资料不具备检验鉴定条件，对这一问题，终止鉴定。建议送检机关和送检人，综合案件中已收集到的证据，在补充相关证据后进行认定和处理。

2. 对于鉴定中需要检查、验证的有关事项但缺少相应资料的，要求送检机关和送检人补充资料。送检机关和送检人随后补充了包括工行西川市分行莲花路分理处提供的多份银行票据等各种财务凭证、会计凭证和有关账簿。这些资料本身应该在案件侦查过程中就应取得。

经过补充材料后，历时半年时间，我们才完成了本案的检验、鉴定工作，并制作了司法会计鉴定文书，向送检机关提交了鉴定结论（意见）。办案部门依据鉴定结论（意见），对案件做出了及时处理。具体检验及证论过程，详见下列《司法会计鉴定书》。

××人民检察院
检 察 技 术 鉴 定 书

（1999）高检技鉴第 5 号

1998 年 11 月 3 日 S 省人民检察院起诉处陈某送来原 S 教社会计姜某"贪污"案所涉及的有关资料如下：

1. 本案案卷 8 卷；

2. 与本案有关的 S 教社会计凭证、账簿、银行对账单等财务会计资料；

3. 与本案有关的北方职教户的会计凭证、账簿、银行对账单等财务会计资料；

4. 与本案有关的其他资料。

要求鉴定：

1. 确认对 40660 元资金的账务处理情况。

2. 确认对 3672.70 元资金的账务处理情况。

3. 确认对 10000 元资金的账务处理情况。

4. 确认对 24866.70 元资金的账务处理情况。

5. 确认对 26000 元资金的账务处理情况。

6. 确认对用 29 张现金支票提取现金 102073.40 元的账务处理情况。

鉴定人依据 S 省人民检察院 S 检诉委字〔1998〕1 号《委托鉴定书》接受委托受理此案，并主要采取了账务鉴定原理等方法对本案进行了检验鉴定。鉴定中要求送检人员补充了必要的财务会计资料。

检验：

一、基本情况

1. S 教社是 S 省教委直属的事业单位，是独立核算的会计主体。从送检材料看，该单位在 1995 年以前一直设有预算内和预算外账户（即 88 户和 89 户）。1993 年 S 省教委联合西北几家单位共同创办了

《北方职教》双月刊，并设专门的北方职教编辑委员会（以下简称北方职教），另设"北方职教户"会计账，独立核算其经费的收支，并交由 S 教社代管。以上三个户在中国工商银行西川市分行莲花路分理处均开设有银行账户，其对应的账号是 20788200143（即 88 户）、20789201771（即 89 户）、20714438384（即北方职教户）。

2. 被告人姜某，自 1984 年至 1995 年 6 月担任 S 教社会计，1993 年《北方职教》创刊后又兼任该刊的会计，负责 S 教社的 88 户、89 户和北方职教户会计账。

3. S 教社采取收付记账法进行会计核算，实收实付。检验鉴定中发现该单位会计核算不规范，财务管理混乱，内部控制制度极不严格，监管失控。

二、对 40660 元资金账务处理情况的检验鉴定

检验：

1. 89 户 1993 年 9 月 30 日第 9 号记账凭证第 2 行记载：

摘要　借款倒账

会计分录　　　付：其他暂付　40000.00

　　　　　　　　付：银行存款　40000.00

记账依据：

（1）93 年 8 月 2 日借款单，借款部门是"880200143"（即 88 户），借款人姓名 S 教社，用途为弥补经费，金额为 40000.00 元，上级批示：杨某某。

（2）1993 年 8 月 2 日转账支票存根，支票号码为 03199729#，收款人：S 教社，用途：借款，金额为 40000.00 元。该支票存根上有较明显的涂改。

经检验 89 户会计账簿，会计人员已依据该记账凭证对上述业务在"银行存款日记账"和"其他暂付账"内进行了账务处理。

2. 经检验 88 户 93 年银行存款日记账和银行对账单，未发现有借 89 户 40000.00 元资金的入账记录。

3. 89 户 1993 年 9 月 30 日第 9 号记账凭证第 5 行记载：

摘要：轻工部钟表研究所经营部

会计分录　　　付：预算外支出　660.00

　　　　　　　　付：银行存款　　660.00

记账依据：

（1）1993 年 9 月 17 日转账支票存根，支票号码为 03199728#，收款人：轻工部钟表研究所经营部，用途：报时器，金额 660.00 元。该支票存根上有较明显的涂改。

（2）1993 年 8 月 31 日、9 月 16 日西川市工业企业统一发票第二联（报销凭证）各一张，品名为报时器，记载金额分别为 550.00 元、110.00 元，其上均盖有"转账收讫"章。

经检验 89 户 1993 年会计账簿，会计人员已依据该记账凭证对上述业务在"银行存款日记账"和"预算外支出账"内进行了账务处理。

4. 经检验中国工商银行西川市分行档案馆提供的两张转账支票记载：1993 年 8 月 30 日和 9 月 7 日，北方职教户分别以 15805603#、15805604#转账支票支付"轻工部钟表研究所钟表生产经营部""购报时器"款 550.00 元、110.00 元。其上均盖有银行转讫章。

经检验北方职教户 1993 年银行对账单，9 月 2 日和 9 月 20 日的付出方记载了上述转账付出业务，其凭证号码分别为"603"、"604"。检验北方职教户 1993 年、1994 年会计凭证和会计账簿，没有发现号码为"603"、"604"转账支票的存根，且银行存款日记账上也无上述两笔转账付出业务的记录。

在检验 S 教社 89 户 1994 年会计凭证时发现，15805603#、15805604#转账支票存根和其后附的两张发票已被作为记账依据编制了 1994 年第 2 号记账凭证，该凭证上的会计分录为"付：预算外支出 付：银行存款"。15805603#转账支票存根上记载：1994 年 4 月 23 日，收款人：唐城百货大厦，金额：1208 元，用途：LX－25D，LX－20D。15805604#转账支票存根上记载：1994 年 1 月 5 日，收款人：亚美技术公司，金额：258 元，用途：电话机。

经检验 S 教社 89 户 1994 年会计账簿，会计人员已依据该记账凭证在"预算外支出账"和"银行存款日记账"内进行了相应的账务处理。

5. 经检验 S 教社 89 户 1993 年会计凭证后附的银行对账单，其中付出方记录：1993 年 9 月 2 日付出 40000.00 元，凭证号为"728"；1993 年 9 月 18 日付出 660.00 元，凭证号为"729"。

6. 经检验工商银行西川市分行莲花路分理处提供的 89 户 1993 年的银行对账单，9 月记录显示：89 户 1993 年 9 月间只有两笔付出业务，分别为：1993 年 9 月 2 日付出 35550.00 元，其凭证号为"728"；

1993 年 9 月 18 日付出 5110.00 元，其凭证号为"729"。另外，工行西川市分行莲花路分理处提供的 03199728#、03199729#转账支票也证实了上述事实。

将此对账单与检验 5 的对账单逐笔核对发现，除了 9 月 2 日和 9 月 18 日付出款项的数额记录不同外，其他记录均相同。

7. 经检验"从姜某家搜出的 89 户 1993 年银行对账单"发现，9 月 2 日付出 40000.00 元和 9 月 18 日付出 660.00 元的付出款项的数额是经粘贴形成，经与检验 5 的对账单内容核对，其记录内容完全相同。

8. 经检验"从姜某家搜出的 1993 年 9 月 1 日编号为 NO：3310715 工行西川市分行进账单"（收账通知联）记载：收款人北方职教编辑委员会（工行账号 20714438384）已通过工行收讫付款人 S 教社（账号 20789201771）通过转账支票支付的"杂志收入"款 35550.00 元。其上盖有莲花路分理处转讫章。

9. 经检验北方职教户 1993 年银行对账单记载，9 月 2 日收入 3555.00 元，9 月 18 日收入 5110.00 元。

10. 经检验北方职教户 1993 年、1994 年的银行存款日记账，未发现有 35550.00 元和 5110.00 元入账的记录。且银行存款日记账中所记录的会计事项均有记账依据。

论证：

1. 检验 5、6、7 的结果表明，1993 年 9 月间 S 教社 89 户以两张转账支票共转账付出 40660.00 元的事实是客观存在的，但付出金额为 35550.00 元和 5110.00 元，而不是 40000.00 元和 660.00 元。结合检验 2 和检验 8、9 的结果说明，88 户并未收到 40000 元的借款，全部款项已实际转入北方职教户银行账户内。

2. 检验 3、4 结果表明，用于购买报时器的 550.00 元、110.00 元款项不是从 S 教社 89 户而是从北方职教户付出的，北方职教户并未根据此两笔经济业务的实际内容编制记账凭证并进行账务处理，会计人员编制了虚假凭证并在 S 教社 89 户"预算外支出账"中将 660 元款项予以列支。

3. 根据会计记账的规定，单位签发转账支票后，应依据支票存根并附上收款单位的收款证明编制记账凭证，并按照复式记账的原理，将上述款项记入到相互对应的账户中去。结合论证 1、2 和检验 1、2、3、4 结果说明，9 月 30 日第 9 号记账凭证第 2 行和第 5 行所反映的内容和记账依据是不真实的，虚拟的付款用途隐瞒和掩盖了单位资金的真实流向，会计人员据此所进行的账务处理不真实、不正确。

4. 根据会计法和会计客观性原则，收付款项时应当办理会计手续，进行会计核算。论证 1 和检验 4、8、9、10 结果表明，北方职教户并未根据客观情况对 35550.00 元、5110.00 元的收款业务和 550.00 元、110.00 元的付出业务进行账务处理，实际造成少记银行存款 40000 元。

结论：

会计人员对 89 户转账付出的 40660.00 元款项所进行的账务处理不真实、不正确，对北方职教户转账收入的 40660.00 元（即 35550 元和 5110 元之和）款项和付出的 660.00 元（即 550 元和 110 元之和）款项未进行账务处理，实际造成北方职教户少记银行存款 40000 元。

三、对 3672.70 元资金账务处理情况的检验鉴定

检验：

1. 88 户 1993 年 12 月 24 日第 6 号记账凭证第 5 行记载：

摘要　归还 S 教社借款

会计分录　　付：其他暂存　3672.70

　　　　　　　付：银行存款　3672.70

记账依据：

（1）88 户 1993 年 12 月 24 日第 6 号付款凭证第 5 行记载：北方职教还款 3672.70 元。

（2）上述凭证所附 1993 年 12 月 25 日转账支票存根记载，支票号码为 23688860#，收款人：北方职教，用途：归还借款，金额 3672.70 元。

2. 经检验 88 户 1993 年银行对账单，1993 年 12 月 27 日付出方记录记载了上述转账付出业务，付出金额为 3672.70 元，凭证尾号为 "860"。

3. 经检验工行西川市分行莲花路分理处提供的 1993 年 12 月 25 日编号为 NO：3310784 进账单（收入凭证联）记载：S 教社（88户）以 "8860" 号转账支票给北方职教编辑委员会 "还借款" 3672.70 元，1993 年北方职教户银行对账单 12 月 27 日收方记载了上述转账收款业务。

4. 经检验"从姜某家搜出的 1993 年 12 月 25 日编号 NO：3310784 工行西川市分行进账单（收账通知联）"记载：收款人北方职教编辑委员会已通过工行收讫 S 教社（88 户）归还的借款，其上盖有莲花路分理处转讫章。

5. 经检验北方职教户 1993 年、1994 年银行存款日记账和银行对账单，银行对账单记录了此笔转账收款业务，但在银行存款日记账中未发现有相对应的 3672.70 款项的入账记录。且银行存款日记账中所记录的会计事项均有记账依据。

论证：

根据会计法和会计客观性原则，收付款项时应当办理会计手续，进行会计核算。检验 1、2、3 说明，S 教社（88 户）归还北方职教户 3672.70 元的借款已实际转入北方职教户的银行账户内；检验 4、5 说明，对 S 教社（88 户）已归还的 3672.70 元借款，北方职教户并未根据经济业务的实际发生情况进行账务处理，即未依据收账通知单编制记账凭证如实登记银行存款日记账，造成北方职教户少记银行存款 3672.70 元。

结论：

会计人员对 S 教社（88 户）归还北方职教户的 3672.70 元借款没有进行账务处理，造成少记银行存款 3672.70 元。

四、对 10000 元资金账务处理情况的检验鉴定

检验：

1. 89 户 1993 年 6 月 30 日第 6 号记账凭证第 5 行记载：

摘要　　　　　88 户借款

会计分录　　付：其他暂付　10000.00

　　　　　　　付：银行存款　10000.00

记账依据：

（1）1993 年借款单，借款部门"880200143"（即 88 户），借款人姓名 S 教社，用途为报医药费等，金额 10000.00 元，上级批示：杨某某。

（2）1993 年 11 月 30 日转账支票存根，支票号码 03199730#，收款人：S 教社，用途：借款，金额 10000.00 元。

经检验 89 户会计账簿，会计人员已依据此记账凭证在"其他暂付账"、"银行存款日记账"内进行了账务处理。但从会计账面看，对此笔

业务的记录与对该凭证上其他业务的记录不是同时登记入账的。

2. 89 户 1993 年银行对账单 12 月 31 日的付出方记载了上述转账付出业务，付出金额为 10000.00 元，凭证号为"730"。

3. 经检验 88 户 1993 年、1994 年银行对账单没有发现 1993 年 12 月和 1994 年 1 月有 10000 元资金的入账记录。

4. 经检验工行西川市分行莲花路分理处提供的 1993 年 12 月 30 日编号为 NO：3310730 进账单（收入凭证联）记载：S 教社（89 户）以"730"转账支票给北方职教编辑委员会转"订刊款"10000.00 元，1993 年北方职教户银行对账单 12 月 31 日收方记载了上述转账收款业务。

5. 经检验"从姜某家搜出的 1993 年 12 月 30 日编号 NO：3310730 工行西川市分行进账单（收账通知联）"记载：收款人北方职教编辑委员会已通过工行收讫 S 教社（89 户）转账支付的订刊款 10000.00 元，其上盖有莲花路分理处转讫章。

6. 经检验北方职教户 1993 年、1994 年银行存款日记账和银行对账单，银行对账单记录了此笔 10000.00 元转账收款业务，但在银行存款日记账中未发现有相对应的 10000.00 元款项的入账记录。且银行存款日记账中所记的会计事项均有记账依据。

论证：

1. 检验 2、3、4 的结果表明，1993 年 12 月间 S 教社 89 户以 03199730# 转账支票付出 10000 元的事实是客观存在的，但 10000 元资金并未转入 88 户，此笔款已实际转入北方职教户银行账户内。

2. 根据会计记账的规定，单位签发转账支票后，应依据支票存根和收款单位的收款证明编制记账凭证，并按照复式记账的原理，将上述款项记入到相互对应的账户中去。检验 1、2、3、4 结果表明，1993 年 6 月 30 日第 6 号记账凭证第 5 行所反映的内容和记账依据是不真实的，虚拟的付款用途隐瞒和掩盖了单位资金的真实流向。会计人员据此记账凭证所进行的账务处理也是不真实、不正确的。

3. 根据会计法和会计客观性原则，收付款项时应当办理会计手续，进行会计核算。根据论证 1 结合检验 5、6 的结果说明，会计人员对北方职教户收到的 10000 元款项并未根据经济业务的实际发生情况进行账务处理，即未依据收账通知单编制记账凭证如实登记银行存款日记账，造成北方职教户少记银行存款 10000 元。

结论：

会计人员对 S 教社 89 户转账付出的 10000 元款项所进行的账务处理不真实、不正确，对北方职教户收到 89 户转付的 10000 元款项未进行账务处理，造成少记银行存款 10000 元。

五、对 24866.70 元资金的账务处理的检验鉴定

检验：

1. 工商银行西川市分行莲花路分理处提供的 1994 年 7 月 22 日的转账支票记载：S 教社（89 户）以 03199731# 转账支票转付"订刊款"24866.70 元，收款人为北方职教编辑委员会，其上盖有莲花路分理处转讫章。

2. 经检验 1994 年 89 户银行对账单，1994 年 7 月付出方记载了上述转账付出业务。

3. 经检验 1994 年 7 月 22 日编号为 NO：0006166 工行西川市分行进账单（贷方凭证联）记载：S 教社（89 户）以转账支票给北方职教编辑委员会转款 24866.70 元，1994 年北方职教户银行对账单 7 月收方记载了上述转账收款业务。

4. 经检验"从姜某家搜出的 1994 年 7 月 22 日编号 NO：0006166 工行西川市分行进账单（收账通知联）"记载：收款人北方职教编辑委员会已收讫 S 教社（89 户）转付的 24866.70 元，其上盖有莲花路分理处转讫章。

5. 经检验北方职教户 1994 年银行存款日记账和银行对账单，银行对账单记录了此笔 24866.70 元转账收款业务，但在银行存款日记账中未发现有相对应的 24866.70 元款项的入账记录。且银行存款日记账中所记的会计事项均有记账依据。

论证：

1. 检验 1、2、3 的结果表明，1994 年 7 月间 S 教社 89 户以转账支票付出 24866.70 元的事实是客观存在的，款项已实际转入北方职教户银行账户内。

2. 根据会计法和会计客观性原则，收付款项时应当办理会计手续，进行会计核算。根据论证 1 结合检验 4、5 的结果说明，会计人员对北方职教户收到的 24866.70 元款项并未根据经济业务的实际发生情况进行账务处理，即未依据收账通知单编制记账凭证如实登记银行存款日记账，造成北方职教户少记银行存款 24866.70 元。

结论：

会计人员对北方职教户收到的 24866.70 元款项未进行账务处理，造成少记银行存款 24866.70 元。

六、对 26000 元资金的账务处理的检验鉴定

检验：

1. 工商银行西川市分行莲湖分理处提供的 1994 年 10 月 21 日的转账支票记载：S 教社（89 户）以 22953352# 转账支票转款 26000 元，收款人为北方职教编辑委员会，用途为借款，其上盖有莲花路分理处转讫章。

2. 经检验 1994 年 89 户银行对账单，1994 年 10 月付出方记载了上述转账付出业务。

3. 经检验 1994 年 10 月 21 日编号为 NO：0006167 工行西川市分行进账单（贷方凭证联）记载：S 教社（89 户）以转账支票给北方职教编辑委员会转款 26000 元，1994 年北方职教户银行对账单 10 月份收方记载了上述转账收款业务。

4. 经检验"从姜某家搜出的 1994 年 10 月 21 日编号 NO：0006167 工行西川市分行进账单（收账通知联）"记载：收款人北方职教编辑委员会已收讫 S 教社（89 户）以转账支票转入的 26000 元，其上盖有莲花路分理处转讫章。

5. 经检验北方职教户 1994 年银行存款日记账和银行对账单，银行对账单记录了此笔 26000 元转账收款业务，但在银行存款日记账中未发现有相对应的 26000 元款项的入账记录。且银行存款日记账中所记的会计事项均有记账依据。

6. 1994 年 10 月 30 日第 8 号记账凭证第 5 行记载：

摘要：百货大厦购办公用品

会计分录　　付：预算外支出　1000.00

　　　　　　　付：银行存款　　1000.00

记账依据：

（1）1994 年 10 月 30 日转账支票存根记载，支票号码为 22953352#，收款人：西川百货大厦，用途：办公用品，金额 1000.00 元。

（2）1994 年 11 月 10 日 0185952# 西川市商业企业统一发票第 2 联（报销凭证）记载：单位 S 教，品名办公用品，金额 1000.00 元，其上盖有"西川百货大厦营业专用章"。

经检验 89 户 1994 年会计账簿，会计人员已依据该记账凭证对上述业务在"预算外支出账"和"银行存款日记账"内进行了相应的账务处理。

论证：

1. 检验 1、2、3 的结果表明，1994 年 10 月间 S 教社 89 户以转账支票付出 26000 元的事实是客观存在的，款项已实际转入北方职教户银行账户内。

2. 根据会计记账的规定，单位签发转账支票后，应依据支票存根和收款单位的收款证明编制记账凭证，并按照复式记账的原理，将上述款项记入到相互对应的账户中去。检验 1、2、6 结果表明，1994 年 10 月 30 日第 8 号记账凭证第 5 行所反映的内容和记账依据是不真实的，虚拟的付款用途隐瞒和掩盖了单位资金的真实流向，会计人员据此所进行的账务处理不真实、不正确。

3. 根据会计法和会计客观性原则，收付款项时应当办理会计手续，进行会计核算。根据论证 1 结合检验 4、5 的结果说明，会计人员对北方职教户收到的 26000 元款项并未根据经济业务的实际发生情况进行账务处理，即未依据收账通知单编制记账凭证如实登记银行存款日记账，造成北方职教户少记银行存款 26000 元的后果。

结论：

会计人员对 S 教社 89 户以 22953352# 转账支票付出的 26000 元资金所进行的账务处理不真实、不正确，对北方职教户收到的 26000 元资金未进行账务处理，造成少记银行存款 26000 元。

七、对本案涉及的 29 笔提取现金业务的账务处理的检验鉴定

检验：

1. 经检验本案送检机关提交的北方职教户 1993 年 8 月至 1994 年 12 月的 29 张现金支票，共从北方职教户开户银行账户中提取现金 29 笔，计 102073.40 元。具体情况如下：

（1）1993 年 8 月 30 日，签发 3575153#、3575154#、3575155# 现金支票提取现金 2600 元、1000 元、2600 元。

（2）1993 年 9 月 6 日，签发 3575156#、3575157# 现金支票提取现金 1000 元、4000 元。

（3）1993 年 9 月 8 日，签发 3575159#、3575160#、3575161# 现金支票提取现金 2874.60 元、5000 元、1000 元。

（4）1993 年 9 月 9 日，签发 3575162# 现金支票提取现金 5000 元。

（5）1993 年 9 月 14 日，签发 3575163# 现金支票提取现金 5000 元。

（6）1993 年 9 月 20 日，签发 3575165#、3575166#现金支票提取现金 4000 元、2425.40 元。

（7）1993 年 9 月 24 日，签发 3575167#现金支票提取现金 3500 元。

（8）1993 年 12 月 27 日，签发 3575171#现金支票提取现金 3400 元。

（9）1993 年 12 月 29 日，签发 3575172#现金支票提取现金 650 元。

（10）1994 年 1 月 6 日，签发 3575173#现金支票提取现金 4000 元。

（11）1994 年 1 月 10 日，签发 3575174#现金支票提取现金 4800 元。

（12）1994 年 1 月 7 日，签发 3575175#现金支票提取现金 822.70 元。

（13）1994 年 7 月 25 日，签发 3575180#、3575181#现金支票提取现金 4500 元、4867 元。

（14）1994 年 7 月 29 日，签发 3575182#现金支票提取现金 5000 元。

（15）1994 年 7 月 30 日，签发 3575183#现金支票提取现金 4833.70 元。

（16）1994 年 8 月 9 日，签发 3575184#现金支票提取现金 4200 元。

（17）1994 年 10 月 23 日，签发 3575187#、3575188#现金支票提取现金 6000 元、4870 元。

（18）1994 年 10 月 28 日，签发 3575189#现金支票提取现金 5000 元。

（19）1994 年 11 月 4 日，签发 3575191#、3575192#现金支票提取现金 4000 元、3045 元。

（20）1994 年 12 月 13 日，签发 3575193#现金支票提取现金 2085 元。

北方职教户 1993 年、1994 年银行对账单，在付出方记录了上述 29 笔现金支出业务，每笔记载金额与现金支票金额一致。

2. 经检验送检的北方职教户的财务会计资料，没有发现有记录上述 29 笔提现业务的原始凭证（支要存根）和记账凭证。经对北方职教户银行存款日记账与银行对账单进行逐笔核对发现，银行对账单付出方发生额与单位银行存款日记账付出方发生额不一致，银行存款日记账没有上述 29 笔付出业务的账务记录。

3. 对北方职教户现金日记账进行系统检验，未发现上述 29 笔提现业务的账务记录，且现金日记账中所记的会计事项均有记账依据。

论证：

根据会计制度和复式记账原理，单位发生以现金支票提取银行存款的业务，应依据现金支票存根编制记账凭证并记入到相互对应的现金日记账和银行存款日记账内。检验 1、2、3 结果说明，用 29 张现金支票提取银行存款 102073.40 元，开户银行账面均在提出当时反映付出，但在北方职教户的银行存款日记账和现金日记账中，却没有依据经济业务的实际发生情况编制记账凭证并进行相应的账务处理，掩盖了银行存款被提取现金的真实情况，造成银行存款日记账少记付出 102073.40 元，而现金日记账却少记现金收入 102073.40 元。

结论：

会计人员对用 29 张现金支票提取银行存款 102073.40 元的业务未进行会计记录和账务处理，造成北方职教户银行存款日记账少记付出 102073.40 元，现金日记账少记收入 102073.40 元。

结论：

1. 会计人员对从 S 教社 89 户付出的 40660 元、10000 元、26000 元款项所进行的账务处理与实际发生的经济业务不符，账面所反映的账务处理不真实、不正确。

2. 会计人员对北方职教户的 40660 元、3672.70 元、10000 元、24866.70 元和 26000 元的收款业务和支出 660 元的付出业务没有进行账务处理，实际造成少记银行存款 104539.40 元。

3. 会计人员对从银行提取 29 笔现金的提现业务没有进行会计记录和账务处理，实际造成银行存款日记账少记付出 102073.40 元和现金日记账少记收入 102073.40 元。

鉴定人：庞××

李××

一九九九年四月二十八日

附：

姜某贪污案支出现金未记账情况表

序号	时　间	支票号码	账 户 号	金　额	用　途
1	1993. 8. 30	3575153	207014438384	2600.00	旅差费
2	1993. 8. 30	3575154		1000.00	备用金
3	1993. 8. 30	3575155		2600.00	差旅费
4	1993. 9. 6	3575156		1000.00	备用金
5	1993. 9. 6	3575157		4000.00	差旅费
6	1993. 9. 8	3575159		2874.60	医药费
7	1993. 9. 8	3575160		5000.00	差旅费
8	1993. 9. 8	3575161		1000.00	备用金
9	1993. 9. 9	3575162		5000.00	差旅费
10	1993. 9. 14	3575163		5000.00	差旅费
11	1993. 9. 20	3575165		4000.00	差旅费
12	1993. 9. 20	3575166		2425.40	医药费
13	1993. 9. 24	3575167		3500.00	差旅费
14	1993. 12. 27	3575171		3400.00	旅差费
15	1993. 12. 29	3575172		650.00	备用金
16	1994. 1. 6	3575173		4000.00	差旅费
17	1994. 1. 10	3575174		4800.00	差旅费
18	1994. 1. 7	3575175		822.70	备用金
19	1994. 7. 25	3575180		4500.00	差旅费
20	1994. 7. 25	3575181		4867.00	稿费
21	1994. 7. 29	3575182		5000.00	差旅费
22	1994. 7. 30	3575183		4833.70	
23	1994. 8. 9	3575184		4200.00	差旅费
24	1994. 10. 23	3575187		6000.00	旅差费
25	1994. 10. 23	3575188		4870.00	稿费
26	1994. 10. 28	3575189		5000.00	

序号	时　间	支票号码	账户号	金　额	用　途
27	1994. 11. 4	3575191		4000. 00	
28	1994. 11. 4	3575192		3045. 00	
29	1994. 12. 13	3575193		2085. 00	稿费
合计				102073. 40	

备注：上述支票均为第 2 联即银行记账联，由工行西川市分行莲花分理处提供。

三、办案启示

通过办理此案件，在实践中有很多值得总结的经验和教训。

（一）侦查、起诉及审判工作方面

侦查、起诉及审判人员普遍缺乏财务会计、司法会计专门性知识。就侦查人员来讲，由于相关知识的缺乏，在侦查会计人员职务犯罪案件过程中，对涉及财务会计事实、财务会计行为的相关调查取证不到位，没有树立全面的取证观念和意识，对证明同一财务事项、同一会计处理的财务会计资料证据范围不了解，取证不全面。对会计人员通过伪造凭证、伪造单据、虚构业务、虚拟付款用途、涂改账目等犯罪手段及犯罪事实的揭示、揭露不全面。在讯问过程中，对有关财务、会计的术语不了解、不熟悉，因而对被告人姜某的辩解不能予以及时回应。侦查人员由于专业知识的缺乏，没有充分注意到有关财务凭证、会计资料证据的多种证据意义，反映了其证据意识不强。就起诉人员、审判人员来来，由于相关知识的缺乏，在委托鉴定时，提出了超越司法鉴定范围的法律问题，鉴定目的与鉴定要求不分，鉴定要求不明确等问题。对司法会计鉴定结论的审查、判断、运用的能力相对较弱，对证明犯罪行为尤其是证明主观故意方面的证据，认识、运用不够。

（二）鉴定机构和人员方面

本案中，送检机关委托社会鉴定机构和鉴定人员进行了两次司法会计鉴定。就这两次鉴定来讲，反映和暴露出鉴定机构和鉴定人员的主要问题是：不了解诉讼程序以及司法鉴定的基本原理，越范围解决回答法律定性问题，鉴定原理、方法不科学，鉴定中依据除财务会计资料之外的言词证据作为依据，主观推断、臆测犯罪行为人的财务会计行为。

就笔者的鉴定工作来讲，由于受送检资料不足等影响，鉴定时间过长，延误了办案时间。

（三）案发单位方面

案发单位方面存在的问题，主要是在单位内部缺乏一套有效的会计工作监督管理办法，没有严格执行国家有关财经法规，内部控制制度失效，领导监管不力，致使被告人长期把控财务会计工作、会计出纳职责一肩挑，造成了严重的后果。

（四）查办会计人员职务犯罪案件中需要注意的事项

在本案中，姜某即是会计人员，负责单位的 88 户、89 户以及《北方职教》的有关会计账目，同时又是出纳人员监管着《北方职教》的银行账户、现金等。由于缺乏监督制约机制，给其犯罪以可乘之机。因此，对于会计人员的职务犯罪案件，需要注意总结会计人员犯罪手段及其特点，有针对性地开展调查取证以及司法会计工作。对于会计人员的职务犯罪案件，往往涉及到财务会计处理，一般均需经过司法会计鉴定。在办案过程中，无论是侦查人员，还是司法会计人员应重点注意检查以下环节和部位，以获取相应的证据。这往往也是鉴定过程中需要重点关注的检查、验证事项。

1. 检查现金的实际结存情况。对案发时仍担任出纳工作的犯罪嫌疑人，应首先检查其库存现金的实际结存情况。同时，对出纳人员的职务犯罪案件，都应注意收集犯罪嫌疑人在交接工作时的现金交接记录，以及在担任出纳期间的各次现金盘库记录。对无盘库记录的，可以考虑查询审计等部门有无检查该单位现金库存的记录。

2. 重点检查银行存款。对犯罪嫌疑人经管银行存款的，应对其经管期间的银行存款进行检查，重点是进行账、单发生额的核对。对犯罪嫌疑人不经管银行存款的，应当逐笔核对现金存款和提取现金的业务。

3. 检查发票、收款收据和支票。对犯罪嫌疑人经管开据发票、收款收据和签发支票业务的，应当检查将其保存的已用和未用的票据存根及空白票据。本案中，被告人姜某就是利用经管多个账户，通过签发支票、依据支票存根和相应票据做账，再签发不同的支票进行实际转款。

4. 检查会计凭证。对由犯罪嫌疑人制作的全部会计凭证，应逐一检查。重点检查由犯罪嫌疑人直接经办财务收支业务的会计凭证，以及由犯罪嫌疑人制作的原始凭证。

5. 检查现金日记账。采用账证核对、复算余额的方法对犯罪嫌疑人经管现金期间的现金日记账进行全面检查，确认记账依据，并注意核对各期余额是否衔接。本案中，对《北方职教》的现金日记账进行了检查确认，能够证实被告人对涉案的现金收付业务未进行账务处理。

6. 检查其他账簿。对其他账簿进行检查，主要是检查犯罪嫌疑人兼管核算工作所涉及的账簿，以及检查通过上述检查发现的嫌疑账项所涉及的其他账簿。

7. 核查其他单位或部门的财务会计资料。对通过上述检查发现的犯罪嫌疑账项，可通过核查相关单位或部门的财务会计资料，进行核实。如本案中，对相关开户银行财务会计资料的调取和检查，对确认和核实涉案资金流向、相关会计处理起到了重要作用。但在本案的侦查阶段，部分银行资料并未被提取。

四、关于司法会计鉴定结论"贪污说""所有权转移说"的探讨

关于司法会计鉴定结论的问题，笔者在理论篇"论司法会计鉴定结论"一文中已有相关论述。但是在司法实践中，我们发现仍有一些侦查、起诉、审判人员委托鉴定机构和人员，对案件中的财务会计专门性问题寻求鉴定机构、鉴定人员帮助解决法律定性或变通、变相解决法律定性问题，诸如行为是贪污还是挪用、是否合法、是否挂账或被账面所控制，以及"所有权或使用权是否转移"等。目前，从司法会计理论上已基本解决了鉴定范围、鉴定要求以及鉴定结论表述方式等规范性、标准化问题，有学者也出版了司法会计师职业准则或标准的相关成果。[①] 但由于权威部门还未颁布司法会计行业标准，实践中还有一少部分同志对司法会计鉴定结论不能表述"贪污、挪用""所有权、使用权转移"存在疑虑和争议，也给实践部门带来了疑惑和困难。因此，对这些问题，有必要再次探讨。

（一）关于司法会计鉴定结论"贪污说"的分析

"贪污说"是司法会计理论界最早提出的表述贪污案件司法会计鉴定结论的观点，它主张司法会计鉴定人在贪污（挪用）案件的司法会计鉴定结论中应当就被告人是否实施了贪污行为、是贪污还是挪用行为以及贪污、挪用公款的数额作出表述。不难看出，"贪污说"的观点要求在司法会计鉴定结论事项内容中确认贪污、挪用行为的内容和犯罪数额。显然，这种观点不仅在法理上是错误的，而且在实际工作中存在较大的危害，它混淆了鉴定人与侦查人员、审判人员的职责界限，违背了司法鉴定的法制原则。

笔者认为：第一，司法会计鉴定人无权确定法律问题，无权给行为人确定罪名。司法会计鉴定人是诉讼参与人之一，在具体的案件中具有相应的权

---

① 参见于朝、庞建兵著：《中国司法会计师职业准则》，中国检察出版社2014年版。

利义务关系，这些权利义务关系的内容决定了鉴定人在贪污（挪用）案件中只能就有关财务会计专门性问题，例如是否进行了账务处理以及财务会计结果等事项作出回答，而无权给案件中所涉及的某种行为或事实定罪量刑。"贪污说"的观点忽略了"贪污"一词的确切法律性质，它是一个明确的法律术语，贪污罪是刑法中的一个罪名，而不是"贪污说"观点所坚持的"会计"术语。现行《刑法》第382条明文规定了贪污罪的法律特征，它是需要司法机关运用案件中全部证据来认定的。第二，司法会计鉴定人利用财务会计专门知识无法确定是否犯罪及罪名等法律性问题。就某一案件来讲，司法会计鉴定人可以利用财务会计专门知识从财务会计资料中发现、确定证明贪污、挪用等犯罪行为的证据，为司法机关、司法人员提供帮助。但是司法会计鉴定人员通常能够观察到的仅是财务会计行为错误的后果即财务会计资料错误的形态和结果，却不能看到行为人造成这一错误的心理活动和主观动机。因为某一个财务会计错误发生的原因是多种多样的，并不是唯一而排除了其他的可能性。如记账人员将收入列入应付款项的错误，仅从这一错误来讲无法确定会计人员的动机和目的，形成这一错误的原因可能是出于故意、过失或意外等情况。即使确定是故意的行为，但故意的行为并不能说明行为人的主观动机是什么，也就无法确定行为人是为了贪污而不是挪用或偷漏税等情况。因此，错误行为的发生与判定贪污之间并没有特定的对应关系。可以说，鉴定人发现财务会计错误的形态和结果是可以的，但如果以此为依据来确认这种错误的性质以及给这种行为作法律定性，不仅缺乏科学依据而且也违反了诉讼规则。因此，司法会计鉴定人从财务会计资料中并不能确认"贪污、挪用"，在鉴定结论中用"贪污、挪用"来表述也是缺乏理论依据的。贪污、挪用犯罪罪名的确定和量刑，只能由人民法院依据刑法的规定和综合案件中全部证据来进行。

（二）关于司法会计鉴定结论"所有权、使用权转移说"的分析

"所有权、使用权转移说"是另一种表述贪污、挪用案件司法会计鉴定结论的观点。此观点认为：如果经对会计资料检验，确认了公共财物已为某人所取，在鉴定结论中则可表述为某公共财物的所有权、使用权已转移到了某人手中或转归某人所有。此观点主张判定贪污、挪用的标准是公共财物是否为有关账目所控制，如公共财物已不为账目所控制（包括财物尚未转移），则都应表述为所有权已被转移；如公共财物尚被账目控制（即使财物已被转移），则只能表述为占有权或使用权已被转移。此观点的理论依据是贪污、挪用必然导致公共财物的所有权、使用权非法转归犯罪行为者，而这种所有

权、使用权的非法转移事实上是可以通过检验会计资料予以证明的。

笔者认为，这种观点不仅在判定标准上缺乏科学性，其理论依据也是站不住脚的。首先，只有民事法律事实、行政行为才能引起公共财物所有权的转移，贪污是对公共财物的非法侵占。所有权是民法上的概念，它是指所有人依法对自己的财产享有的完整的充分的占有、使用、收益和处分的权利，它具有排他性、持久性、广泛性及综合性等法律特征。依据有关民法原理，能够引起所有权发生转移的只能是民事法律事实，民事法律事实包括事件和行为两种情况。从行为来讲，只有合法有效的民事法律行为才能产生所有权转移的法律后果，违法或无效的行为都不能使所有权发生转移，而且要承担相应的民事法律责任。贪污、挪用行为是一种犯罪行为，不是民事法律行为，贪污、挪用行为实施的结果只能是公共财物被非法侵占，致使公共财物的所有人无法行使其权利，但这并不意味着其所有权、使用权是否已转归贪污、挪用者。当公共财物所有人发现自己的权利被侵害时，必然要借助于法律来主张恢复自己的权利。这就说明，"所有权、使用权转移说"的理论依据是经不住考证，是站不住脚的。其次，公共财物是否为账目所控制与所有权、使用权是否转移并无必然联系，以账目控制来判断所有权、使用权转移的判定标准是不成立的。引起所有权发生转移的只能民法上的法律事实和行政行为。这是确定所有权是否发生转移的唯一标准，而不存在其他的任何标准。只是，在司法会计鉴定中，常会遇到有些财物是否在账面上反映的问题。有些财物虽然还在账面上反映即为账目所控制，但是所有权已实际发生了转移，如应付而未付的职工工资，在实际支付前，仍在账面上反映，但其所有权实际上已转归职工。另外，公共财物已不为或尚未被账目所控制，但其所有权却未被转移或已实际产生，如企业依合同订购的产品已自提并在途中，尚未支付货款，因而这部分商品虽然尚未被企业账目所控制，但其对这部分商品却已取得了所有权。这就说明，不能依据公共财物是否被账目所控制，是否在账面上反映来判定公共财物所有权使用权、是否发生转移。从以上分析，可以说"所有权、使用权转移说"的理论依据站不住脚，判定标准也缺乏科学性。因此，在表述司法会计鉴定结论时不应采用。

笔者认为，就司法会计鉴定结论的表述来讲，应首先坚持不回答法律性问题的原则。其次坚持实事求是的科学态度，鉴定中应该针对具体财务会计问题的鉴定结果而定。在鉴定结论中，鉴定结果能够确定的财务会计事实是什么，结论事项的内容就表述什么。

国企高管挪用公款案

一、秦某挪用公款案侦诉办案过程

（一）秦某个人基本情况

犯罪嫌疑人秦某，男，1940 年 7 月出生，汉族，大学文化程度，于 1989 年 5 月被任命为国企 A 公司副总经理、正处级，主管公司党务、行政、人事等工作，分管子公司 B 公司。1999 年被单位举报涉嫌挪用公款犯罪，2 月 11 日被平江市海中区人民检察院立案侦查，同日被拘留，2 月 25 日被逮捕，羁押于海中看守所。

（二）侦查、起诉办案情况

1. 侦查情况。

1999 年 2 月 11 日，平江市海中区人民检察院对秦某涉嫌挪用公款犯罪立案侦查，同日将秦某拘留，2 月 25 日将其逮捕，1999 年 4 月 15 日经平江市人民检察院第一分院批准，对其延长羁押一个月，1999 年 5 月 19 日经平江市人民检察院批准，对其延长羁押两个月。1999 年 7 月 23 日侦查终结并制作了起诉意见书移送起诉。查明的犯罪事实是：1991 年 2 月，犯罪嫌疑人秦某利用担任 A 公司副总经理的职务便利，私自从财务以借款名义，分两次借出 287294.01 元，之后以 A 公司子公司 B 公司名义在工行和平路信用社用此款开设账户，后于 1993 年 4 月 2 日将此账户余额款 185477.03 元转至其非法成立的南海益发公司账户内，至今尚未归还。以上事实，有证人证言、书证及犯罪嫌疑人秦某的口供，可以认定。

2. 第一次审查起诉情况。

案件移送起诉部门后，承办人员对秦某挪用公款一案进行了审查。经审查，认为事实不清，证据不足，于 1999 年 8 月 30 日和 11 月 5 日二次退回侦查部门补充侦查，侦查部门补充侦查后于 1999 年 12 月 6 日重新移送审查。承办人员再次审查后认为，现有证据认定犯罪嫌疑人秦某构成挪用公款罪事实不清、证据不足，建议反贪局撤回案件进行处理。其事实和理由如下：

第一，对于犯罪嫌疑人秦某从 A 公司借出并存入的 287294.01 元，从银行对账单上反映出，在三个月内已经支出，与 1993 年 4 月 2 日秦某结转至益发公司的 185477.03 元没有任何关系。从银行对账单及转账支票判断主要支出情况如下：

（1）1991 年 2 月 13 日转到四发公司的 39490 元；

（2）1991 年 2 月 20 日转到德泰公司的 25311 元；

（3）1991 年 3 月 12 日转到 B 公司的 5 元；

（4）1991 年 3 月 29 日转到 A 公司的 10 万元；

（5）1991 年 4 月 1 日转到济宁技标公司的 2 万元；

（6）1991 年 4 月 17 日转到 B 公司的 5 万元。

上述款项的支出，由于没有任何财务凭证，无法获知款项支出的原因、用途等具体情况，只能从转账支票上判断，主要去向均为全民所有制公司，根据最高人民法院相应司法解释，将公款挪用给全民所有制公司、企业的，不能构成挪用公款罪。

第二，对于犯罪嫌疑人秦某于 1993 年 4 月 2 日结转至益发公司的 185477.03 元，从银行对账单和电划代收单进行判断，应出自于 B 公司 1993 年 2 月 24 日入账的 19 万元，但无论是 B 公司还是和平路账户，均没有任何财务凭证可以证明该款转入的原因及用途，该款是否为公款性质不明。且款项转入的益发公司于 1992 年 2 月成立，原为全民所有制企业，1999 年 7 月被南海工商行政管理局重新认定为私营企业。因此，认定秦某将该款结转到益发公司的行为构成挪用公罪证据不足。

上述情况，承办人于 1999 年 12 月 15 日承报书面审查意见，建议提交海中区人民检察院检委会研究决定。

3. 案发单位的意见。

案发单位及其上级主管部委一直比较关注本案的办理情况。在了解到第一次的审查起诉处理意见后，案发单位及其上级主管部委就涉案资金及其性质、和平路账户资金往来情况、秦某涉嫌犯罪事实等提出了意见和建议，认为现有的证据能够证明秦某挪用公款罪成立。具体如下：

关于秦某涉嫌挪用公款一案的意见和建议

平江市海中区人民检察院：

经向贵院起诉二科了解情况，现将我们对秦某涉嫌挪用公款一案的有关意见和建议分述如下：

一、秦某是以个人名义向 A 公司借款

1991 年 2 月，秦某分两次从 A 公司借出的 287294.01 元，既无 B 公司的合法委托，也不是按照 A 公司与下属企业资金往来的程序办理相关手续，而是办理的个人借款，并要求其部下作批准人，因此其借款是个人行为。

二、B 公司和平路信用社账户是秦某个人控制的非法账户

现已查明 B 公司平江和平路信用社账户是秦某利用从 A 公司第一笔借款开的户。此账户的资金往来情况，既未在 B 公司财务账目上登载也未独立建账，资金往来不受任何国有单位的监督，一切行为均应由秦某个人负责。秦某将此账户银行事务委托其子秦某某办理，印签、支票等均放在自己家里。当 1993 年 3 月 A 公司领导集体研究决定，要求秦某将和平路账户交 A 公司财务部统一管理后，他私自决定并指示秦某某将余款转入益发公司账户。我们认为对此账户从设立到管理及运作等方面进行客观的认定，应是秦某利用分管 B 公司的职权，假借 B 公司名义设立的由个人控制的非法账户。

三、对于 B 公司和平路账户资金往来问题的意见

1. 起诉承办人认为，"对于犯罪嫌疑人秦某从 A 公司借出的 287294.01 元，从银行对账单上反映出，在三个月内（即 1991 年 4 月 17 日前）已经支出，与 1993 年 4 月 2 日秦某结转益发公司的 185477.03 元没有任何关系"。与事实有出入。事实是在 1991 年 3 月 15 日还有一笔从 A 公司上级主管部委老干部局注入该账户的 5 万元（秦某所借公款，至今未还），而到 1991 年 4 月 17 日该账户的资金并未"已经支出"，而是有 49605.89 元的余额。

2. 关于起诉承办人所列和平路账户 287294.01 元六笔支出的说明：

（1）"1991 年 2 月 13 日转到四发公司的 39490 元"，银行凭证写明还借款。经查四发公司和平路信用社银行账目（有关证据已提交反贪局），此笔还款是四发公司于 1991 年 2 月 12 日付一张 39490 元支票，用途为 B 公司购买办公用品，B 公司于第二天的还款。因 B 公司和平路账户的支出没有在 B 公司上账。因此，所购买的物品不属于 B 公司所有其去向应有秦某负责。

（2）"1991 年 2 月 20 日转到德泰公司的 25311 元"，银行凭证的用途是运费。为何给德泰公司付运费不详，建议找刘某（德泰公司负责人）了解。

（3）"1991 年 3 月 12 日转到 B 公司的 50000 元"，银行凭单上未写用途，是由和平路账户转入 B 公司绥芬河账户的（此账户是 B 公司财务账目中唯一的人民币账户）。

（4）"1991 年 3 月 29 日转到 A 公司的 10 万元"，用途：上交款。这是当时 A 公司总经理许某要求 B 公司赵某某上交的 1990 年管理费，此笔往来在 A 公司与 B 公司的账目上是对应的，A 公司给 B 公司开了发票并作了相应的账务处理（见附件）。我们认为，依照国家有关财务管理规定，此 10 万元上交 A 公司款与秦某向 A 公司所借的 28 万余元属不同性质资金，只是秦某从 B 公司和平路账户为赵某某垫付给 A 公司的管理费。

（5）"1991 年 4 月 1 日转到济宁技标公司的 2 万元"，汇款用途：货款，目的不祥。如需要我们可以配合查明。

（6）"1991 年 4 月 17 日转到 B 公司的 5 万元"，汇款用途：往来款，是汇入 B 公司绥芬河银行账户的。

四、关于南海益发公司性质认定的时间的意见

1. 作为南海益发公司的国有资产主管部委——南海财政厅对益发公司性质的认定意见为："益发公司从其注册资金来源、组建程序，均不具备全民所有制企业性质，是有关当事人的个人行为。"

2. 作为益发公司的工商登记管理机关——南海工商局的认定意见为："益发公司注册资金是有关当事人利用职权将海标公司应收的国有资金截留据为已有后投入的，应视为有关当事人非法占有的个人财产。我局重新认定益发公司经济性质为私营企业。"

3. 另据南海工商局介绍，益发公司因超过 3 年未依法参加企业年审，已于 1997 年被依法吊销。我们认为工商机关"重新认定"益发性质的时间显然不是自 1999 年 7 月 15 日发文之日起，而是自其成立之日始。

4. 南海财政厅、工商局的两份信函的理解可以同发文单位商榷。

五、关于秦某涉嫌挪用公款的性质及金额的认定问题

我们认为，在认真审核 B 公司和平路账户资金流向的基础上，全面、客观、公正地看待现已掌握的证据、犯罪嫌疑人口供，特别是已取得的 B 公司有关原始财务证据，朱某某（B 公司财务负责人）、赵某某（B公司法人）等的证言，有充分理由认定秦某挪用公款问题。

关于挪用数额的认定，我们认为应是28万余元，而不是18万余元。因为秦某所借28万余元至今一分未还。B公司和平路账户上交A公司的10万元是A公司与B公司的正常往来，由全部账目为凭。这10万元由于资金性质不同不能冲抵秦某从A公司的借款，事实上也未予冲销。并且赵某某事后又将此款"归还"给B公司和平路账户（秦某）。

根据目前已掌握的证据，此账户用于目的不明的消费支出为87369.92元，主要有飞机票、租车费、修车费、零件费、餐费、住宿费、购照相机及办公用品等的支出。我们认为这些费用是秦某为个人事务所支付的费用（根据法律和政策规定，秦某工作费用应从A公司列支，赵某某工作费用应从B公司列支）。其挪用28.7万元主要去向为：益发公司185477.03元、用于个人费用支出87369.92元，合计272846.95元。

以上是我们依据现有证据对秦某挪用公款的意见和建议。

二〇××年元月十日

二、秦某挪用公款案件司法会计技术协助过程

针对案件的侦查、审查起诉情况以及案发单位和其上级主管部委的意见，海中区人民检察院检察委员会经讨论后决定，调整人员重新进行补证和审查起诉，就案件中的有关财务会计专门性问题，聘请专家进行司法会计鉴定或提供技术协助。随后，重新选定的审查起诉人员与案发单位及其上级主管部委纪检组的同志一起，在平江市检察院技术处司法会计人员的陪同下，来高检院检察技术信息研究中心，就案件中的财务会计问题、如何认识财务会计事实、如何运用财务会计资料证据请求给予指导和帮助。针对承办人员提出的对财务会计事实的认定、本案能否进行司法会计鉴定、如何补证、涉嫌犯罪行为定性以及起诉的思路等，司法会计人员与中心主管领导、市院技术处司法会计专家、承办人员进行了多次深入的讨论和交流，分析了现有的证据种类、证据的质量、证明作用以及如何运用这些证据，特别是财务会计资料证据，讨论了侦查补证的方案和可能性，并对B公司和平路账户的财务

会计资料进行了检验，对案件起诉办理思路提出了意见。经过多次沟通以及补证、审查，2000 年 7 月 8 日正式向法院起诉，律师做无罪辩护，法院于 2000 年 8 月 30 日做出一审判决，认定挪用公款罪名成立。

（一）听取案情介绍，阅卷了解案件证据情况，检测送检财务会计资料质量，明确司法会计技术协助的方式

承办人员简要介绍了侦查、第一次审查起诉的情况，并提出办理此案的困难和疑惑。承办人员表示，此案发案时间较久，现在再补充大量证据的可能性不大，但从目前证据和种种迹象表明的确存在犯罪事实。但是到底如何去诉这个案件，把握不准，案发单位及上级主管部委又强烈要求对秦某等人严惩，而且做了大量的工作。承办人员想委托对本案的财务会计问题进行司法会计鉴定，但如何鉴定、鉴定什么问题又提不出一个明确具体的要求。

针对上述情况，司法会计人员通过阅卷了解了目前已收集到的证据，主要是犯罪嫌疑人秦某控制并使用的 B 公司和平路账户的财务资料、A 公司的部分财务会计资料、相关的证人证言以及物证等。对于在案的财务会计资料证据以及相关单位的财务会计资料，司法会计人员进行了检测，就本案秦某涉嫌犯罪事实及财务会计事实来讲，现有财务会计资料不具备鉴定的条件，司法会计人员无法通过司法会计鉴定来补强、印证证据，因此，无法以出具司法会计鉴定结论（意见）的方式提供证据。鉴于本案的情况，司法会计人员可以为承办人员就案件中的财务会计问题提供司法会计技术协助，如对有关财务会计事实的认定、财务会计资料证据的证明作用、案件审查起诉的思路、财务会计专业知识发表看法，为承办人员提供专业咨询服务。

（二）对财务会计资料证据进行审阅、检查、验证，明确能够证明的财务会计（案件）事实

由于多种原因，案件中一些需要验证的财务会计资料未能提取和送检，司法会计人员只能就现有的财务会计资料进行了检验，并就有关财务会计事实与承办人员进行了交流和沟通。

1. B 公司和平路账户（账户：00110297）的开户申请书、名章、印鉴及财务资料等，作为物证、书证，结合相关人员的证人证言，可以证明秦某开立、使用和平路账户的事实。

2. B 公司和平路账户（账户：00110297）资料主要是银行分户账（对账单）、转账支票、进账单等财务凭证、相关费用票据。对上述资料，犯罪嫌疑人秦某本人也未委托其他人员进行会计处理，保持了财务资料的原始状态，没有形成会计账目。这些资料及其散存状态，与 B 公司会计朱某某、出

纳胥某某的证人证言相印证，证实了和平路账户没有纳入 B 公司的财务会计账户体系，其资金往来情况、支出费用情况，未在 B 公司反映、体现和核算。各财务凭证、费用单据等能够证明所载业务发生的时间、地点、经济业务的内容和性质、具体经办人员、财务行为的主体和责任人等事实。

3. 与和平路账户有资金往来关系的单位资料中，提交的主要是 A 公司以及上级主管部委相关司局、B 公司的多笔资金往来情况的单据、会计凭证。结合和平路账户的银行分户账和银行单据，可以证明这些款项的相关财务会计事实。对于其他的一些款项的汇入和汇出情况，司法会计人员没有看到相关对方的财务会计资料，所以无法验证，也明确与案件承办人员进行了沟通和说明，即需要补充材料并予以查明。

（1）1991 年 2 月 12 日收到 A 公司 187294.01 元。

工行平江分行和平路信用社提供的 1991 年 2 月 11 日进账单（收入凭证），记录了该笔转账收入业务，其付款单位为 A 公司。A 公司 1991 年 3 月 9 日第 9 号记账凭证和相关账目记录了上述转账付出业务，其后附有 A 公司 0536#转账支票存根和公司借款单据会计记账联。

上述财务会计资料证据，能够证明"187294.01 元"款项从 A 公司付出，汇入了 B 公司和平路账户内，借款人为秦某，上述事实有具体的时间、经过和签字人。

同时，00110297 账户资料也表明，该账户是 1991 年 2 月 12 日新开立的账户，该账户在存入 A 公司转入的 187294.01 元前无存款余额。

（2）1991 年 3 月 15 日收到 A 公司老干部局 5 万元。

工行平江分行和平路信用社提供的 1991 年 3 月 14 日进账单（收入凭证），记录了该笔转账收入业务，其付款单位为 A 公司主管部委老干部司（老干部司的财务会计资料未送检，要求查明）。

（3）1991 年 4 月 2 日收到 A 公司 10 万元。

工行平江分行和平路信用社提供的 1991 年 4 月 1 日进账单（收入凭证），记录了该笔转账收入业务，其付款单位是 A 公司。A 公司 1991 年 4 月 4 日第 16 号记账凭证和相关账目记录了上述转账付出业务，其后附有 A 公司 0570#转账支票和公司借款单据会计记账联。

（三）听取承办人员对案件审查起诉意见，从财务会计专业角度分析其办案思路，并提供专业知识意见

司法会计人员在对案件中的财务会计资料进行审阅、检验的基础上，对这些财务会计资料的证明作用进行了说明。案件承办人员在听取了司法会计

人员对财务会计资料证据及相关财务会计事实的说明后，提出了审查起诉的三种思路，从财务会计专业角度征求司法会计人员的意见，并进行了充分的讨论。

第一种思路，从源头上定，关键是确认 B 公司和平路账户是秦某个人使用或控制的非法账户就可以了。即只要能证明和确认此账户是秦某个人使用、控制的账户，那么当钱款从 A 公司及其上级部委账户转入到和平路账户后，由秦某控制和使用，就可以用证据认定为挪用犯罪。

针对这种办案思路，司法会计人员认为：要证明或确认 B 公司和平路账户是属于秦某个人使用或控制的非法账户，主要可以运用 B 公司和平路账户的开户申请资料、印章、印鉴等书证、物证，同时确认其印章、印鉴是伪造、私刻的事实，另外还需有相关人员如 A 公司的领导、会计人员以及 B 公司法人代表赵某某、财务会计人员朱某某、胥某某、秦某之子秦某某等人的证人证言来确认和印证。

司法会计人员还提出来，目前因未提取和收集到 B 公司的财务会计资料尤其是相关的账簿、会计凭证，是一个缺陷。如果提取不到这些书证，相关的事实（主要是指和平路账户的情况是否在 B 公司反映）就必须要考虑运用其他类型的证据，如证人证言等加以证实。

第二种思路，从秦某交出和平路账户的财务会计资料上定。如果能认定 A 公司开董事会一致决定让秦某交出和平路账户的账及其资金，将该账户财务会计资料交回来是一种销账或平账的话，那么就可以依据以往办案的思路，即秦某不交账却将款汇走，以虚假的发票平账、销账的形式可以认定为贪污行为。

针对这种办案思路，司法会计人员做了说明和解释：

1. 从会计学专业的角度讲，没有平账、销账这一说，而只是报账、算账、调账，至少秦某在本案中的行为不是一种报账、算账行为。

2. 即使是说要报账、算账，那么秦某也只能将这些资料交 B 公司进行报账、算账。因为从形式上讲，转到和平路账户上的钱，在 A 公司账上体现的是 A 公司对 B 公司的其他应收款（债权），而且和平路账户是以 B 公司名义开的，所以要报账、算账，也只能到 B 公司。

3. 和平路账户的这些资料不能算做账。因为秦某交出的只是一些费用发票和单据，以及和平路账户的银行分户账（对账单）、银行凭单等。那么，从会计处理上讲，这些都是进行会计账务处理的依据，而不是账。

4. 就秦某本人的销户、清户行为来讲，从法律上对定性也没有意义。因为要确定的是秦某本人的贪污或挪用的行为，而并不是秦某销户的行为。这里的问题是，秦某把 18 万多元转出后，恰恰和平路账户里没有钱了，那么此账户里如果还有钱呢？也就是说，如果他没有销户，而将此账户里的大部分钱转到益发公司，那么这个销户的行为是否与贪污或挪用的行为不相关，也就是说是否销户对定罪处罚没有任何意义。

第三种思路，从款项的去向上定。即只要能确定和平路账户是以国有 B 公司的名义开立的，就可以说，如果秦某将国有公司账户里的款项转到私企拒不归还的，就构成犯罪。

这种定案思路在实践中非常普遍。针对这种定案思路，司法会计人员提出：

1. 既然是从款项的去向去定，那么款项到了益发公司后，这并不是最终的去向。益发公司注销后，款项下落目前不明。而且款项下落问题，往往会涉及到犯罪行为本身的定性，即到底是挪用还是贪污行为。目前益发公司的财务会计资料也未能够提取到，对其资金情况，司法会计人员无法发表看法。

2. 这种定案思路的关键是确认益发公司为私企。除了公司主管部门的认定外，还需要从公司的实际成立、运营等方面来认定其私企性质。也就是说，在财务会计资料缺失的情况下，还需要提取其他类型的证据如知情人、证人证言来证明有关事实。

（四）梳理案件证据，研判案件待证事实

经过对案件审查起诉办案思路的讨论和说明，司法会计人员与审查起诉人员一起梳理了案件中已取得的证据，并根据这些证据对案件的待证事实进行了研判。需要说明的是，司法会计人员主要针对财务会计资料证据和财务会计事实发表了自己的意见。

本案中已收集到的证据有：

1. 书证。（1）主要是 B 公司和平路账户的开户申请资料、该账户的转账支票、银行对账单、费用发票、支出凭单等财务资料。（2）相关单位的资料，主要是 A 公司的相关财务会计资料、相关制度文件、会议记录等。（3）益发公司的申请开业登记书、董事会成员名单、益发公司营业执照等。（4）南海财政厅、工商局、临海国税局等出具的书面文件。

2. 物证：B 公司和平路账户的财务章、个人名章、印鉴等。

3. 证人证言：秦某某、许某、王某某、林某、汪某某、朱某某、李某、胥某某等人的证言。这部分证据最多。

4. 犯罪嫌疑人秦某的供述和辩解。

待证的案件事实及证明过程主要有：

1. 证明秦某的个人情况：国企 A 公司副总经理，主管公司党务、劳资等工作，分管 B 公司。证据：证人证言、A 公司会议记录及本人供述。

2. 秦某私自开户的事实：以 B 公司名义在平江市开设和平路账户。证据主要有：开户的相关书证手续、印章印鉴等物证，相关证人的证言，秦某本人的供述等。

3. 秦某私自借款的事实：从 A 公司分两次借款，但一直没有归还。证据主要有：办理借款的财务凭证手续、A 公司会计凭证及账簿记录等书证、秦某本人供述、相关证人证言。

4. 秦某控制、使用和管理和平路账户的事实：证据主要有：该账户支出、收入的相关财务资料、开户银行提供的单据等书证，秦某之子秦某某的证言、B 公司相关人员证言、A 公司相关人员证言，A 公司总经理办公会的会议记录等。

5. 益发公司是秦某等人私营公司的事实：南海益发成立时是国有公司的形式，但实质上是秦某与王某匀、赵某某等人的个人公司。主要证据有：益发公司申请开业登记书、董事会成员名单、益发公司营业执照等书证，证明秦某参与益发公司的注册成立，并担任益发公司董事长的事实。另有南海财政厅、工商局、临海国税局的相关证明文件。

6. 秦某指示其子秦某某先后两次从和平路账户转款到益发公司的事实：证据有：和平路账户转账付出的相关凭证、秦某某的证言、秦某的供述等。

另外，就上述证据和待证事实，司法会计人员也提出了目前证据中存在的问题，需要查证或补证：

1. 重要的证人赵某某失踪，关系到 B 公司和平路账户的重要情况，是为缺失。因此，需要取得相关的间接证据并与其他证据弥补这一证据缺陷。

2. 和平路账户中没有完整的、详细的财务会计资料，没有进行账务处理，更没有相关账目的记载情况，款项的用途及性质判定上造成了一定的困难。且 B 公司财务会计资料缺失，需取得相关的证据予以佐证。

3. 和平路账户转款到益发公司后，具体款项的下落，因没有益发公司的财务会计资料而无法查明。

三、起诉、审判结果

经过一段时间的工作后，海中区人民检察院以被告人秦某挪用公款罪向海中区人民法院提起公诉，起诉指控的犯罪数额为 36 万余元。法院经公开开庭审理后，认为公诉机关指控犯罪罪名成立，证据确实充分，遂依法作出了判决。法院的判决详见如下：

平江市海中区人民法院[*]
刑事判决书

(20××) 海刑初字第 11×× 号

公诉机关平江市海中区人民检察院。

被告人秦某，男，1940 年 7 月 13 日出生，汉族，出生地河北省某县，大学文化，系 A 公司副总经理，住平江市和平路 5 楼 2 单元 102 室；因涉嫌挪用公款，于 1999 年 2 月 11 日被羁押，同年 2 月 25 日被逮捕；现羁押于平江市海中区看守所。

辩护人李某某，平江市三山律师事务所律师。

平江市海中区人民检察院以（99）平海经诉字第 3×× 号起诉书指控被告人秦某犯挪用公款罪，于 2000 年 7 月 17 日向本院提起公诉。本院依法组成合议庭，公开开庭审理了本案。平江市海中区人民检察院指派检察员王林出庭支持公诉，被告人秦某及其辩护律师李某某到庭参加诉讼。现已审理终结。

平江市海中区人民检察院指控，1991 年 2 月间，被告人秦某利用自己担任 A 公司副总经理，分管 A 公司的下属子公司 B 公司的职务之便，从 A 公司借公款人民币 187000 元，开设了 B 公司和平路账户（账户：00110297），并将该账户置于其个人的管理之下。1993 年 1 月 4 日，被告人秦某通过其子秦某某（另案处理）将该账户中的人民币 18 万元结转至自己与王某匀、赵某某等人私下设立并经营的益发公司。同年 4 月 2 日，被告人秦某又以同样的方法将该账户中的公款人民币 185000 元结转至益发公司。以上两次共计挪用公款人民币 36 万余元，至今尚未归还。

---

[*] 本判决是一审判决。本文收录的目的是分析研究法庭认定证据和事实的过程，仅作研究之用。

针对上述指控，公诉机关提供了案犯秦某某供述，证人许某、王某某、林某、汪某某、朱某某、胥某某的证言，B 公司开户申请书，记账凭证，转账支票，进账单，对账单及 A 公司出具的有关证明材料等证据材料，要求对被告人秦某依照《中华人民共和国刑法》第 384 条第一款的规定予以惩处。

被告人秦某在法庭审理时辩称，B 公司和平路账户不是我私自设立，而是经过总经理许某同意的；我没有指使秦某某将 36 万余元转到益发公司的账上，对于 B 公司和平路账户上的入款及出款情况我都不清楚，起诉书指控的事实根本不存在，故认为自己的行为不构成犯罪。其辩护人李某某的辩护意见为：一、B 公司开设和平路账户并非秦某利用自己职务便利，也非个人管理，而是受委托经过正常程序进行的。二、起诉书指控被告人秦某挪用公款证据不足。首先，检察院提供的转账支票、进账单等证据，只能证明付款人是 B 公司，不能证明是秦某所为；其次，仅凭秦某某一人的证言不能证明转款是秦某授意。三、益发公司的性质为全民所有制，检察院将其认定为私营企业没有依据。因此，检察院对被告人秦某的指控不能成立。

经审理查明，被告人秦某于 1992 年 2 月间，利用自己担任 A 公司副总经理，分管 A 公司的下属子公司 B 公司的职务之便，从 A 公司借公款人民币 187294.01 元，在工行平江市和平路开设了 B 公司的账户（账户：00110297），并将该账户置于其个人的管理之下。1993 年 1 月 4 日，被告人秦某通过其子秦某某（另案处理）将该账户中的人民币 18 万元转至自己与王某匀、赵某某等人私下设立并经营的益发公司账上。同年 3 月 11 日，A 公司领导召开总经理办公会，要求秦某交出其保管的 B 公司和平路账户。但被告人秦某借故一再拖延，并于同年 4 月 2 日，再次以同样的方法将该账户中 185477.03 元公款转至益发公司账上。以上两次共计挪用公款人民币 36 万余元，至今尚未归还。1999 年 2 月 11 日，经单位举报，被告人秦某被查获归案。

该项事实，有公诉人当庭宣读及出示的案犯秦某某的供述，证明 B 公司和平路账户由其父亲秦某管理，在 1993 年初该账户销户时，秦某让其将 18 万元余款转到益发公司账户上的事实。

证人许某（原 A 公司总经理）的证言，证明 B 公司是 A 公司的下属子公司，由副总经理秦某主管，关于 B 公司从 A 公司借款设立和平路账户的事，自己不清楚，秦某也没有向其汇报过的事实。

证人王某某（A 公司现任总经理）、林某（A 公司现任副总经理）的证言，证明 1993 年 2、3 月间，A 公司领导通过群众反映得知，秦某掌握着一个 B 公司在平江的账户，遂召开总经理办公会，正式决定让秦某交出该账户，秦某表示同意，但一直以各种借口拒不交出。同年 5 月间，公司通过查账，发现和平路账户上的余款都已转到一个叫益发公司账上的事实。

证人汪某某（原 A 公司财务部主任）的证言，证明其不了解 B 公司和平路账户的情况，后经过向赵某某调查，发现在 B 公司只有赵某某一人掌握该账户情况的事实。

证人朱某某（原 B 公司会计）的证言，证明自己不清楚 B 公司和平路账户的情况，该账户与自己所主管的账户之间没有任何财务往来的事实。

证人胥某某（原 B 公司出纳）的证言，证明 B 公司和平路账户所使用的财务章和赵某某人名章与 B 公司自己所使用的章完全不一致，自己对这个账户的情况也不了解的事实。

李某（原 A 公司劳动人事处主任）证言，证明其曾经从秦某处领取过 B 公司转账支票使用的事实。

A 公司记账凭单、借款单、单位开户申请书，证明被告人秦某经手从 A 公司借款 187294.01 元为 B 公司在和平路开户的事实。

转账支票、银行账单、对账单等书证，证明被告人秦某二次挪用公款 36 万元余元至益发公司账上的事实；益发公司申请开业登记书、董事会成员名单、益发公司营业执照等书证，证明被告人秦某参与益发公司的注册成立，并担任益发公司董事长的事实。

南海工商行政管理局出具的证明材料，证明 1992 年 1 月在该局申请登记的南海中发公司在批准注册登记时的名称变更为南海益发公司，后该局根据有关规定，在 1999 年 7 月 15 日将南海益发公司的企业性质重新认定为个人投资的私营企业的事实。

南海财政厅关于南海益发公司经济性质的复函，证明益发公司未在该厅办理国有资产产权登记，也未按受国有资产的管理与监督的事实。

临海市国税局的证明，证实南海益发公司未在该局办理税务登记手续及申报纳税的事实。

被告人秦某对上述控方证据的意见为，我没有让秦某某转款，他所讲的不是事实；设立 B 公司和平路账户的事许某是清楚的；王某某、林某没有开过经理办公会，他们也没找我谈过交账的事；我与南海益发公司没有任何关系，益发公司的企业性质我不清楚。其辩护人李某某对上述证据的意见为，秦某某是本案的利害关系人，他的证言没有证明力；从 B 公司和平路账户的对账单可以看出，在秦某某转款之前，秦某经手向 A 公司所借的 187000 多万元公款已经基本支出完毕，此后所动用的款项不能认定是 A 公司的公款；南海工商局对益发公司重新核定企业性质的做法是违法的，不能成立。

法庭认为，证人秦某某与被告人秦某系父子关系，秦某某既不是 A 公司或 B 公司的职员，也不是本案的被告人，双方不可能存在利害关系。因此，对于秦某某的证言的证明效力，法庭予以确认；A 公司领导召开经理办公会不仅有二位当事者的证言，而且还有会议记录加以佐证，可作为定案的依据，被告人秦某对上述证据的否认毫无说服力，法庭不予采信。

B 公司是 A 公司的下属公司，其账户上的资金均为公款，并非只有挪用秦某借出的 187000 多元这部分款项才能称为挪用公款。

故辩护人对涉案款项性质所提出的质疑不能成立。

南海工商局对益发公司重新认定为私营企业，是依据一系列相关证据所作出的结论，符合客观事实，可以作为定案的根据。同时，秦某系益发公司的董事长亦有相关书证予以佐证。因此，被告人秦某及其辩护人对益发公司企业性质所提出的异议不能成立。

综上，法庭认为控方所提交的上述证据内容真实、完整，且相互之间能够形成有机的联系，可以作为认定指控事实的依据。

本院认为，被告人秦某身为全民所有制企业的经理，利用职务之便，挪用本单位公款人民币 365477.03 元，用于其与他人擅自成立的私营公司之经营活动，至今不能归还，其行为已构成挪用公款罪，且犯罪情节严重，应予惩处。平江市海中区人民检察院对被告人秦某犯有挪用公款罪的指控成立。在法庭审理中，被告人秦某一再强调其对 B 公司和平路账户上的出款及入款情况一无所知，转款行为是其子秦某某所为。但是，本案的相关证据已经证实，秦某与秦某某系父子，秦某某与 B 公司没有任何关系，其二次转款所使用的 B 公司财务章和人名章只在秦某手中保管。因此，没有被告人秦某的首肯，秦某某不可能完成上述行为，这里面不存在儿子陷害父亲的可能。另外，南海工商局根据客观事实将益发公司重新核定为私营企业，符合最高人民法院有关司法解释的精神，应予以确认。故被告人秦某及辩护人所作的无罪辩解及辩护意见，缺乏事实和法律依据，本院不予采信。

对被告人秦某依照《中华人民共和国刑法》第三百八十四条第一款、第十二条第一款、第六十四条之规定，判决如下：

一、被告人秦某犯挪用公款罪，判处有期徒刑十一年。

（刑期从本判决执行之日起计算。判决执行以前先行羁押的，羁押一日折抵刑期一日，即自1999年2月11日起至2010年2月10日止）。

二、继续向被告人秦某追缴人民币365477.03元，发还A公司。

如不服本判决，可在接到判决书的第二日起十日内，通过本院或者直接向平江市第一中级人民法院提出上诉。书面上诉的，应提交上诉状正本一份，副本一份。

审判长　朱某某

陪审员　载某某

陪审员　曹　某

二○××年八月三十日

书记员　梁某某

四、办案启示

就本案中的财务会计事实而言，虽然案件不具备司法会计鉴定的条件，进行司法会计检验查明的事项也很有限，但司法会计人员并没有仅到此就结束司法会计工作。相反，作为检察机关的司法会计人员，要为案件的侦查、审查起诉和法律监督工作提供专业化的技术保障和服务，要利用自己的司法会计专业知识、财务会计知识，就案件中的财务会计资料证据、财务会计事实等提供司法会计咨询和技术协助。这是职责所在，也是司法会计职能作用充分发挥的具体体现。

通过本案，也能够看出，无论是侦查人员还是审查起诉人员，在办理涉及财务会计业务的案件时，其财务会计知识、司法会计专业知识比较欠缺，需要检察技术部门和司法会计人员提供技术支持和帮助。同时，在案件侦查、起诉过程中，办案人员应做到：

1. 要树立全面取证的观念。这里有两层含义：一是要充分重视有罪证据，同时也要重视无罪证据。二是对于证明有罪的证据必须全面、客观、充分。

2. 从证据角度来讲，应恰当地评价每个证据的证明力。对证据证明力的评价不是孤立的，而应该放在整个证据环节中、放在整个案件事实环境中来评价，不能人为夸大或低估其作用。

附　　篇

本篇内容主要收录了笔者参与全国检察机关司法会计微信群讨论有关专业问题的发言。全国检察机关司法会计微信群是由高检院检察技术信息研究中心赵志刚主任倡导并发起建立的，其成员以全国检察机关司法会计专业人员为主，是全国司法会计人员进行理论探讨、学术交流、经验介绍、信息沟通、案件咨询的互动平台。建群以来，群员充分利用平台的即时性、交互性、广泛性特点，深入研讨司法会计专业学术问题，交流司法会计办案经验和心得体会，讨论专业队伍如何适应司法员额制改革、监察体制改革等重大问题，对于促进和提高司法会计人员的学术水平、办案能力以及司法会计行业发展，起到了促进作用，成为广大司法会计工作者的精神家园。

笔者自 2015 年 9 月加入本群以来，结识了很多专业同行，也与群友进行了广泛的交流，学到了很多知识和专业技能，受益匪浅。在群里，笔者也参与了一些专题性、实践性问题的交流和讨论，表达了自己的观点。由于一些问题涉及司法会计的基本理论和认识，对司法会计研究、行业发展、人才培训、实务操作等有比较重要的影响，笔者经过慎重考虑，决定将有关讨论内容进行收集整理收录本书，一方面作为书面资料保存，便于自己查阅、学习。另一方面，群里专家同行的一些发言，非常有学术价值，有必要以这样的方式展现出来，供同行们交流学习。

为展现群内研讨问题的真实性、原始性，在整理时，坚持了以下原则：一是最大限度地保留原始的发言内容。除了微信里的一些表情符号无法复制保留外，参与讨论的发言人名、发言顺序、发言内容尽量保留原貌，真实地反映讨论当时发言者的观点和意见，以再现讨论场景。二是对讨论议题进行了归纳。根据一个时间段集中讨论的内容，由笔者归纳了主题并加了标题，这样更有利于集中展现。三是以时间先后排序。即按讨论问题的时间先后归纳整理。

需要说明的是，原打算只收录笔者本人讨论发言的观点和内容，但考虑到不交代议题、不收录其他人的观点，尤其是不同观点，不利于展现讨论的真实性，也体现不出观点的交锋和碰撞。所以，在整理时，收录了与讨论议题相关的同行的完整的发言内容，以便于交流。在此，对提出议题并参与讨论的各位司法会计同行表示感谢，尤其是于朝、候新霞、张连峰、华昌明、雷华、章宣静、陈辉、高世会、吴燕宁、王秋平、应浩云、孙立印、张珩、谭智文、隆革新、花狐狸、蔡志红、孙海全、骆驼等，如有遗漏，请见谅。讨论内容和议题是大家共同努力的成果。

关于司法会计人员应否有侦查权*

由于检察技术部门的司法会计人员懂财务会计专门知识，具有司法会计专业特长，能够对涉案财务会计事实和财务会计资料证据做出判断，对于案件侦查和突破有积极的作用，所以在贪污贿赂等职务犯罪案件的侦查过程中，司法会计人员往往被指派参与到案件的侦办过程中来。因此，就产生了司法会计人员的身份定位问题。有些同志认为，既然司法会计人员被指派到案件侦查工作中了，就应该有侦查权，而且司法会计在侦查工作中发挥了很大作用，做了很多侦查人员做不了的工作，如果不具有侦查权，没有侦查人员身份，认为对司法会计人员不公平，也不被重视。在实践中，的确也由于身份定位的不准确，出现了一些问题。在微信群中，有些同行也提出应该赋予司法会计人员侦查权。对此，笔者作了一些回应和探讨。

时间：2015 年 9 月 20 日

庞建兵：感觉今天讨论的主题有点乱。我认为以下几点是需要明确的：

一是侦查权的问题。侦查权是法律赋予侦查主体的权力，作为检察技术部门的司法会计人员，天然不具有侦查权是必然的，也是常态。当然，在一些案件中，司法会计人员被作为侦查人员使用，是另外一种情况，此时的法律身份是侦查人员，享有侦查人员的权利和义务。当案件中有需要鉴定的问题时，此人不能充当鉴定人。

二是技术部门司法会计人员想谋求侦查权是不太可能的事情。司法会计不是不重要，计算机、电子物证技术重要不重要，对解决案件中的专门性问题来说，都很重要，那么是不是也像有的同志所说的，给予侦查权，这样就有了司法会计侦查、计算机侦查、法医侦查、笔迹侦查？显然，这是不合适、不可行、不可能的事情。在案件中，技术问题或者是专门性问题，千差万别，但是，对侦查来讲，所有问题的解决，是在侦查人员的主持之下进行的。这是法律原则。

---

* 本专题的讨论主要是与雷华同志展开的。由于删除过群信息，当时只收藏了自己的发言，此次收集整理时没有查找到雷华同志的发言内容，感谢雷华并对此深表歉意！

　　三是司法会计不能超越法律的规定。法律修改的过程中，我们可以从历史、实践和域外借鉴的角度提出修法的建议和诉求，表达我们的观点。但是这些观点，也必须有实践和法律依据。我想，立法修法活动是开放、透明的，很多好的意见、建议都有可能被采纳，那么为何不赋予司法会计乃至技术部门、技术人员侦查权，而始终坚持侦查人员在侦查过程中的主体地位呢？这显然是有法理基础的，刑事诉讼法对此有明确的规定。司法会计人员是具有专门知识的人员，参与案件中的勘验、检查只能在侦查人员的主持之下进行。

　　四是司法会计能干什么和该干什么、应该干什么，是有区别的。在诉讼或侦查中，那种突出强调一种技术或一个人作用的无限放大的做法，显然是有害的。在一些贪污贿赂案件中，恰恰是司法会计人员想解决很多问题、包打天下，反而弄巧成拙，造成案件办不下去，成为回锅肉案件，教训惨痛。

　　在职务犯罪案件中，因一般存在着财务会计资料，需要具有相应专门知识的人来进行勘验、检查。我们培训了很多司法会计专业人员，有些现在就在侦查部门，而且也能够承担和胜任勘验、检查财务会计资料的任务。在有些省份，长期调用司法会计人员参与案件办理，这些同志的主要任务是勘验、检查。还有些地方的做法是，遇到专门性问题时，要求检察技术部门和司法会计技术人员协助。这些做法，都是实际情况，我也做过分析，在符合法律规定的前提下，有利于案件的侦办，没有什么不可以。但是，无论是以哪种方式参与到案件中，作为司法会计人员来讲，自己必须有一个清醒、准确、合法的定位，在案件中，哪些应该做，哪些不应该做，必须明确，否则，吃亏的是自己。

　　五是司法会计从概念的范畴来讲，包含人员、工作、专业、学科等诸多要素，进行讨论时，必须明确表达特定的含义，不能混为一谈。否则，大家讨论的不是一个问题，不在同一个频道，难免造成混乱。

　　另外，我想说的是，大家进行讨论，法律的归法律，管理的归管理，行政的归行政，不要一说司法会计，把所有的理论与实践、管理与行政、人事与地位都搅在一起，探讨没有边界，就容易产生歧义。

　　时间：2015 年 9 月 21 日

　　庞建兵：还想说明一点，司法会计学是一门实践性学科，是为诉讼服务的。所以，讨论也好，发言也罢，最好有法律依据、理论基础和实践支撑，不要凭空想象和主观臆断，更不能把已被司法实践证明并抛弃的错误观点和做法，以及明显违反法律规定的学说、观点，误导后来者。司法会计学发展到今天，可以说来之不易，也有很多教训和遗憾。这是几代人共同努力的结果，大家都付出了很多心血。

庞建兵：司法会计人员是否有侦查权，不能一概以是否有检察官的身份来论。有没有侦查权的问题，要以诉讼程序的启动为前提。侦查部门的侦查人员，也不能说时时都有侦查权。侦查权是国家公权力，只有在代表国家，对犯罪进行追诉时，才得以行使，而且必须履行相应的手续，遵循相应的程序。

……

庞建兵：@湖南雷华　在职务犯罪侦查中，技术即侦查，侦查即技术，我不知道是哪位领导的观点？技术本身不是法律概念，而侦查是法律概念。在刑诉法中，对侦查的概念作了严格的界定，是指依法进行的专门调查工作和有关的强制性措施。这个概念，明显不是"技术"这个概念能包含的。而且，在法律中，尤其是刑事诉讼法中，涉及"技术"的问题，是在"勘验、检查"、"鉴定"这些章节（指刑事诉讼法中的章节）中来表述的，往往是与"专门知识"、"专门性问题"联系在一起的。所以说，侦查与技术，是完全不同的。

庞建兵：@湖南雷华　司法会计人员参与案件查账，前提是依据现行刑事诉讼法第126条规定，就是侦查人员对于与犯罪有关的场所、物品、人身、尸体应当进行勘验或检查。在必要的时候，可以指派或者聘请具有专门知识的人，在侦查人员的主持下进行勘验、检查。这条法律规定包含了以下几个意思：

一是侦查（包括勘验、检查）的主体侦查人员。

二是在必要的时候可以指派或聘请具有专门知识的人。也就是说，侦查人员可以自己进行，比如查账（实践中侦查员查账的也不在少数），也可以指派或聘请别人来查账，既可以指派检察机关的司法会计人员，也可以聘请会计师、注册会计师甚至是会计专家、教授来查账。

三是在侦查人员主持之下进行。也就是说，司法会计人员被指派到案件中，即使参与了侦查中的查账，也是处于辅助地位，没有独立的侦查人员地位。如果在一个案件中，司法会计人员是明确作为侦查人员来使用的，行使了侦查权，即参与了侦查讯问、调查取证等，那他本身是侦查人员身份，具有独立的侦查人员地位。他可以在案件侦查中进行查账、查物，但是如果这个案件中还有专门性问题需要进行鉴定，他就不能担任本案的鉴定人，这是刑事诉讼法明确规定的回避情形。所以，要分清楚，在一个具体的案件或诉讼程序中，他只能有一种法律身份和定位。

关于司法会计鉴定意见是否具有司法属性[*]

时间：2016 年 7 月 8 日

庞建兵：培训中还有"如何恰当体现司法会计鉴定意见中的司法属性"这样的内容？鉴定意见就是一种证据，证据从三性角度讲，也没有司法属性呀？

华昌明：@庞建兵　"如何恰当体现司法会计鉴定意见中的司法属性"……是否就是"如何恰当体现司法会计鉴定意见的证据属性"的意思呢？

庞建兵：证据属性也不是司法属性。

华昌明：那司法属性是不是指法律定性呢？

张连峰：如何走中间路线，不要非左即右。既不全是法律问题，也不全是财会问题，而是涉案财会问题。如何把刑法条文（规定的）犯罪手段在鉴定意见中恰当表现出来。

华昌明：@zhanglianfeng　有点意思！👍

庞建兵：@zhanglianfeng　这不是由司法会计学自身决定的，是法律和诉讼原则决定的，不存在中间路线一说，就是专门性问题，这些问题简单说就是涉案财会问题，法律的底线是不能碰的。尤其是作为案件中的鉴定意见。当然，你作为双料专家，用你的复合知识，与办案人员一起讨论案件定性，帮助解决法律问题，那是另外一回事。我们都曾这样做过，而且避免不了。但是，还是两码事。

于朝：@庞建兵　👍

庞建兵：@于朝　感谢于专家支持！

＊　司法会计鉴定意见是否具有司法属性，能否在司法会计鉴定意见中更多地体现司法属性的问题，是 2016 年全国检察机关司法会计微信群中重点讨论的问题，其起因于举办的培训班上有授课老师讲授"如何恰当体现司法会计鉴定意见中的司法属性"。对此，司法会计同行们积极参与，纷纷发表意见。讨论之热烈、持续时间之长，可见其重要性。在讨论过程中，笔者也充分表达了自己的观点。对各位参与的同行再次表示感谢。

庞建兵：@ zhanglianfeng　张专家是司法会计队伍中司考资格、注册会计师等资格证书最多的，脑容量很大。

张连峰：问题是实践中鉴定意见仅表述财务会计表面问题，甚至于仅停留在审计思维、审计结果的层次，而无法更好地体现司法鉴定的本源追求，看不出法律思维对鉴定过程无时不在的指引。

南宁市院吴燕宁：是的，在现有司会理论指引下，我们哪敢去触碰法律底线啊！

张连峰：目前的情况下，一涉及到法律问题好像就触及到禁区似的，而且这个禁区的范围好似很容易就扩大化，这个问题很值得思考。与顶层设计强相关。那么我们为什么叫司法会计，就是因为我们具有法律属性。各位专家请放心，我不会扩大鉴定的法律属性，而是恰当体现之而已。解放思想，不忘初心，继续前进……

南宁市院吴燕宁：@ Zhanglianfeng　张老师，请问您是去海南讲有关这个问题吗？

庞建兵：@ zhanglianfeng　张处对鉴定意见性质作用的看法，不敢苟同。其一，司法会计鉴定意见是鉴定人对案件中涉及的财务会计专门性问题，从专业的角度进行分析判断后作出的结论，不是表述财务会计表面问题。至于实践中有鉴定人为表述而鉴定的情形，是个别鉴定人的问题。按《司法会计工作细则》及有关法律规范，鉴定意见的结论是明确的。其二，鉴定过程中并不运用审计思维和方法，运用的是司法鉴定、司法会计鉴定的原理和方法，之所以有同志认为鉴定意见的结论不给力、没解决定性问题，其根源在于鉴定人内心深处还是审计的思维和方法，出于这种思维，其目的就是要对案件中的财务会计问题进行法律定性。其三，鉴定意见不是审计结论。有些审计结论对责任、行为是定性的，而在司法诉讼过程中，鉴定意见不能对案件中涉及的财务会计行为定性，也不该定性。这是诉讼分工原则、证据规则决定的。其四，司法鉴定本源的追求是什么？解决案件中的专门性问题，这个专门性问题是什么问题？肯定不是法律问题。如果是法律问题，三大诉讼法为何要表述为专门性问题。

庞建兵：目前的司法鉴定理论、司法会计鉴定理论，是在诉讼法、诉讼理论的规范下提出来的（当然也吸收借鉴了其他相关学科的理论），那么当然地，不仅体现了法律思维，而且更为严格地设定了诉讼鉴定规则和程序，必须在法律的框架下进行活动，才有价值和生命力。否则，就是无源之水、无本之木，必将为诉讼所抛弃！司法会计也就失去了存在的基础。

四川雷波陈辉：如果参照一下法医的表述，法医的鉴定对象是人体组织，司法会计的鉴定对象是财务行为和会计行为，法医的表述是钝器伤或锐器伤，司法会计表述财产利益减少或增加？

张连峰：@南宁市院吴燕宁　这次我想讲这个问题，还需要领导批准。因为在办专案，正加班加点赶制过程中。

庞建兵：@zhanglianfeng　个人观点，仅供参考。

……………

张连峰：唉！刚刚有空看看群，可叹！司法会计鉴定解决涉案财会问题，法定！人大决定将我们的案件类型基本设定为刑案（别在这挑错），法定！没有刑就没有司会鉴定，请问专家学者们，犯罪构成由主体、主观方面、客体、客观方面构成，毋庸置疑。以逃税罪为例，你在鉴定书中写明单位名称、财务负责人等有什么不可，这是财会问题吗！典型的犯罪主体，鉴定书好用而已，触动什么高压线了?！一说司法一说法律就是所有权转移，别的多着呢。不要乱扣帽子，一说法律问题就是判决书，还多着呢。不能因为自己没见过的，就不存在。我国司法会计面临最大的问题就是会计、审计、税务审计等财务会计知识与刑法法条客观方面的融合，如何充分恰当地体现在鉴定意见中。

于朝：遵重法律，不能说说而已，而是应该落实到行动中；遵守法律，可能会给自己带来某种不利，但它是法治的基石。糊涂难，难就难在当明知尊法会对己不利时还要坚持下去，这就是法律精神。

张连峰：我再举一在检验鉴定过程中司法（法的适用，既包括会计法等，也包括刑法、刑诉法等）属性的重要性。逃税罪不是以账面少交税额为逃税数，而是以不计或少计收入导致少交税的数额，如果账面没有，又存在合同、发票等充分书证，为什么不在鉴定书中明确为账外收入，计算少交税金呢！正常人都明白的事，司法会计为什么不能说。岂有此理！资产以历史成本确认，股票先进先出等会计核算方法的确认哪个不是法的适用问题。对没有证据证明的收款不认为是收入，对没有证据证明的付款认为是支出，其法律依据是刑诉法的有利于犯罪嫌疑人，这不是法的适用吗？这是会计问题？最近的专案均涉及太多太多各种法的适用问题，不出鉴定书了？怎么可能呢！关键在于如何驾驭，不越雷池。大家们一提到法律问题就上纲上线，弄得大家无所适从。不解决法律问题，哪里来的司法会计。既然解决之，怎么能不提呢?！关键是别对其定罪而已。我们要做的是对于财务会计的账面表现形式、其处理结果，结合侦查人员提供的书证，依据刑诉法，对具体刑法条文规定的客观方面中财会问题，照本宣科，逐条比对，适合的检验鉴定，不符合的，视而不见，不用检验。最后进行定性定量分析。望大家不要断章取义，了解意思即可。

张连峰：另外关于所有权转移，这本身就是个伪命题。所有权转移的前提是合法，包括买卖、赠与、继承、孳息等。贪污、侵占等非法手段不引起所有权转移。建议以后不要再在群中说这些不是问题的问题了。

庞建兵：@ zhanglianfeng　你举的这些例子里，恰恰说明了我的观点，解决的都是专门性问题，没有法律的定性问题。至于说税法的规定、会计法的规定，这些都是鉴定的标准，是（鉴定时）判定的大前提。但是，这并不是你说的"如何恰当地在司法会计鉴定意见中体现司法属性"的问题。你说的这些问题，是如何在鉴定中运用有关法律、规范作为标准的问题，并非是法律问题，也体现不了鉴定意见的司法属性。

庞建兵：表达上，（讲座）题目与内容相去甚远。

庞建兵：@ zhanglianfeng　至于你说的"对没有证据证明的收款不认为是收入，对没有证据证明的付款认为是支出，其法律依据是刑诉法的有利于犯罪嫌疑人，这不是法的适用吗？这是会计问题？"这段里，对于这个收入和支出的判断，你没有证据，作为鉴定人你如何判断？如何运用鉴定标准表述？还要引用刑事诉讼法？这个判断是侦查人员、办案人的事情，用不到你鉴定人，除非你是侦查人员。

庞建兵：@ zhanglianfeng　再说说办专案，本群里参加过专案的人也有很多。在开案件讨论会时，议得最多的是对犯罪嫌疑人构罪与否、犯罪数额多少、构什么罪的讨论，因为这个阶段目的就是突破案件、提取证据，这无可厚非。参加专案的司法会计人员，有的此时的身份是侦查人员，也行使了侦查人员的权力，那么在侦查过程中对案件中财务会计问题的认识、看法和判断，犹如在计算机犯罪案件中，计算机专业出身的侦查人员一样，是运用专业知识解决案件中的问题，包括法律问题和财务会计问题。但是请注意，此时你的身份是侦查人员，你在这个案件中已经有了一个法律身份，后期案件如果需要鉴定的话，如果你的侦查人员身份已在案件笔录、调取证据的文书、证据材料中有所体现，那么，你就不能当本案的鉴定人，属于法律规定的法定回避情形。当然，如果你同时还是技术组的负责人，你可以组织进行鉴定。

庞建兵：通过上述发言，我个人认为，司法会计培训班尤其是高级培训班，更应该加大加强司法会计理论的培训，有些概念、原理、理论的掌握上还是需要加强。理论是行动的先导。观念、认识错了，鉴定跑偏、出问题，就成了必然。

山西孝义温万成：@庞建兵 👍

庞建兵：@zhanglianfeng　对于有些问题的认识，其实我们之间并不存在矛盾，只不过对有些讨论论题的内容、范围等范畴的界定，有认识上的差异。对于你的发言，我也在反思、学习。如何在鉴定中恰当地使用包括会计法律规范作为鉴定标准，目前也有一些成果，也更需要大家集体研究。司法会计任重道远！

张连峰：@庞建兵　谢谢！

……

时间：2016 年 8 月 3 日

于朝：上周去海南宣讲《司法会计工作细则》第一条时，我提了两个问题：为什么《细则》法律依据中只列举了程序法，而没有列举会计法等实体法，而我们在鉴定中肯定会引用经济实体法律，为什么？因为时间限制，我没有组织讨论，直接给出了看法。下次宣讲《细则》时，我会在阐释《刑诉法》第 144 条时增加提问：该条法律所说"专门知识"是否包括诉讼法、刑法，如果包括的话，那么我们就可以直接利用这些知识来回答法律问题（有人也称之为法律性问题），使得鉴定意见在内容上能够体现出"司法"；如果不包括的话，司法会计鉴定人为何还需要熟悉诉讼法、刑法相关知识？

庞建兵：@于朝　鉴定意见作为证据的一种，具有法律性（又称为合法性），是证据的三性要求。但是，"司法"属性的提法，并无依据。

华昌明：司法的本质属性是"依法判断"。司法的直接任务，是在具体案件诉讼中解决法律纠纷。要解决法律纠纷，须判断纠纷双方所举出的证据孰真孰假、陈述的事实是否存在、提出的诉讼主张能否成立，然后才能根据法律的规定作出裁判。要使司法判断客观公正，司法判断必须符合以下五点要求：中立性、证据性、亲历性、专业性、个别性。

法律的本质属性，马克思讲，法的本质属性是物质制约性和阶级意志性。法律（法）的基本属性：规范性、国家意志性和普遍性、权利义务一致性、强制性和程序性。

庞建兵：👍

……

南宁市院吴燕宁：@华昌明　建议你去伊春高级培训班听听老师的"鉴定意见如何恰当地体现司法属性"。

华昌明： @南宁市院吴燕宁　在我国，审判权的含义是十分明确的，但检察权内涵十分丰富的哦！

南宁市院吴燕宁： @华昌明　@庞建兵　从大陆法系诉讼模式下司法鉴定是司法权的延伸这个角度入手，探讨如何恰当地体现鉴定意见的司法属性，这个提法很有意思！

……

庞建兵： 从严格意义上讲，给院领导起草文稿的同志应该这样写：司法鉴定（检察技术）是检察工作的重要组成部分。这就没问题。不是所有的工作都能体现检察权的。就跟法院里，不是所有的工作都体现审判权一样。

南宁市院吴燕宁： @庞建兵　鉴定，即鉴别与判定之谓也！判定的含义是很丰富的。比如从某种结果去判定其产生的原因，这其中是否也体现着某种司法属性？这也是我听了张连峰老师的课后所产生的某种联想，虽然张老师的课多以实务为主，但透过现象，让我想去思考某种"本质"的东西。因为此想法不成熟，故不敢在课堂上提问。

庞建兵： 司法属性与在鉴定过程中引用法律、规则、标准做出结论，是两个概念。不能说在鉴定中引用了有关法律比如会计法、税法作为鉴定标准，就说鉴定结论体现了司法属性。作为证据种类的鉴定结论如果有司法属性的话，那么同样是有判断的辨认结论，如何体现司法属性？那具有亲历性的证人证言，是否也体现司法属性呢？恰恰是，它们作为证据，共性的东西，就是证据三性的要求。

南宁市院吴燕宁： @庞建兵　鉴定意见是法定证据之一，难道证据不具有法律属性吗？

庞建兵： 证据的三性要求之一是合法性，又有人称为法律性。法律性显然与司法属性不可同日而语。

南宁市院吴燕宁： 法律性即法律属性，是否包含在司法属性其中呢？

……

时间：2016年8月12日

于朝： 我看了一下有关课件，发现讨论鉴定意见的"司法属性"问题，这个标题有问题，并没有提出新的建议。

吉林省院孙立印： 于老师，我想知道"如何恰当地体现鉴定意见的司法属性"。希望同行学完，能够在群里说明一下"如何体现？"

于朝： 与之有关的另外讨论一个问题：法律要求具有"专门知识的人"实施司法鉴定，这里的专门知识是否包括刑事诉讼法、刑法？

庞建兵：不包括。

于朝：我们要求司法会计师应当熟悉相关的诉讼法、刑法、民法，如果要求鉴定人的专门知识也包括这些法律，那么所谓的"专门性问题"肯定就包括了法律问题。

……

四川雷波陈辉：证据法学将鉴定意见归为一种证据种类的，鉴定意见的司法属性体现在作为证据使用时证明了犯罪构成的那些方面。

于朝：@四川雷波陈辉　您讨论的是鉴定意见诉讼意义问题，前面讨论的是如何在鉴定意见（内容）中体现"司法属性"。

四川雷波陈辉：鉴定意见里面表达司法属性？有必要吗？物证、书证、言词证据本身并不具备司法属性，只是提取方式按法定程序提取就行了。同理，鉴定意见按程序做出来就行了！因为最终采信与否是法庭在决定，因此现阶段按最高法的死刑案件非法证据排除中的鉴定那一节的要求做出来就行了，符合要求的法院会采信的。

于朝：@四川雷波陈辉　但在一些同行看来，如果鉴定意见中不能体现刑法、刑诉法的运用，则就不能称之为"司法会计鉴定意见"，因为这类鉴定意见没有体现出司法鉴定中的"司法"意义。关键是持有这种认识的同行很多都不是一般同行。在出版的司法会计书籍中、在高检院组织讨论司法会计鉴定规则的研讨会上、在一些上级检察院检察技术人员实际鉴定操作中都可以见到。

庞建兵：@于朝　一个标题，引发一场老生常谈的讨论！

于朝：@庞建兵　其实老生常谈的问题还真的不难解决，关键在于有关主管部门是否意识到解决这些问题的意义，并是否愿意去解决。

庞建兵：好解决。行政的，归行政；法律的，归法律；技术的，归技术！别扯在一起，基本可解！

……

张连峰：本群应该是全国司法会计畅所欲言的场所，……我一直在思考这个现象。刑法条文规定的财会问题与会计核算发生冲突，前者肯定优于后者，大家想想是不是。比如这次盲测题，如果大家清楚投资损益是已售股票的，就没有争议了。现在呢，有人认为是全部购买股票的，就是重会计，轻刑法的结果。司法是法的适用，司法会计再这样不以刑法为基础，只研究会计问题，毫无希望。涉税案财会问题更是如此。而文检、痕检、法医鉴定和我们在这点上差多了。

张连峰：这次还涉及了一个用会计核算结果表现行贿受贿的犯意。大家们一定更要惊悚了，实际案件就是如此。多说一句，我绝不会把鉴定意见表述为判决书，也不会出现一方涉嫌受贿行贿词汇的，我用的是会计核算结果。难道这不是法的适用，没有体现法律属性。

庞建兵：@zhanglianfeng　　（司法会计人员）参与案件讨论可以讨论刑法的问题，司法会计鉴定过程中如何以刑法为基础？如何运用刑法？依据是什么？法医、文检、痕检中何时以刑法为基础了？

庞建兵：司法会计鉴定意见作为一种证据，其证明意义或证明作用的指向是确定的，但是，这与说司法会计鉴定意见体现司法属性是不同的概念。你如果提出一个新概念，得先把这个概念的内涵外延研究清楚，并明确讲给大家，这样就不会产生歧义，也好界定讨论的范围。

于朝：原刑法关于偷税罪的犯罪手段规定是：纳税人采取伪造、变造、隐匿、擅自销毁账簿、记账凭证，在账簿上多列支出或者不列、少列收入，经税务机关通知申报而拒不申报或者进行虚假的纳税申报的手段，不缴或者少缴应纳税款。现行刑法将罪名改为逃税罪，对犯罪手段的规定是：纳税人采取欺骗、隐瞒手段进行虚假纳税申报或者不申报。

这两个条款中的犯罪手段表述差异在哪里？为何取消了一些表述？我一直反对原来的表述方法，为什么，这可用"财务会计事实理论"解释清楚，但这种变化对此类案件中涉及到司法会计鉴定毫无影响。

温州章宣静：没有学过@zhanglianfeng　　提出的"司法属性"，不好评论，我认为司法会计鉴定应当体现证据属性，尚不知啥叫"司法属性"，有机会学习学习。

于朝：财务会计事实划分理论的一个重要作用，就是防止实践中用会计事实取代财务事实（历史上有大量的经济错案都是这样造成的）。

庞建兵：@zhanglianfeng@于朝　　大家的目的和方向是一致的，具体问题上的观点分歧，通过讨论，可以解决。

于朝：当我们去解决这个专门性问题时，显然是要运用专门知识，而非刑法知识。

……

时间：2016年8月14日

庞建兵：张处长口才好，实务经验很丰富！我相信，连峰处长的课讲得肯定很好！学习了张处长的课件，有几点不同意见，供大家讨论。张处长的讲座是《如何恰当体现司法会计鉴定意见中的司法属性》，对这个讲座内容，有以下几点思考，请大家一起讨论：

首先，司法会计鉴定意见，是否有司法属性。作为证据，司法会计鉴定意见必须符合三性的基本要求，而其中的法律性是指合法性，就是从取得检材到做出鉴定结论必须符合诉讼程序的规定，这样才符合证据资格条件，而并不是体现司法属性。

其次，司法属性是什么？引用张处长在讲座中对司法的定义，司法指对法律的适用，是国家司法机关及其司法人员依照职权和程序，具体运用法律处理案件的活动。这个定义很准确。那么，依照这个逻辑，体现司法属性的主体是司法机关、司法人员，载体是运用法律、处理案件，然后是做出司法判定。显然，作为司法鉴定来讲，与上述司法的本质在性质上是截然不同的。之所以在鉴定前冠之以"司法"二字，主要是体现它是在诉讼过程中进行的，以区别于非诉讼法律实务中的鉴定和行政性鉴定。并不是上述司法中对法律的适用，而恰恰是对案件中专门性问题的处理。所以，司法鉴定的"司法"和司法人员的"司法"即具体适用法律处理案件，不是一个概念。

第三，司法会计人员在鉴定意见中能不能体现司法属性。

其一，司法会计鉴定应不应该体现司法属性。司法会计人员不是本质意义上的司法人员，是专业技术人员，这次司法改革入额基本上就明确了司法会计人员是辅助人员，如果你入额了，你就不能在司法会计岗位（当然可能部分地区还有个过渡期）。之所以这样，是因为从本质上讲，检察技术人员，不是运用法律来处理诸如定罪、量刑、罪与非罪、民事行政法律事实的判定等活动，而是运用自己的专门知识和技能，帮助司法人员解决证据的提取、固定、审查、运用等技术性证据问题。所以，从主体资格上，司法会计人员包括所有的司法鉴定人员，没有资格解决司法属性的问题，也就谈不上体现司法属性。

其二，司法会计人员在鉴定过程中能不能体现司法属性？如果说鉴定意见体现司法属性，那么必须是通过在具体的检案过程中来体现，可是司法会计人员在检验鉴定过程中，是依据有关的会计法律法规、准则、财务通则等标准，对案件中的财务会计事实作出专业的判断，并不是运用刑法、刑事诉讼法、民法、民事诉讼法等对案件事实作出的判断。很显然，司法人员要对案件事实做出判断，不仅要按照诉讼程序，穷尽包括鉴定这一方法在内的所有手段和程序，还得综合案件中所有的证据，才能够作出。所以，司法会计人员充其量是对案件中的有关财务会计事实做出的判断（请注意，司法人员对财务会计事实的最终判断，并不仅仅依靠司法会计鉴定意见这一类证据，还有书证、物证、证人证言、供述等），而财务会计事实仅仅是案件事实的一个方面或环节，一般无法反映案件事实全貌。所以，司法会计人员进行鉴定的过程，不是"司法"的过程，也就无法体现司法属性。况且，司法会计人员，实无必要体现所谓的司法属性。

第四，对司法会计鉴定意见体现司法属性的提法，不符合法律对证据的规定。证据是证明案件事实的材料，证据未经审查判断，不得作为定案的依据。司法会计鉴定意见能否被运用作为定案依据，取决于鉴定意见是否解决了案件中的财务会计专门问题，这些问题，显然不是刑法、刑事诉讼法的适用问题。同时，如果司法办案人员通过对鉴定意见的审查，认为鉴定意见回答了非专门性问题或法律问题，一般会排除。所以，如果在司法会计鉴定意见中出现或体现了所谓的司法属性，其结果可想而知。

第五，法律规定的专门知识是指什么知识？张处长的讲稿中讲到专门知识，首先认为是指刑事诉讼法的知识，其次是刑法知识，最后是有关会计法及相关的知识。那我要问了，如果你遇到民事行政案件，你的专门知识是不是还要包含民法、民事诉讼法、合同法、担保法等民商事法律、行政及行政诉讼法律。显然，认为专门知识是指刑事诉讼法、刑法这些法律知识的观点是与立法原意相悖的，是错误的理解。在司法鉴定领域，一般来讲，没人会认为法律规定的"专门知识"是指刑法、刑事诉讼法等知识。刑法、刑事诉讼法的知识，涉及的是关于犯罪、量刑和诉讼程序等内容。而三大诉讼法规定的专门知识，指的应该是科学技术、艺术、工程、历史文化、财经等领域的知识。所以，法律表述为专门知识，而不是法律知识。

以上是我学习张处长课件后的一点粗浅的个人看法。那么，张处长讲座的核心内容是什么呢？主要集中在课件的后面部分，即司法会计鉴定、如何恰当地选择检材、检验及分析论证的重点、司法会计鉴定的司法属性四个部分。可以看得出来，张处长结合自己丰富的经验和实例，讲解和交流了自己的心得体会，对于初涉办案者来说，有很好的借鉴意义。但是，通过分析后，我发现了一个问题，张处长在讲解这些时大部分以逃税案或涉税案件为例。这就让我有点担心，担心的是逃税罪的罪状描述，与其他罪状有很大差异。具体的明天再研究。（手写打字太累。下午说了，本不想累，但看了课件后，有些话不得不说，兹事体大。）

江苏张珩：👍

于朝：👍

甘肃临洮孙海全：👍

于朝：司法会计师应该掌握相应的法律知识和专业知识，这是其执业所需，也是研习、掌握司法会计理论之前提。

于朝：仅就司法会计鉴定人而言，除了具备专业知识外，也需要熟悉诉讼法、刑法等相关的法律知识，掌握法律知识的主要用途是在受理鉴定时审查鉴定目的与鉴定事项、保证鉴定程序合法、不违法出具鉴定意见、维护出庭中的诉讼权利等。

于朝：我们有一些优秀的司法会计师，其在刑法、刑诉法的某些方面已经十分纯熟，因而当其他业务部门的同志遇有某些比较麻烦的法律问题时，会找他们讨论，讨教定性、定罪的方案。早在90年代就有检察机关明确规定司法会计师列席讨论经济案件（无论刑事还是民事）的检委会会议。这些与司法会计师既熟悉相关法律又具备"专门知识"有关。

于朝：一些老的司法会计师在此次入额中受到特别"关照"，也与其在法律知识运用方面的经历有关。正所谓，艺多不压身，活多受人尊。

于朝：讨论司法会计师、司法会计鉴定人应当具备的知识结构，与讨论法律规定的"专门知识"的含义是两回事。这也许可以理解为前天有同行提出的"专业知识"与"专门知识"的差异。从法律规定的逻辑关系看，"专门知识"用于解决"专门性问题"，因而庞处凌晨给出的含义是符合法律规定精神的。扩大对专门知识范围的解释，肯定有利于鉴定中突破"专门性问题"作出"鉴定意见"——尽管这与早期司法会计鉴定做法有关，并随着本专业理论的发展逐步在矫正，但寻求这一突破却仍然是部分司法会计学者、专家一直在努力的目标。

庞建兵：我与连峰处长是十几年的朋友了，虽近几年没有太多交流，但也知道连峰处长在司法会计专业理论和实务办案中精进勤业。之所以发这个长的回应，旨在于学术讨论，并无他意，也请连峰处长见谅我的直率。

今早起来，梳理了一下自己回应的思路和连峰处长课件的逻辑结构，觉得还需要补充一点的是：连峰处长基于刑事诉讼法、刑法知识是专门知识这一逻辑起点，得出司法会计鉴定意见体现司法属性的结论，就成了必然。但是，需要连峰处长注意的是，三大诉讼法规定的专门知识，其立法本意上绝不是指刑事诉讼法、刑法等知识，所以连峰处长这个基本立论点是站不住脚的，得出司法会计鉴定意见体现司法属性的结论，也就是无源之水、无本之木。

……

温州章宣静：鉴定中需要解决的"专门性问题"肯定不包括法律方面的问题，坚持@庞建兵 的观点。

于朝：@温州章宣静　　前提是要明确财务问题与会计问题的差异，否则，连鉴定事项可能都设定不好，只能在表达鉴定意见时费脑筋啦。另外需要明确的是，在此案中所作的会计问题的鉴定意见对案件事实的证明力远低于相关财务问题鉴定意见的证明力。

王秋平：作为鉴定人，只解决专门性问题。

温州章宣静：@王秋平　同感。

于朝：如果将授课题目改为"司法会计鉴定中的几个实务问题"，可能更符合张处长的授课内容。这只是我个人的看法或建议。

庞建兵：同意。

应浩云：@庞建兵　支持庞老师的观点。司法会计鉴定作为证据的一种，必然不能背离证据的三性原则。鉴定人意见表达的是一种事实，是运用技术或专门知识进行鉴别和判断的活动，其性质上是一种科学实证活动。司法会计鉴定即便谈到司法属性，其对法律的适用也应该是会计审计等相关专门法律法规的适用，而不是以刑法、刑诉法为主。

…………

张连峰：@庞建兵　你好！你的建议我在认真思考，我说过只要同行有不同意见，都会仔细分析原因，找到解决问题的办法。我认可法条上的专门知识本意无刑法、刑诉法，但是司法会计鉴定确与文检、痕检等不一样，离开刑法根本无法出具能解决涉案财会问题的鉴定书，当然不一定错，但是无使用价值。司法属性我取其法的适用的本义，既然合法性的提法更好地表达这个含义，会将其改为合法性。但我还要坚持一点，在发生冲突时，刑法优于会计等法。涉案的财务会计问题是个偏正词组，在考虑"正"时，更不能荒费了"偏"的限制条件，这正是我们现在理论研究的盲区，导致大家无所适从，根本原因在于，没有从源头研究，而太侧重会计问题了。实践证明没有什么复杂的财会问题，基本上是一些资金流向的简单问题，投资损益也不过是收入减费用等于利润的常识问题，为什么会出现争议，原因在于对刑法意义上的损益的理解。如果偏重会计，将无法解决之。另关于重复报销，举例说明一下：表述为总的发票列支费用支付现金多少，领款人是谁，用引号，分的或另外的发票的情况，分别列出，至于是否重复，鉴定人内心清晰但是不能表述。是否构成犯罪还要解决资金去向问题。

（至此，此议题讨论结束）

关于技术性证据审查意见

时间：2016 年 8 月 12 日

甘肃永昌高世会：请教大家一个问题，技术性证据审查意见究竟属于专家意见还是法律监督意见？

湖南恩施市院谭智文：我觉得属于专家意见，技术性证据审查突出在技术方面，是公诉人看不懂或不清楚的情况下提出审查，送技术部门审查。

于朝：元芳，你怎么看？

花狐狸：高世会，这不是问题。

甘肃永昌高世会：@于朝　三大诉讼法都没有把技术性证据审查意见作为证据，所以，只能当作专家意见。不知道理解是否准确？

甘肃永昌高世会：@花狐狸　说说不是问题的理由？

庞建兵：@甘肃永昌高世会　技术性证据审查意见不是法定证据形式，不能当作证据使用。是技术协助和服务的一个结果，目的是帮助业务部门的办案人员，对证据的审查运用提供帮助。法律监督意见也谈不上。从诉讼发展的角度，更倾向于专家证人的意见。

于朝：@甘肃永昌高世会　这个问题过去还真不是个问题，因为司法会计文证审查理论一出来就明确了它的地位——技术协助，公诉人等同意审查意见，由公诉另制作文书（如退查提纲、补充证据提纲等）表达。后来高检院也明确了文证审查意见书，加盖行政公章而非专业章，作为内部文件存副卷，而非作为证据提供。

但后来出现了一些新情况，高科长所提的问题，不仅成了问题，还成了一个大问题啦——被拔高到检察权高度上了，甚至与检察技术工作生存问题相提并论了。哪些情况变化会有这么大的能量呢？

庞建兵：@于朝　文证审查最早出现在法医工作中。司法鉴定的各门类都有。

于朝：高科长提出的问题并非空穴来风，而是现实问题，涉及检察技术工作中的一些操作问题，也是检察技术部门（尤其是上级主管部门）应当反思的问题。

庞建兵：@于朝　如果将文证审查拔高到检察权高度上，甚至与检察技术工作生存问题相提并论，这种情况的出现，就是从行政权力、部门地位或个人出路上的考虑，是否有利于技术工作的发展，个人是持怀疑态度的。因为违背了一个基本规律，把文证审查和技术工作本末倒置了。

内蒙古赤峰蔡志红：@于朝　于老师，现在我们做文证审查出具意见书时加盖技术性证据审查专用章了，自治区院统一刻的。

庞建兵：检察权最基本的内核是诉讼监督，对刑事民事行政等案件的监督。技术不在此列，只是在监督的过程中对证据提供审查、判断、运用的技术支持。最关键的是，（技术）不是独立的诉讼阶段和环节。

甘肃临洮孙海全：我们出具的文证审查意见也加盖技术性证据审查专用章！

骆驼：@甘肃临洮孙海全　不是也加盖。以前叫文证审查，现在改为技术性证据审查。

甘肃永昌高世会：检察人员对案件中的技术类证据进行审查，一般分三种情况：一是检察官本身就有某方面专业知识，有能力自己审查。二是检察官不具备某方面知识，依据《人民检察院刑事诉讼规则（试行）》第368条规定委托技术人员审查。三是检察官不具备专业知识，盲从鉴定人意见，只要有鉴定意见就采信。但几份鉴定意见出现不一致时，束手无策。

对于第一种情况，检察官有专业方面知识，对涉案技术类证据审查，提出的意见难道不是诉讼监督？

庞建兵：@甘肃永昌高世会　那是诉讼监督，但是那不是传统意义上的文证审查，只能说是办案人员对证据进行的审查，就如审查证人证言一样，是检察官本身办案的内容之一，如果把检察官对技术性证据进行审查单独称为诉讼监督，那就没边了。律师对证据也审查呢？叫什么？

甘肃永昌高世会：就看从广义上理解还是狭义上理解了。

甘肃永昌高世会：不是说科学技术是第一生产力么！为什么要把检察技术人员划到辅助人员里面呢？这还怎么提高战斗力？

庞建兵：从技术工作的历史沿革来讲，在以前公检法三机关普遍建立了与自己业务工作相适应的技术机构和门类。但是不同的是，公安机关对技术工作的定位，基于（刑事）诉讼法的规定，大多是在刑侦部门下设技术门类和人员（后来大多又已分设为技术部门），但为侦查办案提供技术支持和服务的定位并没有变。所以，公安的刑事技术工作并未削弱，甚至是一直加强的，不仅在刑侦、经侦，在治安案件、交通管理事务处理中，也应用广泛。公安的刑事技术人员，其待遇、地位和受重视程度，其他机关没有可比性。

法院系统以前也建立有技术机构，主要有法医、文痕检等门类，个别地方有司法会计。但是，法院主管部门的领导，想把技术工作往审判权上靠，认为法院的技术工作是法院履行审判职能的题中应有之义（我个人当时读到这些文章时，认为这种观点不符合技术工作的本质属性），当时也是法院技术工作的一个高峰期（20 世纪 90 年代末期 21 世纪初期）。但是，随着刑事诉讼法的逐步实施和错案的不断发生，自侦自鉴、自审自鉴的问题受到质疑和诟病。司法鉴定体制改革的问题逐渐被提上议事日程。《决定》① 颁布后，法院的鉴定机构被取消，公安、检察的鉴定范围被限制，社会化的鉴定机构和业务获得了大发展。回头来看，实际上公安机关的刑事技术工作，并没受到多大影响，还解决了很多实际问题。

现在，我们检察机关又有同志把技术工作拔高到法律监督、检察权的高度，说实在话，我想到了法院。

技术工作，其本质上来讲，是一种服务于法律和诉讼活动的科技工作，提供的是科学证据和服务，如果脱离了这一点，技术工作是什么，就不好说了。

华昌明：@ 庞建兵　各个国家的司法鉴定制度是以其国家实行的司法制度（主要是诉讼制度）和法律传统文化为基础的，不同国家司法鉴定制度之间，既有共性之处，也有差异之处。

英美法系及大陆法系诉讼制度模式下的司法鉴定，共性之处在于，在不同法系不同国家或地区虽然称谓不同，但核心内容基本一致，司法鉴定均作为明辨专业领域、专业事项从而有效辅助司法审判的一种制度。

差别之处在于：英美法系实行的是专家证人制度，诉讼活动奉行当事人主义，当事人就各自主张进行举证，专业问题与一般问题无异，如果无法举证证明相关事实，即要承担败诉风险。诉讼中法官只是消极的裁判者。在这样一种司法架构下，英美法系国家双方当事人可以同时聘请专家证人进行鉴定，但双方当事人都要进行质证，鉴定结论是一种专家证言，通过质证后才能采信，凡是没有进入法庭质证的鉴定结论都不能成为证据。即在英美法系，司法鉴定的结论以专家证人证言的形式呈现，其公信力比大陆法系的鉴

---

① 指 2005 年 2 月 28 日通过的《全国人民代表大会常务委员会关于司法鉴定管理问题的决定》。

定结论低。

大陆法系的诉讼制度更多体现的是职权主义，即诉讼活动以法官为中心，法官能够主动依职权发现案件真实，依照该司法架构所设置的鉴定制度，鉴定人往往被认为是法官的辅助者，承担着法官主动发现案件真实的职能，在这种制度架构中，司法鉴定被视为是帮助法官发现真实、实现正义的司法活动，因而普遍认为，在大陆法系，司法鉴定是司法权的一种延伸。

庞建兵：@华昌明　赞同。本质上是这样的。

华昌明：由于两大法系在司法理念与司法架构上的不同，故而在鉴定人的确定上也呈现不同的规定。英美法系国家，是否启动鉴定程序应当由控辩双方决定，法官只是根据双方证据进行自由心证的判断，故英美法律在鉴定人资格问题上不作特别要求，专家证人要接受控辩双方的询问和质疑后才能得到法庭的认可，其证言也才能为法庭所接受。在大陆法系国家，正因为鉴定被视为是司法权的某种延伸，故鉴定人资格具有严格的法律限制。

以审判为中心的诉讼制度改革后，与司法鉴定相关的，似乎既有司法鉴定人存在，也有专家辅助人（专家证人）存在，二者之间的运行机制又将是怎样一种情形呢？

庞建兵：@华昌明　逐渐融合，互相借鉴，是大趋势。

华昌明：@庞建兵　同意你的判断！专业领域引入对抗可以说是有利有弊，但将来司法审判的效率又堪忧了！专家证人制度的建立完善成了当务之急！

……

于朝：司法会计文证审查理论从提出到现在，都给出了广义和狭义两个概念。讨论文证审查是否有法律依据、文证审查意见的结果属性等问题，都应当前确定是从广义还是狭义的文证审查概念出发。高科长提出的"技术性证据审查意见究竟属于专家意见还是法律监督意见"的问题也是如此。如果从狭义角度，专家出具的证据审查意见肯定属于专家意见，该意见仅供证据审查主体参考；而从广义角度讲，检察官代表检察机关对诉讼案件事实进行法律监督，包括了诉讼证据评价、案件事实评价和法律适用评价等方面，其所形成的文证审查意见，系证据评价的组成部分，也就属于法律监督意见的组成部分。

于朝：群友们延伸讨论到的"鉴定权与检察权的关系"问题，则涉及鉴定权概念问题。鉴定权包括了鉴定的启动权、决定权和实施权三个方面。广义上也有人推及到鉴定的管理权、鉴定结果的审查权等。因而与前一个问题相同的是，鉴定权与检察权的关系问题，由于涉及鉴定权的不同含义，显然也不能一概而论。

庞建兵：@于朝 检察权与鉴定权，本来就是八竿子打不着的。研究问题，必须从本质出发。如果把大概念当口袋，什么都往里面装，学术研究的混乱不可避免。

于朝：根据目前法律规定，鉴定的启动权包括诉讼权利和司法权力两类情形，鉴定的决定权只有司法权力规定，而鉴定的实施权则只有诉讼权利。检察权属于权力，这样看来，所谓"鉴定权是检察权的组成部分"，只能是指鉴定的启动权和鉴定的决定权，不包括鉴定的实施权。如果把鉴定的实施权理解为检察权的组成部分，实际上是陈旧的法人鉴定理念所致——把司法会计师等检察技术人员的司法鉴定活动，理解为代表检察机关（或其鉴定中心）。这种陈旧理念不仅在目前的公安、检察机关专家鉴定文书中还能够看到痕迹，甚至在《人民检察院刑事诉讼规则》、《司法鉴定程序通则》等文件中也能够看到其影子，因而把鉴定的实施权也理解为检察权组成部分也就不稀奇了。其实，这一点现行法律规定得很清楚，但愿国家有关主管部门能够按照法律规定重新审视一下有关规则的合法性。

庞建兵：检察官办案中对案件证据、事实的审查（包括对技术性证据），是检察权的行使，体现法律监督职能也是必然的。但是，非要单独把对技术性证据的审查拉出来，从而认为文证审查具有法律监督性质，实在是牵强。

于朝：我们提倡各类检察技术专业采用法律思维，法律思维的主要特征包括了注重概念和强调逻辑。无论在讨论专业发展问题还是具体的专业问题时，法律思维都显得非常重要。否则概念不一，逻辑不清，不会讨论出合法科学的结果，也就没有讨论的意义了。

庞建兵：在诉讼中，在法院审判阶段，鉴定的决定权和启动权，在法庭。与检察权中的公诉权，何干？

庞建兵：对于鉴定权的研究，我有一篇文章《论鉴定权的划分》，发表于《人民检察》1997年第3期。

于朝：@庞建兵 我前面的发言就你那篇文章观点的延伸，明确了鉴定权的不同所指，才能清晰地讨论清与鉴定权相关的问题。

关于司法会计鉴定委托事项

时间：2016 年 9 月 6 日

重庆隆革新：@庞建兵　请教一个问题。社会中介机构出具的一份司法会计鉴定意见书，其中，委托事项是对某某涉嫌骗取的国家……金额进行司法会计鉴定；鉴定意见是某某涉嫌骗取……金额是×××元。就鉴定程序而言，我认为公安机关在委托鉴定时，把侦查权委托出去了。但公安机关的人员问我，在侦查价段，哪些事项可以委托，哪些不能委托，依据是什么？

庞建兵：@重庆隆革新　不好意思，刚看到。你提出的问题，本来是司法会计准则要解决的问题，但是目前还没有制定发布统一的司法会计准则，所以，只能找一找其他的依据了。

第一，作为依据来讲，应该包括：

1. 法律依据（包括法律、法规、规章以及立法、司法解释）。目前，只能从刑事诉讼法以及两个证据规定对鉴定和鉴定意见的角度来说，鉴定解决专门性问题，鉴定意见须经审查查证属实后才能作为证据使用。

2. 行业准则或标准。目前，司法会计师执业准则或标准还没有官方文件，不像法医鉴定已经有了修订后的伤残鉴定标准。如果有准则或标准的话，很多问题可以解决。

3. 理论依据（或者学理解释）。这是专家学者对有关问题研究后形成的理论成果，一般有通说的理论成果或被大多数学者所接受的理论，或者在实践中被广泛采用。如果理论成果被立法、司法机关采用，形成为法律规定或行业规范，则有普遍约束力。目前，针对你的问题，最直接的，也只能是从理论上去找依据了。这方面，你可以查找司法鉴定原理的成果和司法会计理论研究的成果。

第二，具体到你说的这个委托事项和鉴定意见，从你的表述来看，信息也不是很全面，我只能简单说一下意见：

1. 鉴定事项是案件中需要鉴定人解决的具体问题。实践中，往往是针对鉴定要求来完成的。你说的这个鉴定事项，表述上不规范，鉴定要求的设定上有问题。对解决这个金额问题来说，并不是所有的案件中都需要通过鉴定来解决，有时候可能就是一个检验项目或检验的结果。

2. 鉴定意见里如果表述了涉及法律定性的问题（如贪污、挪用），基本上是未审先定，违反了鉴定的基本原则，鉴定意见一般不会被采纳。

3. 关于侦查权的问题。侦查权是专门机关依法享有的法定权力，不存在委托出去的问题，只是说，案件中的有关问题应该由侦查人员去解决，往往却推给了技术人员或鉴定人员。

以上是我的简单答复，不知能否解决你的问题。有关的依据，可以依此思路去找，也是学习的过程。

重庆隆革新："3. 关于侦查权的问题。侦查权是专门机关依法享有的法定权力，不存在委托出去的问题，只是说，案件中的有关问题应该由侦查人员去解决，往往却推给了技术人员或鉴定人员。"庞老师，我也看出了这点，针对侦查人员的委托鉴定事项存在的问题，确实不好表述。

主要著述与教学情况

一、已出版著作

1. 参编《司法鉴定学》，法律出版社 2015 年版。

2. 参编《职务犯罪侦查指引》（副主编），中国检察出版社 2015 年版。

3. 合著《反贪查账实务与技巧》（修订版），中国检察出版社 2015 年版。

4. 合著《中国司法会计师执业准则（专家拟制稿）》，中国检察出版社 2014 年版。

5. 参编《会计百科大辞典》，作为司法会计分科主编，独立撰稿，上海财经大学出版社 2010 年版。

6. 参编《司法鉴定学》，中国检察出版社 2010 年版。

7. 参编《职务犯罪侦查实务》，中国检察出版社 2009 年版。

8. 主编《法律帮助一点通——物业管理》、《法律帮助一点通——治安管理》，中国检察出版社 2008 年版。

9. 合著《反贪查账实务与技巧》，中国检察出版社 2009 年版。

10. 参编《司法鉴定学》，中国民主法制出版社 2006 年版。

11. 独著《司法会计检查方法》，安徽音像出版社 2004 年版。

12. 参编《司法鉴定概论》，北京大学出版社 2002 年版。

13. 参编《新世纪反贪污对策研究》，中国方正出版社 2001 年版。

14. 合著《司法会计学概论》，中国公安大学出版社 2001 年版。

15. 参编司法部统编教材《司法鉴定》，本书获司法部 2000 年优秀教材二等奖，法律出版社 2000 年版。

二、已发表的论文

1. 《法律出版业的困境与出路》，载《中国出版》2011 年第 5 期。

2. 《论我国司法会计鉴定标准体系》，载《中国司法鉴定》2009 年第 5

期。（第一作者为齐金勃，第三作者为信海红）

3. 《贪污贿赂案件的查账方法与技巧》，载石少侠主编：《初任检察官专题讲义》，中国检察出版社 2009 年版。

4. 《中国司法会计的现代发展》，载《国际财务与会计》2001 年第 6 期。

5. 《职务侵占、挪用资金案件的侦查》，载《侦查》2001 年第 3 期。

6. 《我国司法会计的现状与发展》，载《中国司法鉴定》2001 年第 2 期。

7. 《司法会计技术在刑事侦查中的作用》，载《刑事技术》2000 年第 4 期。

8. 《蛀虫的克星》，载《检察日报》2001 年 4 月。（本文第一作者为周芳）

9. 《试论司法会计方法体系》，载《江苏公安专科学校学报》2000 年第 2 期。

10. 《试论司法会计学学科体系的构建与完善》，载《现代法学》1998 年第 2 期。

11. 《公安机关应加强司法会计业务建设》，载《侦查理论与实践研究》，警官教育出版社 1999 年版。

12. 《财会人员职务犯罪的特点、成因及对策》，载《检察研究》1999 年第 4 期。

13. 《试论司法鉴定立法》，载《中国刑事法杂志》1999 年第 1 期。

14. 《金融计算机财产犯罪的特点、方式及侦查方法》，载《第十三届全国计算机安全技术交流会论文集》1998 年 10 月。

15. 《证人证言、鉴定结论不能作为司法会计鉴定的依据》，载《人民检察》1998 年第 8 期。（本文第二作者为李春武）

16. 《论司法会计鉴定的科学基础》，载《中国刑事法杂志》1998 年第 2 期。（此文同时入选 1998 年《第二届全国刑事技术研讨会论文选》，获优秀论文奖）

17. 《司法会计鉴定基本问题研究》，1997 年 5 月硕士研究生毕业论文。

18. 《论鉴定权的划分》，载《人民检察》1997 年第 3 期。

19. 《司法会计略论》，载《江苏公安专科学校学报》1996 年第 6 期。

20. 《略论司法鉴定监督》，载《江苏公安专科学校学报》1996 年第 3 期。

21. 《浅谈司法会计鉴定与审计的关系》，载《四川检察》1996 年第

3 期。

22.《浅谈账外账的查证方法》，载《当代检察官》1995 年第 8 期。

23.《论鉴定权》，载《侦查》1995 年第 3 期。

24.《试论我国司法鉴定立法》，载《西南政法大学毕业生优秀论文选》，重庆大学出版社 1994 年版。

三、教学情况

1. 1997—2016 年，长期受聘担任国家检察官学院（中央检察官干部管理学院）教师，为多期反贪侦查研修班、法律专业、侦查专业大专班讲授《反贪查账实务》、《司法会计学》。

2. 2013—2015 年受中国人民公安大学聘请为多期纪检监察培训班、检察侦查培训班讲授《查账技巧与方法》等课程。

3. 2011 年 11 月受聘担任全国检察系统司法会计鉴定蚌埠培训班主讲教师，讲授《司法会计学》。

4. 2006 年 9 月至 2007 年 1 月，受聘担任中国人民公安大学侦查学院外聘教师，为该校 2003 级经侦双学位班讲授《司法会计学》。

5. 2004 年 6 月受聘担任全国检察系统司法会计鉴定南京培训班主讲教师，讲授《司法会计学》。

6. 1999 年 3 月至 2001 年 5 月，多次受中纪委北京培训中心聘请，为全国纪检监察干部财务与审计知识培训班讲授《贪污案件的账证检查》、《司法会计技术在纪检监察案件中的应用》等专题。

7. 还曾多次受公安机关、工商行政机关、律师事务所、会计师事务所以及各级检察机关反贪部门、公诉部门、技术部门聘请，进行司法会计及技术性证据的专题讲座和人员培训。

后　记

　　历时三个多月的文稿整理、案例编写终于完稿了，虽然辛苦，但很快乐！这也是我对司法会计再学习、再研究、再思考的过程。本书是论文、案例的整理汇集，所以没有形成完整的结构体系，加之本身学养不足，有些观点难免偏颇，敬请读者批评指正。在书稿付型之际，我要表达对各位师长、同行的敬意和谢意。

　　感谢恩师邹明理教授及师母对我的厚爱。先生是我国著名的侦查学家、物证鉴定专家，曾多年执掌西南政法大学侦查学系。从我投入师门起，二十多年来，先生不仅在学习、生活上关心照顾我，更是在学业、学术和事业上，以身示范，给我教诲和提携，使我终身难忘。如今，先生已年逾八句，却依然坚持在科研、检案、教学一线，令人敬佩！惟愿先生和师母安康幸福！

　　感谢众多的司法会计同仁。于朝老师是司法会计界的前辈，他三十多年如一日，始终为中国司法会计学的发展呕心沥血，成果丰硕，终成大家。我们相交二十多年，已成为人生中不可缺少的朋友。感谢杨铁鸣、张亦政、熊初声、杨为忠、郭维钧、李春武、刘旭东、廖学东、许为安、刘国胜、齐永超、雷华、张连峰、朱红、王秋平、郑红叶等同行、老友以及会计学界的齐金勃、谭立两位教授，难忘我们一起办案、一起开会研讨交流的美好时光。微信群里候新霞、华昌明、陈辉、高世会、章宣静、吴美丽、王志平、罗刚、张珩、焦翔、吴燕宁等群友的精彩发言让我受益匪浅。还有很多同行，默默坚守在司法会计岗位上，那种专业、执着和无私奉献的精神让我感动！

　　本书能够顺利出版，得益于检察出版社张红生社长、朱建华总编辑的大力支持，责任编辑俞骊、出版部的同事们也为此付出了辛劳，一并致谢！

　　司法会计无疑是个小众的专业。小众专业的研究往往是寂寞、孤独的，没有显学的那种显赫和喧闹，但我无怨无悔。相反，司法会计专业学科的综合性、交叉性、应用性要求，使我建立起了科学合理的知识结构，培养锻炼了严谨求实的思维能力和方法，让我受益终生！我将继续砥砺前行，开拓新的领域。

庞建兵

2016 年岁末